ENTRE DEUX CAMPAGNES

NOTES D'UN MARIN

PAR

Th. AUBE

OFFICIER DE MARINE

AU SÉNÉGAL. — LA *Mégère* EN OCÉANIE
LES SAMOA. — LES WALLIS. — LES GAMBIERS
LES FIDJI

PARIS

BERGER-LEVRAULT ET Cⁱᵉ, LIBRAIRES-ÉDITEURS

5, RUE DES BEAUX-ARTS, 5

MÊME MAISON A NANCY

1881

ENTRE DEUX CAMPAGNES

NANCY. — IMPRIMERIE BERGER-LEVRAULT ET Cie.

ENTRE

DEUX CAMPAGNES

NOTES D'UN MARIN

PAR

Th. AUBE

OFFICIER DE MARINE

PARIS

BERGER-LEVRAULT ET Cie, LIBRAIRES-ÉDITEURS

5, RUE DES BEAUX-ARTS, 5

MÊME MAISON A NANCY

1881

PRÉFACE

L'auteur de ces récits est l'un des officiers généraux les plus distingués de notre marine, que les hasards de sa profession ont promené sur toutes les mers, conduit sur tous les rivages et envoyé sur la plupart des champs de bataille où, dans ces derniers temps, la marine a joué un rôle si considérable.

Il s'est donc trouvé en bonne position pour connaître son métier à fond et aussi pour constater le prodigieux développement de la race européenne hors d'Europe.

Il est aujourd'hui gouverneur de la Martinique.

Quoique les pages que M. l'amiral Aube a semées dans la *Revue des Deux-Mondes* sur la marine et les marins soient très-dignes de fixer l'attention, surtout à un moment où tant de choses sont remises sur le chantier, réformées ou rajeunies, nous avons préféré placer sous les yeux du public des œuvres d'un intérêt plus général. Dans *Trois ans de campagne au Sénégal* nous assistons aux entreprises par lesquelles M. le général Faidherbe nous a assuré la possession d'une partie du territoire de cette colonie. Ces hardis faits d'armes sont racontés d'une façon qui ne peut manquer de faire une vive impression sur le lecteur. Il y apprendra à connaître ce pays sur lequel se porte aujourd'hui l'attention, et que l'auteur fait revivre dans une série de tableaux et de scènes aussi bien observés que brillamment peints.

Les chapitres qui suivent sont consacrés à l'Océanie, à ces races à la fois féroces et charmantes, que, malgré nos conseils, notre exemple et notre tutelle, nous n'avons pas encore pu faire passer de l'enfance à l'âge mûr, et qui, vraisemblablement, n'entreront jamais dans le grand courant de la civilisation européenne. Les démêlés de ces populations avec les représentants des grandes puissances maritimes et les rivalités de ces puissances entre elles, y sont saisis et étudiés avec une remarquable supériorité. A ce titre, l'ouvrage de M. l'amiral Aube nous paraît posséder une importance de premier ordre. On n'y rencontrera pas avec moins de curiosité les physionomies de ces missionnaires français, anglais ou allemands, de ces colons ou de ces aventuriers que la vieille Europe essaime avec tant de prodigalité sur les quatre autres parties du monde, et qui s'y livrent, les uns au nom du Christ, ceux-ci au nom du dieu *dollar,* à des luttes qui, pour avoir un théâtre restreint et peu connu, n'en ont pas moins une importance qu'il serait imprudent de perdre de vue. Quelques-uns de ces portraits sont d'un maître, et complètent ce livre qui est, au meilleur sens des mots, celui d'un politique, d'un penseur et d'un écrivain.

Les Éditeurs.

ENTRE
DEUX CAMPAGNES

TROIS ANS DE CAMPAGNE AU SÉNÉGAL

Le 12 mai 1859, je reçus l'ordre de prendre à Rochefort le commandement de l'*Étoile*, aviso à vapeur de 100 chevaux construit pour la navigation du Danube. La guerre imminente en ce moment avec l'Autriche avait fait changer la destination de ce bâtiment. Au lieu d'aller protéger nos intérêts commerciaux dans des pays européens, l'*Étoile* était appelée à la station du Sénégal, et devait faire partie de ces nombreux *steamers* qui, par le grand fleuve africain et les nombreux *marigots* de son delta, font rayonner notre influence de Saint-Louis sur les contrées environnantes.

Le 22 juin à midi, l'*Étoile* quittait la rade de l'île d'Aix; le 1er juillet à minuit, nous laissions tomber l'ancre devant Santa-Cruz de Ténériffe; le 10, après une relâche de cinq jours employés à compléter nos approvisionnements, nous reconnaissions la terre d'Afrique, dont les dunes stériles se déroulaient à perte de vue sur notre gauche, océan de sable aussi monotone, aussi perfide, aussi dangereux que celui qui nous portait. A neuf heures du matin, la tour de N'Diago, près de laquelle apparaît encore, comme un rappel à la prudence, le squelette de la frégate *le Caraïbe*, surgissait à nos regards, et nous avertissait que nous étions au nord de la ville de Saint-Louis du Sénégal. Bientôt les maisons blanches de la capitale de nos établissements se dessinèrent à l'horizon. A midi, nous franchissions la barre du fleuve, et quelques instants après nous mouillions en face de l'hôtel du gouverneur, dont nos canons saluèrent le pavillon de commandement d'une salve de treize coups. L'*Étoile* avait accompli sans obstacle sa première traversée.

I.

Quoiqu'on ait beaucoup écrit sur le Sénégal[1], notre colonie de l'Afrique occidentale reste encore

---

1. Parmi ces nombreux travaux, une place distinguée appartient à quelques études publiées dans la *Revue des Deux Mondes*, — *le Sénégal*, par M. Cottu, et le tableau tracé de notre situation coloniale à une époque plus récente par M. J. Duval.

un pays bien peu connu. Sa géographie même est encore à faire en grande partie, et le chaos des races qui l'habitent est mal débrouillé. Il n'est donc point hors de propos, pour la clarté de notre récit, d'établir succinctement la situation de la colonie au moment de notre arrivée. « Le Sénégal sépare le pays des Noirs du pays des Maures, » c'est ainsi qu'un célèbre écrivain arabe du moyen âge, Ibn-Kaldoun, commence sa description du Sénégal. Si cette phrase est aussi juste aujourd'hui qu'à cette époque au point de vue géographique, elle l'est bien plus au point de vue politique. En remontant le fleuve de l'ouest à l'est, les vastes solitudes de la rive droite voient errer du nord au sud, sur une étendue de plus de cent lieues, les tribus maures sans nombre qui composent les trois nations des Trarza, des Brakna et des Dowich, auxquelles on peut joindre, au-dessus de Bakel, celles des Ouled-Embarik, des Ouled-en-Naceur, des Askeur, etc. Toutes, à l'époque de la saison sèche, se portent sur les bords du fleuve riches en pâturages, où les appellent d'ailleurs les relations d'échange avec les traitants de Saint-Louis. La durée de cette saison marque celle de leur séjour sur ses rives. Dès le mois de juin, elles se mettent en marche vers les hauts plateaux de l'intérieur, à l'abri des émanations meurtrières des plaines inondées et des myriades d'insectes, fléau des bestiaux, que font naître les premières ondées de l'hivernage. Les deux premières des nations que nous venons de nommer, les Trarza et les Brakna, descendent des tribus arabes de race pure qui, vers le XIe siècle de notre ère, ont conquis le pays sur les tribus berbères des Zenaga. Malgré leurs dénégations, les Dowich, depuis longtemps affranchis de toute dépendance, descendent des tribus dont les Arabes conquirent le territoire; mais les souvenirs de la conquête ayant donné la signification de tributaire au mot de *zenaga,* on comprend que l'orgueil des Dowich repousse ce dernier nom ; pourtant ces tribus ont eu leur jour dans l'histoire, et si le grand fleuve s'appelle Sénégal de leur nom de Zenaga, l'invasion de l'Espagne par les Almoravides (El-Mourabetin), sous les ordres de Yousef-ben-Tachfin, Zenaga de la tribu des Lamtouna[1], la fondation d'un empire qui comprenait la Berbérie, le Sahara, les îles Baléares, la Sicile, attestent leur splendeur à jamais éclipsée.

Quant à la rive gauche, la rive des noirs, les divisions sont encore plus nombreuses, les races plus variées, les progrès de la civilisation plus inégaux, les constitutions politiques plus diverses. Chaque pays de la rive des noirs, chacune des races qui l'habitent exigeraient, pour être connus, des développements qui dépasseraient le cadre que nous

----

1. Léon Faidherbe, *Notice sur le Sénégal*, p. 20.

nous sommes tracé. Nous n'entrerons que dans les détails indispensables. — Le Cayor, le Oualo, le Fouta sénégalais, le Goy et le Bondou, tels sont les principaux États entre lesquels se subdivisent les immenses régions du bassin méridional du grand fleuve. En ajoutant à ces noms ceux du Djiolof, qui touche le Fouta, le Oualo et le Cayor, du Sin, du Salum et du Baol, pays qui, par leur constitution géologique et géographique, par les races qui les habitent, semblent le prolongement du Cayor, et qui d'ailleurs subissent aujourd'hui notre influence politique, nous aurons désigné les régions les plus importantes du Sénégal que couvre la race noire. Sur tous les peuples de cette race, dans un avenir plus ou moins prochain, notre civilisation est appelée à réagir définitivement, soit par la force matérielle, soit par la force plus grande des principes qu'elle représente. Quelques-uns ou plutôt tous déjà ont subi cette action, mais à des degrés bien divers, et, chose étrange au premier abord, c'est surtout, si nous exceptons Saint-Louis et son territoire restreint, c'est surtout parmi les populations extrêmes du Goy et du Gadiaga, c'est-à-dire celles des environs de Bakel et du haut du fleuve, que notre présence et notre contact ont imprimé les plus fortes traces. Le Cayor, dans le territoire duquel est enclavée l'île de Saint-Louis, est entré le dernier dans le courant de nos idées, et il n'a pas fallu moins de huit expéditions successives, conduites avec la plus grande vigueur, pour lui imposer en 1861 un traité de paix constatant que sa résistance était brisée.

La race oualo forme l'élément essentiel des populations qui habitent le Djiolof, le Oualo, le Cayor, le Sin, le Salum, etc. Les *braks* (rois) du Oualo, les *damels* (rois) du Cayor, les chefs des autres pays que nous avons cités, reconnaissant la suprématie féodale du *bour-djiolof* (roi du Djiolof)[1], s'inclinent devant les traditions de sa puissance, aujourd'hui déchue: traditions qui montrent, dans un temps peu reculé d'ailleurs, le *bour-djiolof* comme le chef suprême de tous ces pays. Il est donc évident que le foyer de la race oualo est le Djiolof, et que, par suite de l'isolement géographique de ce dernier pays, cette race est une race autochthone.

Telles ne sont point les populations du Fouta sénégalais. Du croisement des habitants primitifs, très-probablement de race oualo, et des conquérants *peuls* ou *fellatahs*, dont les tribus sans mélange constituent encore un des élements les plus considérables de la population, a surgi une race qui se distingue de celles dont elle a tiré son origine moins encore par les caractères physiques que par les qualités morales et intellectuelles. Pleins d'énergie, mobiles dans leurs

---

1. « Il est encore admis que si les rois du Sin, du Baol, du Cayor et du Oualo se trouvaient en présence du *bour-djiolof*, celui-ci aurait seul le droit de s'asseoir sur un siége élevé. » (F. Carrère, *la Sénégambie française*.)

goûts, dans leurs projets et leur conduite, les Toucouleurs du Fouta ont pour passion dominante un
sentiment de fierté individuelle, et surtout d'indépendance politique de tribu à tribu, qui ne fléchit
que devant le fanatisme religieux. Divisées sur tous
les autres points, hostiles l'une à l'autre, et sans
respect pour le lien fédératif, qui semble les placer
sous l'autorité politique et religieuse de *l'almamy* [1],
ces populations aux noms, aux intérêts si divers,
peuvent, sous la main d'un prophète leur parlant au
nom du ciel, comme Al-Agui-Oumar, devenir par
leur union momentanée le pouvoir prépondérant de
cette partie de l'Afrique. Les traditions qui se rattachent aux noms de Danfodio et d'Abd-oul-Kader,
aussi bien que l'histoire de ces derniers temps,
montrent que ce fanatisme religieux peut causer les
révolutions les plus subites et les plus fatales aux
progrès de la civilisation européenne. Tandis que
Gorée et ses dépendances, Rufisque, Joal et Kaolack,
d'un côté, Saint-Louis et ses dépendances de l'autre,
assurent notre influence sur le Baol, le Sin, le Salum
et le Cayor, tandis que le Oualo, par le voisinage
de Saint-Louis et celui des postes de Lampsar, Merinaghen, Richard-Toll, et surtout par les *marigots* ou
bras du fleuve, qui le pénètrent de toutes parts, est
à jamais dans nos mains, et doit être considéré

---

1. En arabe, *el-moumenin* (le commandeur des croyants).

comme une province française, le Fouta, où Podor, Saldé et Matam sont nos seuls établissements, peut, quand ses passions religieuses ou politiques sont surexcitées, braver tous nos efforts et se dérober à une influence qu'il ne subit qu'avec indignation. Cette dernière appréciation ne saurait être mise en doute : les événements de chaque jour la justifient aux yeux de ceux qui les suivent; mais il est un fait significatif qui l'établit sans conteste, c'est l'abandon par les populations du Fouta du grand bras du Sénégal qui entoure l'Ile-à-Morfil. La plupart des villages de cette partie du fleuve ont été désertés dans ces derniers temps, et leurs habitants se sont transportés sur l'autre bras du fleuve, sur les bords du *marigot* de Douè, moins accessible à nos bateaux à vapeur. Déjà la vigoureuse, mais stérile végétation des solitudes sénégalaises a envahi le territoire de ces villages, autrefois si populeux, tandis que les cultures les plus riches et les plus soignées couvrent les deux rives du marigot, et révèlent ainsi les sentiments d'hostilité que les Toucouleurs conservent contre nous, aussi bien que l'énergie et les richesses de ces peuples. La région où ils sont venus concentrer leurs forces et chercher un refuge contre nous répond d'ailleurs par sa constitution géographique à ce double but : à une distance variable des rives du marigot, mais qui, en moyenne, est de cinq ou six lieues, s'élèvent en effet d'assez hautes collines que l'inondation n'atteint jamais, et qu'on peut, pour cette raison, regarder comme les rives véritables du Sénégal dans cette partie de son cours. Désignées par les gens de Saint-Louis sous le nom de *Grand'-Terre,* ces collines établissent une voie de communication ininterrompue de Dagana à Bakel, se dirigeant presque en droite ligne de l'est à l'ouest. C'est la route que suivent en toute saison les caravanes qui vont commercer dans l'intérieur, celle que prennent les bandes de Maures pillards qui, avec les gens du Fouta, les Laobe et les Peuls Ourourbè, vont ravager le Djiolof, avec lequel ils sont presque toujours en guerre ; enfin, lorsque les hostilités éclatent avec nous, c'est sur ces hauteurs que les femmes, les enfants, les troupeaux, les esclaves des Toucouleurs trouvent un abri assuré. Presque tous les villages toucouleurs, Medina, Goléré, Orefondé même, peuvent, il est vrai, être atteints par nos colonnes expéditionnaires ; mais dans leur marche le fleuve sert toujours de base aux opérations, s'en écarter et s'avancer à quelques lieues de ses rives serait compromettre le succès, s'exposer aux chances fatales de la maladie, aux coups foudroyants d'un soleil meurtrier. Si l'expérience a fait connaître aux indigènes la supériorité de nos armes, elle leur apprend aussi à plus compter sur le climat et les fatigues de nos soldats que sur leur propre bravoure, aussi peu leur importe l'incendie de leurs vil-

lages, quand leurs troupeaux, leurs esclaves, sont à
l'abri de nos coups. La fumée de nos bateaux à vapeur
n'a pas disparu de l'horizon que déjà ils ont commencé à les reconstruire ; après quelques jours, toute
trace de l'incendie a disparu. Les bœufs et les troupeaux errent dans les vastes plaines des bords du
fleuve, les esclaves ont repris leurs travaux des
champs ; rien n'est changé dans le paysage, rien n'est
changé dans l'esprit, dans les résolutions, dans les
projets des vaincus.

On conçoit dès lors l'importance de cette chaîne
de collines au point de vue de notre domination
dans ces pays : elle n'y sera établie sans conteste,
sans crainte d'un retour offensif des gens du Fouta,
qu'autant, pour me servir d'une énergique expression anglaise, que nous briderons le pays entier par
une chaîne de postes construits sur les hauteurs et
analogues à ceux de Saldè, de Matam, dont ils semblent le complément obligé. Reliant par terre Dagana
à Bakel, les postes dont il s'agit resserreraient dans un
cercle infranchissable ces fières populations : par eux
s'exercerait une surveillance de tous les instants sur
cet ardent foyer d'intrigues et de menées hostiles qui
peuvent un jour soulever contre nous toutes les peuplades riveraines aujourd'hui soumises. Des considérations d'un autre ordre commandent d'ailleurs cette
mesure, indispensable à l'établissement définitif de
notre souveraineté dans ces contrées. La Grand'-Terre

élevée au-dessus du sol fangeux des plaines inondées, semble être à l'abri des fièvres redoutables du bas pays, puisque toutes les années de nombreuses tribus maures, soit qu'elles veuillent éviter les fatigues de l'émigration, soit que la crue des eaux les ait surprises avant leur retour du Djiolof, y passent sans danger toute la saison de l'hivernage avec leurs troupeaux et leurs bêtes de somme. De plus, la constitution chimique du sol semble identique à celle des îles sablonneuses où croissent les meilleurs cotons d'Amérique : elle a été déjà analysée ; si de nouvelles expériences confirment ce résultat, que les cultures indigènes font pressentir, cette vaste région, où les Européens pourraient vivre, donner aux populations agricoles qui l'habitent l'exemple du travail et importer les procédés de notre science, ne semble-t elle pas destinée à devenir un des centres les plus puissants de la production cotonnière?

De Matam à Bakel, bien que la constitution géologique du sol ne se modifie qu'insensiblement, se présentent des races complétement distinctes de celles que nous venons de nommer. A mesure que l'on remonte le fleuve, les tribus de Toucouleurs deviennent moins nombreuses et moins puissantes; de nouvelles races, de nouvelles mœurs, de nouvelles croyances apparaissent. En entrant dans le Goy et le Kaméra, les deux provinces de l'ancien Gadiaga, on rencontre des Malinké et surtout des

Soninké, originaires du Kaarta. C'est, disait en 1862
M. le général Faidherbe, « la population la plus commerçante du Sénégal. Elle envoie des caravanes au
loin dans l'intérieur, et fournit une foule d'agents
inférieurs au commerce de Saint-Louis et de *laptots*
à nos navires. » Il faut ajouter à cette assertion, indiscutable d'ailleurs, que c'est aussi une race des plus
agricoles, et que cette disposition dominante est l'u-
nique mobile de leurs voyages. Avoir une terre à eux,
la cultiver, y vivre, tel est but le qu'ils poursuivent,
l'espérance qui les soutient. *Laptots* du commerce
ou de l'État, manœuvres à Saint-Louis, tirailleurs
sénégalais, maçons, charpentiers, tous ceux que l'on
interroge sur leurs projets d'avenir, sur les motifs
qui les ont poussés loin de leur pays, tous révèlent
ce désir, cette espérance, et tous les réalisent après
quelques années d'exil vaillamment supportées, de
rudes et pénibles labeurs toujours au-dessous de
leur patience. A ce contact avec les Européens, leur
intelligence, relativement supérieure, s'agrandit encore, leurs croyances se modifient, et, le flot alterna-
tif de l'émigration et du retour se continuant sans
cesse, leurs progrès, quelque lents qu'ils soient, ne
peuvent manquer d'être continus. Un de nos camarades, qui a consacré de longues années au développement de l'agriculture au Sénégal, le docteur Ricard,
nous disait : « Les villages des Soninké sont peuplés
de maçons, de charpentiers, d'ouvriers rompus aux

procédés européens, et c'est à Sénoudébou que j'ai trouvé le plus d'esprits capables de comprendre, ayant la volonté d'appliquer nos instruments et nos leçons d'Europe. » La cause déterminante de la supériorité de nos progrès dans le haut du fleuve, c'est, on le voit, la passion de ces races pour l'agriculture. D'autres causes, moins directes, ont eu aussi leur part d'influence sur ces progrès: ce sont les révolutions politiques et religieuses à la suite desquelles les Soninké se sont divisés en deux pays hostiles: le Goy musulman, où Al-Agui le prophète a trouvé dans sa lutte contre nous de nombreux guerriers, et le Kaméra, qui recherche notre influence, prépondérante par l'établissement de Bakel et la présence de nos facteurs de Saint-Louis.

. Ce que nous avons dit des populations du Gadiaga est vrai pour celles du Bondou et des provinces voisines, et surtout pour celles du Bambouck, qui, à la différence du Bondou, État peul et musulman, attaché à notre cause par la politique seule, est un État malinké ayant les mêmes mœurs et les mêmes traditions que les Soninké du Gadiaga. Du reste M. le gouverneur Faidherbe a donné les plus lumineuses indications sur ce chaos de races entre-croisées, mêlées, confondues en apparence, et ses recherches ont posé les bases de tout travail sur les populations sénégalaises, en même temps que sa direction politique est encore la meilleure à suivre.

Lorsqu'en juillet 1859 l'*Étoile* mouillait à Saint-Louis, la paix était signée avec les Maures vaincus, humiliés, sur les bases qu'avaient indiquées les dépêches ministérielles et après une guerre de trois ans, dont certains épisodes rivalisent avec les plus glorieux souvenirs de nos annales militaires[1]. Le prophète Al-Agui, refoulé dans le Kaarta et le Ségou aux bords du Niger, laissait libre enfin la navigation du fleuve, de Saint-Louis à Médine et à Sénoudébou, jetant derrière lui, comme une menace, le poste de Guémou, commandé par le plus intelligent et le plus dévoué de ses *talibas,* son neveu Sirè-Adama. Il fallait se hâter de mettre à profit ces instants de trêve pour assurer les résultats obtenus. Cette tâche, dans un pays comme le Sénégal, pour être moins brillante, exige autant d'énergie et de dévouement que la guerre la plus acharnée.

II.

Deux saisons se partagent l'année au Sénégal, comme dans tous les pays intertropicaux : l'hivernage et la saison sèche. L'hivernage, résultat du passage du soleil au zénith, commence au Sénégal vers la fin de juin et dure jusqu'en novembre. C'est

---

1. Cette guerre a été racontée dans la *Revue des Deux Mondes* du 1er octobre 1858.

la saison de ces tempêtes violentes connues sous le nom de *tornades,* des pluies torrentielles, des orages où l'électricité produit peut-être ses effets les plus splendides et les plus terribles. Un ciel de plomb, mais à travers lequel le soleil darde ses rayons les plus chauds, annonce que l'hivernage commence ; les grandes brises de nord-ouest, qui jusqu'alors avaient rafraîchi l'atmosphère, font place à des calmes plats ou à des brises irrégulières, mais soufflant généralement du sud. Parfois de violentes rafales, qu'aucune pluie n'accompagne, soulèvent le sable du désert et couvrent l'horizon d'un nuage rouge, véritable muraille mouvante qui brise tout sur son passage. A ces signes, les indigènes reconnaissent la plus ou moins grande force des pluies, la durée de l'hivernage, et surtout le degré d'élévation future des eaux du fleuve. Sans nul doute, les phénomènes qui se produisent sur le rivage de l'Océan sont liés à ceux dont les plateaux élevés du Fouta-Dialon sont le théâtre, et on n'ignore pas que le Sénégal et les grands fleuves de cette partie de l'Afrique prennent leurs sources dans ces plateaux. Les observations de plusieurs siècles ont dû servir à fixer les règles que les indigènes regardent comme infaillibles. Quoi qu'il en soit, dès le mois de juillet, la crue des eaux se fait sentir au passage de Mafou, à quinze lieues au-dessus de Podor, à soixante lieues au-dessus de Saint-Louis. Les communications avec le haut pays deviennent possibles. De la fin de juillet au 15 août, les eaux ont atteint leur maximum dans le haut bassin, où, après quelques oscillations, elles commencent à décroître tout en montant encore dans les régions inférieures du Fouta et du Oualo ; à la fin de novembre, le fleuve a repris son lit ordinaire. Dès cette époque, qui marque la fin de l'hivernage, les vents d'est commencent à s'établir, soufflant parfois avec une violence suffocante, mais féconde ; de leur influence dépend en effet la plus ou moins grande abondance de la récolte des gommes. En quelques jours, leur action desséchante ne tarde pas à épuiser l'eau des plaines et de la plupart des marigots, et dans ces immenses solitudes inondées naguère et où nos bateaux à vapeur ont souvent navigué pour reconnaître le pays, on chercherait vainement alors une goutte d'eau douce loin des bords du fleuve ou des puits creusés à grand'peine. La crue moyenne des eaux du fleuve varie à Bakel de 14 à 16 mètres, mais n'est guère à Saint-Louis que de 2 ou 3 mètres. Elle est pour les pays intermédiaires proportionnée à leur éloignement de ces deux points extrêmes.

Jetons maintenant un rapide coup d'œil sur le fleuve depuis son embouchure jusqu'à Médine, point extrême de la navigation européenne. Malgré l'uniformité plus apparente que réelle des paysages qui se succèdent à mesure qu'on s'éloigne des bords de l'Océan, quelques traits généraux peuvent faire comprendre la nature particulière, le caractère distinctif de chaque grande zone du bassin du Sénégal.

Quand on arrive d'Europe et qu'on a franchi la barre, un sentiment de profonde tristesse vous envahit à la vue du paysage désolé qui se déroule aux regards. Une langue de terre étroite, resserrée entre le fleuve et la mer, dont les vagues, sans cesse agitées, déferlent sur le rivage avec un bruit menaçant, forme la rive droite du fleuve. Par un souvenir du grand désert, dont elle est d'ailleurs la pointe extrême au sud, elle porte le nom de terre de Barbarie, et tout justifie ce nom. Des dunes de sable amoncelé que le vent déplace, et qui chaque jour changent de forme et de hauteur, où nulle végétation n'est possible, se succèdent sans interruption. Le soleil des tropiques y rayonne d'un éclat insupportable. Des myriades de goëlands, de mouettes, d'oiseaux aquatiques animent seuls cette morne solitude de leur vol rapide et de leurs cris sinistres, en harmonie avec le bruit des flots, qu'ils dominent souvent. Sur la rive gauche, le paysage n'est ni moins triste ni moins désolé. Ce sont d'immenses marécages de vase noire, aux émanations pestilentielles, que séparent de loin en loin des bouquets de mangliers nains au feuillage métallique. Quelques *baobabs* dépouillés de leurs feuilles, quelques palmiers plus clairsemés encore, rompent par instants la monotonie de l'horizon ; mais, courbés par les vents de la mer, dont les eaux attaquent leurs racines, ils augmentent plutôt qu'ils ne diminuent, par leur végétation maladive et rabougrie, la tristesse du paysage. Les premières murailles qui apparaissent sur cette rive sont celles du cimetière européen. Ce nom, prononcé par un matelot insouciant, semble un sinistre présage et augmente encore l'impression que la vue du pays jette à l'âme la mieux trempée. Cependant cette impression ne tarde pas à s'affaiblir. Bientôt apparaissent les hautes constructions de Saint-Louis, confondues dans le rideau de brume qui, même par les plus belles journées, estompe l'horizon. A mesure qu'on approche de cet amas de maisons uniformes au premier aspect, se dégagent peu à peu les détails d'un spectacle réellement plein de vie et d'originalité.

Saint-Louis est bâti sur une île de la rive droite du fleuve. Cette île, basse, sablonneuse, d'un mille et demi de long, n'a guère que 500 mètres de large. Un pont jeté sur le fleuve, vers la langue de Barbarie, la relie à la terre ferme et la met, depuis quelques années seulement, en communication avec la ville des noirs. Les deux civilisations en présence dans ces contrées lointaines se révèlent donc tout d'abord à la vue des voyageurs. Des huttes en paille, rondes, au toit pointu et grêle, réunies en groupes par familles, jetées sans ordre, comme de grandes ruches d'abeilles, dont elles affectent la forme, sur une dune de sable que couronne une batterie européenne, telle est Guetn'dar, la ville des noirs. Les faubourgs de N'dar-Tout s'étendent aux pieds de cette dune et couvrent tout l'espace compris entre le village et les tours de garde élevées à plus de deux kilomètres vers le nord pour les défendre contre les incursions des Maures Trarza. Les hautes maisons de Saint-Louis, blanches, régulières, aux arêtes nettement tranchées, avec leurs terrasses rectangulaires, leurs *verandahs* en colonnade, empruntent à ce voisinage un aspect assez imposant, que relèvent encore les vastes édifices destinés à l'administration coloniale, les casernes et les hôpitaux. Seul parmi ces édifices le Gouvernement rappelle, par l'incohérence des constructions successives ajoutées à l'ancien fort, les humbles origines de la ville, le temps où Saint-Louis n'était qu'un simple comptoir de traite.

Cette dualité qui apparaît ainsi au premier coup d'œil se reproduit à mesure que le panorama de la ville se déroule devant le voyageur. Les deux pointes extrêmes de l'île, ce qu'on peut appeler les faubourgs de Saint-Louis, sont encore couvertes par des huttes semblables à celles de Guetn'dar, derniers vestiges d'une époque déjà lointaine. Sur le fleuve, les grands navires européens de commerce profilent dans l'atmosphère leurs mâtures, où flotte le pavillon de la France, et leurs vergues, qui semblent

toucher les maisons de la rive ; les bateaux à vapeur
de la flottille dorment immobiles au mouillage, ou,
couronnés d'un noir panache de fumée, soulèvent les
eaux du fleuve avec leurs grandes roues bruyantes ;
autour d'eux circulent les rapides pirogues des pê-
cheurs indigènes, lancées comme une flèche par les
bras vigoureux de pagayeurs au torse nu, dont un
chant cadencé semble régulariser les efforts ; de
lourds bateaux de charge, des chalands à la construction disgracieuse, se traînent péniblement près
des quais, où le courant est moins rapide ; des ra-
deaux flottants plus primitifs encore conduisent à
Saint-Louis les bois de Dagana et du haut pays.
Ainsi tout dans le paysage annonce la présence de
deux races distinctes, de deux civilisations extrêmes.
Cette opposition se révèle plus puissamment encore
à la vue des deux temples, symboles de pierre de
ces deux civilisations. Au centre de l'île, à quelques
pas du Gouvernement, l'église catholique élève ses
deux tours massives, que domine une croix de fer,
tandis qu'à la pointe du nord le croissant s'étale au-
dessus des minarets verts de la mosquée mahométane. A terre, ces différences, ces contrastes, que
l'esprit seul avait devinés, apparaissent animés, vi-
vants. Quelle variété de costumes et de races, quand,
avec les derniers rayons du soleil, la population entière de Saint-Louis se répand dans les rues ! C'est
l'heure où les Européens, fatigués de la chaleur du

jour, se hâtent vers le bord de la mer, pour en res-
pirer les brises rafraîchissantes et salutaires; c'est
l'heure où les croyants s'empressent vers la mosquée
où les appelle la voix du muezzin, celle enfin où les
négresses courent au marché, que les pêcheurs de
Guetn'dar viennent d'approvisionner de leur pêche
du jour. Officiers de toutes armes aux uniformes variés, Maures à la tête nue, aux longs cheveux flottants, Peuls aux tresses bizarres, aux traits réguliers,
double signe de l'origine égyptienne qu'on leur at-
tribue, Bambaras aux formes athlétiques, chargés de
lourds fardeaux, *signares* à la coiffure étagée, aux
jupes bariolées des couleurs les plus éclatantes, se
pressent, se coudoient dans les rues d'Alger, de la
Mosquée, sur le pont de Guetn'dar, tandis que dans
les quartiers moins animés des groupes de joueurs
assis sur le sable prolongent jusqu'à la nuit leurs
parties de dames et d'échecs au milieu de spectateurs
passionnés, mais graves et sérieux.

Je ne sais quel voyageur a écrit que, de huit
heures à minuit, chaque soir l'Afrique tout entière
dansait. Il y dans ces paroles moins d'exagération
qu'on ne serait tenté de le croire. Grâce à l'insou-
ciance de leur caractère, à leur facilité d'oubli, à
leur imprévoyance de l'avenir, les noirs jouissent
partout des heures présentes. Un bal est si vite
improvisé, à si peu de frais d'ailleurs, que partout
et à la moindre occasion ils s'abandonnent à leur

passion dominante. A Saint-Louis, où la population vit dans la sécurité la plus complète, ces bals au grand air, la plupart improvisés, mais dont les plus importants sont préparés longtemps à l'avance, donnent une vive et joyeuse animation à la ville dès les premières heures de la nuit. Partout on n'entend que battements de mains réglés par la cadence d'une chanson dont les danseuses répètent seulement le refrain monotone, et qu'un chanteur fait durer à son gré pendant des heures entières. A chaque refrain, une danseuse se détache du groupe, exécute une figure de fantaisie et revient prendre sa place dans le cercle. Ce sont là les fêtes de tous les soirs: hommes, femmes, enfants, y prennent part; tous chantent, dansent tour à tour et sans ordre. Les grands bals, les *bamboulas,* exigent plus de soins, et, qu'ils fassent partie d'une fête privée ou d'une cérémonie religieuse consacrée par la tradition, ils sont dirigés par des *griottes.* Ces griottes forment une caste particulière : ce sont les musiciens et les poètes. Méprisés pour leur scepticisme religieux, qui touche presque à la négation de toute croyance, tenus au dernier rang de la société, ils sont pourtant admis partout, dans les fêtes comme dans les conseils les plus secrets des chefs indigènes.

Dès qu'on s'éloigne de Saint-Louis, cette animation, ce mouvement s'effacent complétement, mais du moins le pays n'offre plus l'aspect aride et désolé de la *barre* et de la terre de Barbarie, qui tout d'abord cause une impression si pénible à l'Européen. D'immenses prairies, qu'on pourrait appeler, comme celles du Texas, *la mer des herbes,* couvrent tout l'espace compris entre Saint Louis et Richard-Toll. Quelques éminences, dont on a profité pour bâtir les tours de Lampsar, de N'diadoune et de Maka, arrêtent seules le regard, et encore ces éminences sont-elles très-rapprochées de Saint-Louis; mais quand on a dépassé Maka, à trois heures de la capitale du fleuve, ces collines disparaissent: les plaines du Djeuleuss, refuge ordinaire des Maures pillards, s'étendent à perte de vue, bien au delà de Merinaghen, jusqu'aux forêts de gommiers du Djiolof que nul Européen n'a visitées. Les marigots sans nombre qui les traversent, et dont les principaux sont, avec la Tawey, ceux de Lampsar et de Gouroum, forment dans la saison sèche un archipel inextricable où errent d'immenses troupeaux d'antilopes et de gazelles. Les perdrix, les pintades y vivent en compagnies serrées, et vers Merinaghen les girafes, les éléphants, les hippopotames et les fauves de toute espèce abondent. Quand la crue des eaux atteint son maximum, toutes ces îles disparaissent, tous ces canaux se confondent, et à la même place se forme en quelques jours un lac immense qui parfois se joint à celui du Paniè-Foull. Un de nos officiers les plus aventureux, M. le lieutenant de vaisseau Braouzec, a vainement essayé d'en fixer les limites dans un voyage entrepris, pendant la grande inondation de 1861, sur le petit *steamer* qu'il commandait.

Cette constitution du pays, cette périodicité des inondations expliquent l'état d'abandon des rives du fleuve dans cette partie de son cours. La guerre avec les Maures, dont le Oualo était le prix, n'a pas été une cause moins puissante du dépeuplement. Malgré la sécurité que notre souveraineté donne aujourd'hui aux populations, les villages bâtis sur les hauteurs que les eaux n'atteignent que rarement, se rétablissent avec lenteur. Néanmoins à quelques lieues de Richard-Toll le niveau du sol s'élève, et des villages assez rapprochés couvrent la rive gauche. Théâtre d'essais agricoles sous l'administration du baron Roger, Richard-Toll (le jardin de Richard) possède le territoire le plus fertile du bas du fleuve. De nouveaux essais tentés sur une moins grande échelle, mais plus sérieusement peut-être, réaliseront sans doute les espérances conçues autrefois.

De Richard-Toll à Dagana, l'aspect des deux rives change complétement. Ce sont toujours, il est vrai, des plaines basses, aux horizons uniformes ; mais les berges du fleuve, mieux accusées, commencent à se tailler en talus et s'élèvent de plusieurs mètres au-dessus du niveau habituel des eaux. Les villages, que les garnisons des deux postes et l'énergie du chef Samba-Dienn, un de nos plus fidèles alliés, ont défendus contre les Maures, se multiplient et s'agrandissent chaque jour. De vastes espaces couverts de cultures soignées alternent avec les prairies sauvages. De tous côtés s'élèvent de grands bouquets de tamariniers, de *kaï-cedras*, et les troncs élancés des *roniers*, si utiles pour toutes les constructions sénégalaises. Les roniers sont des palmiers aux feuilles en éventail, qui s'élancent droits à plus de 20 mètres au-dessus du sol. Telle en est l'importance que l'administration de la colonie s'en est réservé la propriété, et que la possession de ces arbres dans le pays des Maures nous a été concédée par une clause spéciale des traités passés avec eux. Ces riches cultures, cet aspect pittoresque du pays se maintiennent jusqu'au-dessus du poste de Dagana, auquel la traite des gommes donne une importance commerciale toujours croissante depuis la paix. Gaë, Bokol, sont de riches et populeux villages ; mais en approchant de l'Ile-à-Morfil et des pays qu'habitent les Toucouleurs, les cultures disparaissent peu à peu. Les *gonakès* épineux, qui jusqu'alors ne se montraient qu'en groupes isolés, envahissent les deux rives et forment d'immenses forêts qui, un moment interrompues à Podor, se continuent jusqu'à Saldè.

Les courants alternatifs de la marée se font sentir jusqu'au passage de Mafou pendant la saison sèche.

Les navires en subissent l'influence. La différence
des haute et basse mer à Saint-Louis n'étant guère
que de 1^m,50, on peut juger du peu de pente du fleuve
sur un espace de plus de soixante lieues. Le delta
sénégalais nous paraît donc commencer à Saldè,
point où, pour former l'Ile-à-Morfil, le fleuve se divise en deux grandes branches également profondes.
Quoi qu'il en soit, une légère modification se produit en ce point dans la constitution géologique du
pays. Bien avant Matam, premier poste qu'on aper-
çoit en quittant celui de Saldè, de nombreux monti-
cules surgissent à l'horizon; bientôt ils se rapprochent,
se réunissent et constituent de véritables chaînes de
collines d'une hauteur moyenne de 50 mètres. La
forme qu'elles affectent toutes est tabulaire. C'est
une série de trapèzes aux côtés plus ou moins inclinés, d'un brun rougeâtre qui perce à travers la végétation luxuriante dont ces collines sont couvertes.
Cette couleur générale, les quartiers de roche semés
à leur base, indiquent la présence d'abondants mi-
nerais de fer qu'exploitent certaines tribus plus in-
dustrieuses. La rive droite est de beaucoup plus élevée
que la rive gauche; aussi sert-elle de refuge aux
habitants quand une grande inondation les chasse
de leurs villages, ce qui arrive rarement d'ailleurs.
Ces villages, riches et populeux, sont tous bâtis sur
les points les plus élevés de la rive gauche. L'inondation de 1861, qui restera dans les souvenirs du

pays comme une des plus considérables, ne les a point atteints. Habités par une race aussi agricole, mais moins turbulente que celle des Toucouleurs, ils sont tous entourés de riches cultures au milieu desquelles les gonakés n'apparaissent plus que de loin en loin. Les arbres les plus communs sont désormais les roniers, les palmiers de différentes familles, surtout les tamariniers d'une grandeur et d'une élégance de forme admirables. Ces arbres au feuillage pittoresque, la succession rapide des chaînes de collines à chaque contour du fleuve, les villages de plus en plus rapprochés, donnent au paysage une vivacité singulière, un charme qui repose de la monotonie des forêts que l'on vient de traverser.

Le poste de Bakel marque le point extrême de cette partie du bassin du fleuve. La forteresse, bâtiment quadrangulaire à vastes arceaux, entourée de grands remparts de pierre grise, domine du haut d'une colline rocheuse et les villages indigènes bâtis à ses pieds et le fleuve, qui semble s'être creusé de vive force un passage à travers la chaîne élevée qui de Bakel s'enfonce dans le Gadiaga et le pays des Dowich. Quatre tours de garde sur les sommets voisins, une ceinture de murailles qui les relie toutes, ajoutent à l'importance militaire de la forteresse principale, et révèlent l'intérêt que la France attache à la possession de ce grand marché intérieur.

Au delà de Bakel jusqu'au confluent du Sénégal et de la Falémè d'un côté, jusqu'à Médine et aux cataractes du Félou de l'autre, l'aspect du pays ne change pas. Les villages ruinés par Al-Agui reprennent, depuis la destruction de Guémou, leur ancienne importance avec une rapidité qui tient surtout au caractère essentiellement agricole des populations. Au-dessus des cataractes du Félou, le fleuve, qu'aucun Européen n'a exploré avec soin, ne semble plus être qu'une série de bassins étagés que de hautes murailles de roches séparent les uns des autres.

Navigable à toutes les époques de l'année jusqu'au passage de Mafou, le fleuve, on le voit, ne l'est jusqu'à Bakel et à Médine que pendant cette rapide saison de l'hivernage. Aussi est-ce celle où les traitants de Saint-Louis déploient la plus grande activité, celle dont profitent les navires à vapeur de la station locale pour ravitailler tous nos établissements militaires au-dessus de Podor, la seule enfin pendant laquelle les opérations de guerre soient possibles contre les populations du haut pays. Cette nécessité fatale d'une activité excessive dans de telles conditions atmosphériques explique en grande partie la réputation d'insalubrité si justement acquise d'ailleurs au Sénégal parmi toutes nos autres colonies. Le développement de nos relations avec les rivières du sud, telles que la Cazamance, le Rio-Nunez, le Riol'ongo, le Rio-Grande, etc., n'a pas peu contribué à l'affermir encore. Les six mois de repos qui suivaient autrefois les fatigues de l'hivernage ont, dans ces derniers temps, été changés en six mois de nouvelles expéditions de guerre, et ce changement, forcé d'ailleurs, a eu les plus déplorables résultats au point de vue de la santé des hommes. Les chiffres de mortalité de la population européenne de Saint-Louis ne dépassent pas en général ceux de la plupart de nos villes d'Europe; mais ce n'est qu'avec un sentiment de profonde tristesse que· la pensée évoque le souvenir de tant de belles intelligences, de tant de vigoureuses et puissantes organisations, tombées victimes de ce climat meurtrier dans l'accomplissement d'un devoir obscur. Les premières campagnes de l'*Étoile* allaient augmenter la liste si nombreuse de ces victimes. Nous arrivions en effet en plein hivernage, et tel était le besoin du gouverneur d'utiliser toutes les heures de cette trop courte saison, tous les navires de sa petite flotte, que six jours après notre arrivée dans la colonie nous remontions le fleuve avec 100 tonneaux de briques sur notre pont, et un chaland de 300 tonneaux à la remorque. Ces matériaux étaient destinés à la construction d'une de ces tours au moyen desquelles nous exerçons une influence prépondérante dans tout le voisinage, et devant lesquelles ont échoué, comme à Leybar et à Médine, la bravoure furieuse des Maures de Mohamed-el-Habib et le fanatisme des Toucouleurs d'Al-Agui.

La nouvelle tour qu'il s'agissait d'élever dominait les villages de Tébécou et de Saldè au point où le fleuve, en se séparant en deux bras profonds, forme l'Ile-à-Morfil. Cette construction allait nous assurer la possession de ce passage si important et établir notre influence sur les tribus belliqueuses du Fouta central, parmi lesquelle. Al-Agui avait, les années précédentes, recruté les plus dévoués de ses guerriers. Bien que les défaites du prophète, l'insuccès de ses entreprises, eussent profondément affaibli son prestige aux yeux des Toucouleurs, il était à craindre pourtant que ces tribus ne vissent avec indignation la construction d'une forteresse française au cœur de leur pays, et que leurs chefs ne voulussent s'y opposer par la force. Telle avait été la conduite des indigènes l'année précédente, lorsqu'on avait construit la tour de Matam. Depuis une semaine environ, le capitaine du génie Fulcran était parti à l'avance avec les maçons, les manœuvres, les ouvriers de toute espèce, et quelques matériaux chargés sur des chalands. La crue des eaux, bien que légère, leur avait permis de franchir les passages les moins profonds ; il était donc nécessaire de les suivre au plus vite, soit pour leur fournir de nouveaux matériaux, soit pour les protéger par la présence de nos navires au cas où les populations se

montreraient hostiles. Nos instructions se bornaient
à déployer la plus grande activité et à revenir sans
perte de temps à Saint-Louis, en luttant avec le plus
d'énergie possible contre les obstacles que pourrait
rencontrer notre navigation. Ces obstacles, à cette
époque de l'année, alors que la crue des eaux s'é-
tait à peine prononcée, consistaient surtout dans la
difficulté des passages de Mafou, Sarpoli et Djuldè-
Diabè. La longueur relativement très-grande de
l'*Étoile*, l'inexpérience des capitaines de rivière, qui
jamais n'avaient eu à manœuvrer un navire de 52
mètres de long, ajoutaient encore à ces difficultés.

De toutes les classes de la population sénégalaise
qui se sont ralliées à notre colonie, celle des *laptots*
ou matelots du fleuve est à tous égards la plus intéressante. Dévouement à toute épreuve, fidélité inébranlable, patience que rien n'abat, courage qui leur
fait affronter la mort sur les champs de bataille,
comme les dangers du désert et les périls du fleuve,
où, sur un signe, ils plongent malgré la violence des
courants et les caïmans qui le sillonnent, telles sont les
qualités de cette classe d'élite. Les capitaines de rivière sont les premiers des *laptots*, et les premiers
parce qu'ils ont au plus haut point ces qualités si
remarquables. Ceux qui montaient l'*Étoile*, et qui
nous venaient de l'*Anacréon*, qu'elle remplaçait
dans le fleuve, étaient encore distingués parmi leurs
collègues. L'un, Youssouf, Toucouleur énergique,

ısans cesse en mouvement, toujours le premier au travail et au feu, était un des héros de Médine, et devait plus tard se faire blesser en Cazamance, en soutenant avec une poignée d'hommes l'assaut d'une centaine de guerriers. L'autre, Co-Caï, Bambara du Kaarta, appartenant à la famille du roi de Ségou, athlète infatigable, caractère trempé au feu du dévouement et tout empreint de cette bonté si touchante quand elle s'allie à la force, devait servir de guide au lieutenant Lambert dans son voyage au Fouta-Dialon et le sauver par ses soins. Enfin Ry-Fall, jeune Ouolof de Guetn'dar, instruit comme un taleb arabe, admirateur enthousiaste de Paris et de la France, qu'il avait visités à trois reprises différentes, avait mérité la médaille militaire en se jetant au-devant du gouverneur, qu'un Maure menaçait de son fusil, et se trouvait à peine rétabli de ses blessures. Tels étaient les capitaines de rivière de l'*Étoile*; mais ni le dévouement, ni la patience, ni le courage ne peuvent en marine remplacer la science et surtout l'expérience : l'*Étoile* devait en fournir de nouvelles preuves. De Saint-Louis à Mafou, tantôt sur des hauts-fonds, tantôt sur la berge même du fleuve, aux coudes les plus prononcés, nous pûmes compter plus de dix échouages. Partis le 16, nous n'arrivions à Mafou que le 20. Quatre jours pour franchir soixante lieues, avec une vitesse moyenne de neuf milles à l'heure, n'était-ce pas, quoique deux tornades violentes nous eussent forcés à mouiller, avoir dépensé en échouages les cinq sixièmes du temps de la traversée? Au début de notre navigation dans le fleuve, cette épreuve nous fut une salutaire leçon. Savoir se reposer sur ses officiers, sur ses pilotes est une qualité essentielle d'un capitaine de navire; il en est une plus précieuse encore, c'est de savoir limiter convenablement cette confiance. Nos échouages étaient sans danger, il est vrai; mais ils nous faisaient perdre beaucoup de temps. Dès ce jour, nous résolûmes de ne plus quitter la passerelle et d'agir personnellement, tout en ne négligeant pas les avis de nos pilotes. D'ailleurs à Mafou nous étions forcés de nous arrêter : les passes étaient encore infranchissables. Le capitaine de l'*Africain,* M. Lescazes, arrivé vingt-quatre heures avant nous, les avait sondées lui-même, et tous deux nous résolûmes d'attendre que la crue des eaux nous permît de continuer notre voyage. Une échelle de marée fut montée sur la berge. Toutes les mesures d'hygiène furent prises pour assurer la santé de nos équipages pendant un séjour qui pouvait être long encore; il ne nous restait plus qu'une seule chose à faire, la moindre de toutes, mais souvent la plus difficile, tuer le temps.

La plus pénible à supporter de toutes les privations que la vie au Sénégal impose tout d'abord aux Européens est celle de tout travail intellectuel un p eu soutenu. Certes on peut à la rigueur et avec le temps s'habituer à la chaleur énervante du climat ; les grandes brises du nord-ouest qui alternent pendant une partie de l'année avec les vents d'est suffocants, les nuits rafraîchies par d'abondantes rosées donnent parfois un répit de quelques heures, dont on pourrait profiter ; mais qui résisterait aux moustiques, aux maringouins, aux mille insectes qui envahissent les coins les plus secrets, les mieux fermés de vos appartements ? Y rester immobile pendant quelques instants est un supplice qui devient intolérable, s'il se prolonge. Ouvrez un livre, et avant que vous en ayez tourné les premières pages, vos mains, votre front sont devenus la proie d'invisibles ennemis dont la morsure répétée vous force bientôt à délaisser le récit le plus attrayant, sans compter cet éternel murmure, ce bourdonnement à notes parfois suraiguës et plein de menaces qui vous distrait, vous préoccupe et vous oblige à chercher un refuge, un abri sur le pont, au grand air. Ceci est la vérité exacte pour Saint-Louis dès les premières ondées de l'hivernage ; mais dans le fleuve c'est en toute saison la vérité amoindrie plus qu'on ne le saurait croire. La privation de sommeil, malgré toutes les précautions prises contre les moustiques, cause autant de fièvres que les émanations paludéennes, et rien ne sert contre eux, ni les vêtements les plus épais, ni les rideaux fermés avec le plus de soin. Ces fortes organisations de matelots, que rien n'ébranle, ne peuvent y résister. J'en ai vu bien souvent dormir sous la pluie, transis de froid par les rudes heures de bossoir, alors que les lames venaient balayer les gaillards; mais dormaient-ils sur le pont de l'*Étoile,* dans ces longues nuits sénégalaises, si tièdes, si parfumées, malgré les moustiquaires que leur donnait l'administration coloniale, dont ils riaient d'abord comme d'une mauvaise plaisanterie, et qu'ils se hâtaient, après quelques nuits d'expérience, de tendre avec des soins si attentifs?

Les distractions intellectuelles supprimées par les insectes et le climat, il reste celles de l'action : la guerre, les explorations, la chasse. La mission pacifique que nous poursuivions, l'éloignement de notre seul ennemi, Al-Agui, le prophète d'Aloar, rendait la première impossible; les deux autres se prêtent un mutuel appui. Aussi le lendemain de notre arrivée, à cinq heures, au moment où l'aube venait de poindre à l'horizon, je débarquais avec Co-Caï, le capitaine de rivière, et deux de mes laptots, sur la rive gauche du fleuve, au milieu d'une immense prairie semée çà et là de grands bouquets de gonakés en fleurs, que dominait de loin en loin un tamarinier gigantesque. — En chasse, et chasse heureuse! disais-je tout haut; en chasse, mais gare aux lions, gare aux panthères, gare surtout aux serpents noirs, aux trigonocéphales! me disais-je tout bas. —

Pourtant quel Européen venant d'Europe écouterait les conseils de la prudence dans ces pays où un Mohican croirait trouver son paradis de chasse ? Des myriades de canards de toute espèce passaient déjà au-dessus de nos têtes en vols pressés ; les perdrix, les pintades faisaient, à quelques pas de nous, entendre leurs cris de rappel ; les outardes déployaient leurs grandes ailes en quittant leur refuge de la nuit ; les poules de Carthage jetaient à intervalles rapprochés ces notes si distinctes qui leur ont fait donner le nom ouolof d'*ac-ka-lao*, que nul chasseur n'entend sans tressaillir. Et n'était-il pas facile, malgré notre peu d'expérience, de reconnaître les traces toutes fraîches qu'avaient laissées à leur passage, pour venir s'abreuver, les antilopes, les gazelles, les sangliers, à côté de larges brèches faites à la berge même, et qui attestaient le voisinage des deux géants de ces parages, l'hippopotame et l'éléphant ? Qui résisterait à de pareilles séductions ? On se promet de bien regarder où l'on posera les pieds, on emporte un bistouri, de l'alcali volatil ; voilà pour les serpents. On se promet de revenir de bonne heure, on a de grands chapeaux de paille recouverts de toile blanche et au fond desquels on place un linge mouillé aux eaux du fleuve, et qu'on trempera de nouveau à chaque occasion ; voilà pour le soleil. Puis l'on part plein d'une joie que l'on ne peut bien rendre, comme toutes les joies humaines d'ailleurs, mais devant la-

quelle s'effacent toutes les craintes, jusqu'à celle
d'un séjour à l'hôpital de Saint-Louis. En vérité,
nous chassions tous au Sénégal, et pour moi je n'ou-
blierai jamais les impressions de mes courses à travers les vastes solitudes des prairies sénégalaises.
J'ai, le fusil sur l'épaule, parcouru les contrées les
plus diverses. Les splendides forêts de Bornéo et de
Basilan avec leur végétation luxuriante, où trois
étages d'arbres superposés forment un abri que le
soleil ne pénètre point, les jungles de l'Inde et du
Gabon, les steppes de la Tartarie, les montagnes à
la sombre verdure de la Mandchourie, si étonnantes
en juin après la fonte des neiges, les âpres collines
de la Corée, dont la mer ronge les assises de granit,
ont jeté à mon esprit des impressions bien diverses
et bien profondes; mais aujourd'hui encore ces impressions me semblent avoir été moins puissantes que
celles que je ressentais dans mes courses africaines.
Peut-être cela tient-il moins à la nature du pays en
elle-même qu'aux idées qui me préoccupaient alors
comme beaucoup de mes compagnons. Rejoindre Alger en passant par Tombouctou, explorer toute cette
partie du Niger que nul n'avait visitée encore et qui
en comprend tout le cours supérieur, ajouter un nom
de plus à ceux de tant de hardis pionniers de la civilisation, se préparer à cette expédition par une vie
d'épreuves, de fatigues au grand air, au grand soleil :
telles étaient nos idées. Quelques-uns d'entre nous

ont essayé de les réaliser, d'autres s'y préparent dans l'ombre, d'autres, hélas ! ont déjà trouvé la mort en les mettant à exécution, et une mort douloureuse, au moment où un peu de célébrité se faisait autour de leur nom !

Si nos premières courses furent heureuses au point de vue de la chasse, cela est peu intéressant à noter ; mais, plein des idées que je viens d'exprimer, elles remplissaient nos longues heures de loisir. *Leck-éleuk tel-nanu dem rubi* (demain, au point du jour, nous allons chasser), cette phrase, que j'avais apprise la première en étudiant le ouolof, était devenue la consigne que chaque soir je donnais à mes guides, lorsque M. Lescazes, le capitaine de l'*Africain,* me proposa une expédition bien plus intéressante à tous égards que toutes mes courses de chasse.

A quelques heures de notre mouillage, une tribu maure était campée, se disposant à fuir l'inondation, lorsque la présence de nos deux navires et du convoi qu'ils escortaient, en offrant aux indigènes un excellent marché pour leurs bœufs, leurs moutons et leur lait, vint retarder de quelques jours leur départ vers le haut pays. Des relations très-fréquentes et tout amicales s'étaient établies entre eux et nos laptots. Aller visiter leur camp dans ces circonstances, et alors que leurs dispositions de marche étaient faites, nous parut une occasion à ne point laisser échapper. Une visite au camp de la tribu fut donc décidée entre nous ; seulement, les Maures ne jouissant que d'une réputation fort médiocre de respect pour les traités, nous décidâmes que la moitié de nos matelots nous accompagnerait en armes. Aux motifs de prudence qui nous dictaient cette précaution se joignait pour nous le désir de procurer à nos hommes un exercice salutaire. Notre visite, nos intentions toutes pacifiques furent d'ailleurs annoncées au chef de la tribu par nos capitaines de rivière, qui presque tous parlaient ou du moins comprenaient l'arabe.

Le lendemain matin, dès cinq heures, nous étions en route, sans crainte pour nous (nos précautions étaient prises), et aussi sans penser que cette visite au camp de nos alliés, annoncée d'avance, allait leur causer une terreur profonde. Ceux-là seuls croient à la sincérité qui sont sincères, et nous jugions les Maures avec nos propres idées. Arrivés à une demi-lieue du camp, nous entendîmes les bruits les plus étranges : bêlements des bœufs et des moutons que leurs bergers poussaient devant eux, cris des chameaux que l'on chargeait à la hâte, voix des hommes qui s'appelaient. Les battements du tam-tam et les sons rauques et prolongés d'une espèce de cornet à bouquin dominaient tout ce tapage. — Les Maures croient à une razzia, me dit Youssouf ; si nous avançons encore, la poudre parlera. — Dieu nous en garde ! — Et je fis faire halte. Mes matelots riaient et plaisantaient à qui mieux mieux ; mais les laptots,

sérieux et graves, regardaient alternativement leurs
fusils et leurs deux capitaines. Évidemment ils
croyaient, comme les Maures, à une razzia, et ils
s'en réjouissaient, tout en pensant qu'elle était sin-
gulièrement conduite. L'arrivée d'un guerrier maure
fit cesser toute équivoque. Monté sur un de ces petits chevaux si lestes et si agiles, avec lesquels ils
franchissent les distances les plus considérables, la
tête nue sous les rayons du soleil, qui en l'éclairant
faisaient ressortir l'énergique et rude expression de
sa physionomie, le fusil à deux coups dégagé de son
étui et posé en travers de la selle, il sortit tout à
coup d'un épais bouquet d'arbres, derrière lequel
sans doute il épiait depuis longtemps notre petite
colonne. Forçant son cheval à marcher au pas, il
s'avança lentement vers nous, et, quand il fut à
portée de voix, demanda à parlementer. Youssouf
prit à l'instant mes ordres, s'avança gravement aussi,
et après quelques pourparlers revint confirmer par
son rapport les assurances que lui avait suggérées sa
vieille expérience du pays. — Le chef vous prie de
ne pas avancer, si vos intentions sont pacifiques. La
tribu lève le camp, les guerriers sont à cheval. —
Nous n'avancerons pas, nous partirons dans quelques
instants, quand nos hommes seront reposés. — Habi-
tué sans doute à notre manière de combattre, le
guerrier qui était venu nous reconnaître comprit à
nos allures que rien n'était plus vrai que nos décla-

rations. Il mit pied à terre, vint jusqu'à nous, et après une cordiale poignée de main rejoignit le camp, où bientôt s'éteignirent un à un tous les bruits qui l'emplissaient naguère. Quelques guerriers à pied et le fusil dans l'étui, des femmes esclaves sans doute, des enfants, apparurent bientôt, et grâce à quelques galettes de biscuit, à quelques cartouches que nos hommes leur distribuèrent, les relations les plus amicales s'établirent entre les deux partis. A dix heures, nous rentrions à bord de l'*Étoile*, ne regrettant que médiocrement l'insuccès de notre visite, et satisfaits d'ailleurs d'avoir pu juger par nous-mêmes de la terreur que nos dernières expéditions ont jetée dans l'esprit de ces tribus, si fières, si insolentes naguère. A bord cependant une surprise nous était réservée. Profitant de la panique produite par notre visite dans le camp de la tribu maure, une esclave, une négresse de vingt ans, s'était enfuie, emportant dans ses bras son fils, âgé de quelques années, et, sans être aperçue de ses maîtres, franchissant la distance qui la séparait de nos navires, elle était venue se réfugier à bord de l'*Étoile*. A peine étions-nous assis, M. Lescazes et moi, qu'elle se précipita à nos pieds, nous parlant d'une voix entrecoupée de sanglots, sans que nous pussions nous expliquer ce qu'elle nous demandait avec tant d'animation. Mis au fait par Youssouf et convaincu, par son témoignage et celui de plusieurs laptots, que la fugitive était du

village de Brenn, dans le Oualo, et par conséquent
Française, puisque le Oualo a été annexé à nos possessions à la suite de nos guerres contre Mohamed-el-
Habib, je n'avais plus qu'à me conformer à nos lois.
Je lui déclarai en conséquence qu'elle serait libre
tant qu'elle serait à bord de l'*Étoile*, mais que seul
le gouverneur, le *bouroum n'dar*, pouvait décider de
l'avenir. Le commissaire enregistra sur le rôle du
bord le nom de Fatimata N'Diop, et tout fut dit. Les
Maures d'ailleurs ne réclamèrent pas leur captive,
l'incident n'eut pas de suites pour le moment. En
devait-il être ainsi pour l'avenir ? Peut-être la meilleure réponse est-elle la conversation que j'eus avec
le gouverneur en lui rendant compte de mon premier voyage dans le fleuve. — Comment avez-vous
accueilli cette fugitive ? Il fallait l'empêcher de
monter à votre bord. L'exemple sera contagieux :
à votre prochain voyage, vous aurez à recevoir
tous les captifs des deux rives. — Si ce sont les
esclaves des provinces françaises, s'ils viennent
réclamer l'appui de la France, puis-je leur refuser
cette protection ?... Certes, Monsieur le Gouverneur,
je les recevrai tous, à moins d'un ordre par écrit
émanant de votre autorité. — Comment voulez-
vous que je vous donne un pareil ordre ? — Comment voulez-vous que je l'exécute, si vous ne
voulez pas ou plutôt si vous ne pouvez pas me le
donner ?... — Et nous parlâmes de Tébécou, de la

tour en construction, des autres événements de mon voyage.

S'il est un homme que les convictions de toute sa vie, l'élévation de son caractère, la générosité de son âme, font un des ennemis les plus sérieux et les plus ardents de l'esclavage, c'est M. le général Faidherbe, alors gouverneur du Sénégal; mais si l'on réfléchit à la constitution des sociétés si étranges au milieu desquelles vit notre colonie africaine, on comprendra que les convictions les plus fermes, servies par l'énergie la plus persévérante, ont dû se briser dans le présent contre cette odieuse institution, base de toutes ces sociétés. Les habitants de Saint-Louis sont libres, la loi française a pu être appliquée dans la capitale de nos établissements; mais qu'elle soit proclamée dans le Djiolof, dans le Fouta, dans le Cayor, et nous faisons devant nous le désert, et ces pays, auxquels les bras manquent déjà, sont abandonnés par leurs habitants.

Pourquoi raconter alors cet épisode de notre campagne ? C'est qu'il nous semble qu'il en ressort une des justifications les plus complètes de la persévérance que le gouvernement de la France a mise à développer notre influence dans cette partie de l'Afrique. Quand cette influence sera souveraine dans tous ces pays comme elle l'est à Saint-Louis, à Gorée, l'esclavage y sera-t-il possible ? Croit-on d'ailleurs que la tâche émancipatrice de l'Europe sera finie

lorsque les dernières colonies à esclaves auront ré-
pudié cet odieux héritage du passé ? Certes non.
La solidarité de toutes les races humaines n'est pas
un vain mot. Ces riches et fertiles contrées que
baigne le Sénégal ne sont stériles aujourd'hui que
parce que le travail libre ne les féconde pas et n'u-
tilise point les dons merveilleux que la nature leur
a faits. Le jour où, sur les deux rives du fleuve,
l'esclavage sera aboli par la *force des convictions*,
conséquence peut-être rapprochée de l'expansion
de nos idées, les arachides, le sésame, le *beraft*
(graine oléagineuse du Cayor), l'indigo et surtout
le coton abonderont sur nos marchés. Quoi qu'aient
pu dire les possesseurs d'esclaves et leurs comman-
deurs, les nègres aiment le travail, quand on leur
en fait comprendre l'utilité, surtout quand ils travaillent pour eux-mêmes et non pour des maîtres
égoïstes. On pourrait plus justement leur reprocher
leur imprévoyance, leur insouciance de l'avenir;
mais ce sont là les défauts des peuples enfants et
aussi des peuples opprimés, et les progrès de la civilisation y remédieront. D'ailleurs ces progrès sont
réels, surtout dans cette voie. Il suffit, pour s'en con-
vaincre, de parcourir les traités signés successivement par M. Faidherbe. Le 1er février 1861, le damel du Cayor s'engageait solennellement à ne plus
vendre un seul de ses sujets libres, à ne plus faire
esclaves les étrangers qui traversent son territoire,

à ne plus laisser piller un seul village par ces bandits grands seigneurs qu'on appelle les *tiedos*. La seule mention de ces clauses, rapprochée du silence que gardent les traités conclus dans les années antérieures, montre le progrès accompli.

Cependant les eaux du fleuve montaient régulièrement, et après une attente de huit jours, nous pûmes enfin reprendre notre voyage. Si d'un côté nos instructions nous ordonnaient la plus grande célérité, des nouvelles de Tébécou nous avaient appris que les matériaux que nous transportions étaient impatiemment attendus. Les passages de Sarpoli, où le fleuve tourne plusieurs fois sur lui-même comme un serpent, celui de Djuldè-Diabè, où, par la nature du fond, les sables se déplacent chaque année et créent de nouvelles barrières, effrayaient sans doute nos pilotes et présageaient à l'équipage de rudes fatigues ; mais nous savions trop le prix du temps pour que toute considération étrangère ne fût pas écartée. Sarpoli ne nous prit que quelques heures ; mais à Djuldè-Diabè, pendant deux journées entières, nous restâmes échoués en travers du courant, à côté du *Podor*, qui nous avait devancés. Des ancres élongées dans les directions les plus favorables, des aussières amarrées sur les troncs des tamariniers qui bordent la rive, la machine lancée à toute vapeur, les efforts les plus énergiques au cabestan, nous retirèrent enfin de cette position, plus contrariante que dangereuse. Le coude de Oualla, qui devait plus tard nous être moins propice, fut franchi sans encombre, et quelques heures après nous mouillions à côté de l'*Africain*, en face d'un petit monticule, au-dessus duquel flottait le pavillon de la France, qui nous avait annoncé de loin le terme de notre voyage.

Des huttes, des *gourbis*, des tentes semés à la base du mamelon, au pied de tamariniers à l'épais feuillage, des matériaux épars sur la berge, des instruments de travail amassés sous des hangars improvisés, deux obusiers de montagne en batterie, et auprès desquels des factionnaires en uniforme se promenaient lentement, et sur la rive même les travailleurs réunis en groupes bruyants, dans les costumes les plus variés de travail, des noirs aux *boubous* blancs ou bleus, des enfants déguenillés riant aux éclats, des femmes portant sur la tête de grandes calebasses d'eau puisée au fleuve, et s'arrêtant, malgré leur fardeau, pour nous voir arriver, tel était le spectacle qui nous frappa quand nous laissâmes tomber l'ancre. Cette activité bruyante, cette animation joyeuse, ce mélange de deux races opposées, réunies par ce lien tout-puissant du travail, contrastaient avec le calme et le silence des solitudes que nous venions de traverser.

A peine l'*Étoile* était-elle amarrée près de la rive que je me rendis auprès du capitaine du génie Fulcran, chargé de la construction de la tour et commandant le poste de Tébécou. Quoique ce fût notre première rencontre, à nous voir tous deux assis sur un banc rustique en face d'une table en bois blanc, charpentée à grands coups de hache, on aurait pu croire que deux vieux amis venaient de se retrouver. Ceux-là qui ont vécu de la vie *sous la tente,* ceux-là qui ont quitté leur patrie pour des contrées où tout est danger, ceux-là comprendront ces liaisons soudaines, qui si souvent se changent en belles et durables amitiés; ceux-là comprendront aussi que, de retour en Europe, on puisse désirer revenir au Sénégal, et qu'au milieu des plaisirs de la France on regrette la vie si pleine, si active de ce rude pays. A sept heures du soir, une même table nous réunissait tous: marins, artilleurs, officiers du génie, d'infanterie, spahis, chirurgiens et interprètes. Chaque corps n'est-il pas représenté dans de pareilles entreprises? Tous ne concourent-ils pas également à l'œuvre commune? Je ne sais si c'était un grand dîner : — bien que les gibiers les plus rares, une outarde, du sanglier, bien que des légumes de France couvrissent la table, bien que les vins d'Espagne et de Bordeaux scintillassent dans les verres, je n'en jurerais pas; — j'affirme cependant que cette soirée m'a laissé les plus durables souvenirs.

Rien de plus étrange et de plus curieux d'ailleurs que de semblables réunions dans de tels pays. Ces offi-

ciers de toutes les armes, ces élèves de nos écoles,
ces hommes d'âges si divers, auxquels l'habitude
du commandement, la familiarité avec le danger,
ont donné une expression de physionomie parfois si
grave et si sérieuse, ces hommes de science et d'étude
autant que d'action semblent alors tout rejeter du
présent et retrouver les élans, l'entrain de leur jeunesse ; l'esprit français, ou, si l'on veut, le caractère
français, que rien ne peut abattre et que le moindre
choc éveille, s'y retrouve plein de vivantes saillies.
Les souvenirs de la patrie, mais les souvenirs animés
et joyeux, surgissent évoqués par un mot, par un geste,
comme de gracieux fantômes. Et à la fin du dîner,
quand le vin de Champagne circule et emplit les
coupes les plus hétéroclites, qui dira les chansons
dont les refrains, accompagnés par les instruments les
plus singuliers, éveillent les échos du fleuve et font
tressaillir les fauves du désert, qu'inquiétent des bruits
aussi étranges ? Souvent un chef indigène, au front
méditatif, à l'attitude grave et austère, assiste à de
pareilles soirées : ses regards marquent la surprise, et
tout d'abord il ne peut croire que ce sont là ces soldats dont il a éprouvé le courage et la persévérante
énergie ; mais quand il comprend le sens de cette
animation, quand il devine les sentiments qui la produisent, quelles modifications subit sa pensée ! Cette
familiarité bienveillante est contagieuse et gagne son
cœur. Je ne fais presque ici que transcrire les idées

qui m'étaient exprimées par Bou-el-Mogdad, le pèlerin sénégalais que ses voyages ont un moment mis à la mode, quand il parut dans les salons du ministre de la marine après avoir traversé le désert de Saint-Louis à Tanger, et qui était alors à Tébécou comme interprète. Continuant à ne voir en nous, comme il arrive le plus souvent dans les colonies anglaises, que des marchands ou des soldats, les indigènes sortiraient-ils de cette indifférence hautaine que le prophète recommande aux croyants vis-à-vis des infidèles? Cette attraction sympathique qui se révèle surtout dans l'intimité est certainement la principale force du caractère national. Elle a sans nul doute agi en ces pays plus que la force matérielle sur les hommes influents, et par eux elle agira dans l'avenir sur les masses ignorantes.

L'arrivée de l'*Africain* et de l'*Étoile* avait imprimé une nouvelle activité aux travaux, et la tour de Tébécou s'élevait rapidement. Les tribus au milieu desquelles allait flotter le pavillon de la France, épuisées par la famine, suite de la guerre sainte, eussent été incapables de prendre les armes, quand bien même les défaites d'Al-Agui n'eussent pas affaibli son prestige et ramené les Toucouleurs à des résolutions pacifiques; mais il fallait tout transporter de Saint-Louis, les briques, la chaux, les madriers, et jusqu'au sable même : on conçoit donc que nous avions à faire de nombreux voyages. Ces voyages monotones, qui du moins nous maintenaient, ainsi que celui que nous fîmes à Bakel avec le gouverneur, dans les mêmes conditions climatériques, furent malheureusement coupés par trois excursions en Gambie, soit pour y prendre la correspondance d'Europe, que transportaient alors les paquebots de la ligne anglaise des côtes occidentales d'Afrique, soit pour emprunter, dans la pénurie de nos magasins, aux magasins de la colonie anglaise 300 tonneaux de charbon. Après les chaleurs énervantes du fleuve passer sans transition à l'air vif, aux nuits brumeuses et froides de la mer, ce devait être pour l'équipage une rude épreuve. De juillet en octobre, l'*Étoile* avait eu à déplorer la mort de dix-sept maîtres ou matelots ; notre dernier voyage en Gambie nous réservait une perte plus douloureuse, celle de mon lieutenant, l'enseigne de vaisseau B...

Il est des natures fières et élevées, intelligences d'élite, cœurs dévoués, qui passent dans la vie, le sourire sur les lèvres, le front rayonnant, et nul ne devine que ce rayonnement, ce sourire, cachent une plaie que rien ne peut cicatriser, des douleurs que rien ne peut consoler, rien, si ce n'est le remède suprême, la mort, où elles tendent de tous leurs désirs. Jeune encore, parvenu par son énergie, à travers tous les obstacles dont pour les matelots se hérisse la hiérarchie maritime, jusqu'au grade d'officier, décoré de la médaille militaire quand il n'était que quartier-maître, mon lieutenant devait la croix de la Légion d'honneur à un de ces actes héroïques dont les murs de Sébastopol ont été si souvent les témoins, et dont tous nous gardons le souvenir. Riche, adoré de sa famille, et touchant enfin au but de tant de persévérance, quelle pensée l'avait conduit dans ces pays, l'avait poussé à solliciter avec tant d'ardeur une place que le sentiment du devoir eût fait seul accepter à ses camarades? Ces questions, que l'amitié qu'il avait su nous inspirer nous permettait de lui adresser, sont restées sans réponse jusqu'au jour de sa mort. Le secret qu'il me confia au moment suprême des éternels adieux, nul ne le saura : ses dernières volontés ont été remplies; mais une seule des larmes que j'ai vues couler plus tard l'eût peut-être empêché de mourir.

La mort du lieutenant B..., qui en suivait tant d'autres (car l'hivernage avait été rude pour tous), avait jeté une tristesse profonde dans l'équipage. La nouvelle d'une expédition de guerre et d'une expédition lointaine vint ranimer tous les esprits; l'expédition de Guémou était résolue.

III.

Le village de Guémou, dont la destruction était le but de la première opération de guerre à laquelle l'*Étoile* devait prendre part, était situé au-dessus de

Bakel, dans le pays des Guidimaka, non loin des rives du fleuve. Cette position en face de notre comptoir le plus important du Haut-Sénégal, sur la route des caravanes qui viennent de l'intérieur, par le pays des Maures-Dowich, en avait fait le principal foyer de l'influence hostile qu'Al-Agui exerçait encore sur toutes les populations musulmanes, malgré ses nombreuses défaites, malgré son éloignement dans le Kaarta, vers les rives du Niger. Une garnison d'élite, composée de ses Toucouleurs les plus dévoués, commandée par un chef intrépide qu'on disait le neveu et le taleb le plus cher du prophète lui-même, interceptait par de fréquentes razzias les convois qui se dirigeaient vers Bakel, étendant jusque sur les villages de la rive droite, jusqu'au Bondou ses excursions et ses pillages. Guémou était donc un obstacle sérieux à la pacification du pays; c'était surtout une menace pour l'avenir, le signe assuré que les pensées d'Al-Agui se tournaient encore vers le théâtre de ses premières entreprises, et qu'il comptait tôt ou tard relever contre nous l'étendard de la guerre sainte dans le Fouta sénégalais, dont les guerriers faisaient sa principale force. Ces considérations justifiaient depuis longtemps la destruction de Guémou; mais la nécessité d'agir en plein hivernage dans un pays aussi éloigné du centre de nos établissements, le fanatisme et l'importance de la population, qui s'élevait à plus de six mille âmes, l'énergie et l'habileté de Siré-Adama, les renseignements que le gouverneur avait recueillis sur la force des murailles du village et surtout de la citadelle, tous ces motifs de prudence avaient fait différer depuis trois ans une entreprise dont l'importance frappait tous les esprits, mais où tant de chances contraires pouvaient amener un échec dont les conséquences eussent été désastreuses pour notre influence. Cependant une pareille situation ne pouvait se prolonger indéfiniment. Chaque jour passé dans l'inaction augmentait l'audace des partisans d'Al-Agui et détruisait le prestige de nos dernières victoires. Les relations de Bakel avec les provinces de l'intérieur étaient interrompues depuis longtemps, les traitants du Haut-Sénégal entièrement ruinés. Aussi, lorsque la chambre de commerce de Saint-Louis, organe des intérêts de la colonie, et en général si opposée aux expéditions de guerre, fit connaître dans une adresse au colonel Faidherbe la résolution de tous les négociants *d'abandonner Bakel si Guémou n'était pas détruit,* cette démarche décida le gouverneur qui l'attendait sans doute. La résolution arrêtée, l'exécution fut aussi prompte qu'énergique. En moins de trois jours, tous les préparatifs furent terminés. Le 18 octobre 1859, la flottille sous toute vapeur, aux ordres du commandant supérieur de la marine, le capitaine de frégate Gaston Desmarais, appareillait de Saint-Louis, emportant toutes les forces disponibles de la colonie, à la tête desquelles avait été appelé M. le chef de bataillon Faron, de l'infanterie de marine. Plein de confiance dans ces deux officiers et retenu d'ailleurs par des considérations qu'il est facile de deviner, le gouverneur demeurait à Saint-Louis pour surveiller les événements.

Sept années d'hostilités incessantes avaient donné à tout le monde une telle habitude de ces expéditions soudaines que, malgré le peu de temps laissé à l'exécution des ordres du gouverneur, tous les préparatifs de l'expédition, l'embarquement des chevaux, des mulets, des vivres, des munitions, de tous les *impedimenta*, en un mot, d'une colonne destinée à agir loin de son point de débarquement, s'achevaient dans le temps prescrit avec la plus parfaite régularité. La colonne expéditionnaire se composait du bataillon des tirailleurs sénégalais, 450 hommes, de trois compagnies blanches d'infanterie de marine, 250 hommes, d'une batterie d'obusiers de montagne, d'une demi-compagnie de fuséens, enfin de 25 spahis démontés, et des compagnies de débarquement de la flottille, formant un demi-bataillon de 250 laptots. Tous ces détachements réunis donnaient le chiffre, relativement assez considérable, de 1,200 hommes. Les populations belliqueuses du Bondou, sous les ordres de l'*almamy* Bou-Bakar-Saada, les volontaires de Bakel et du Gadiaga, devaient, avec la garnison du poste, élever ce chiffre à 2,000 hommes. Jamais des forces européennes aussi considérables n'avaient été rassemblées, même sous les ordres des gouverneurs, dans ces régions éloignées.

Si, par la réunion de tous les moyens d'action dont il disposait, par le secret de ses décisions, la promptitude de ses mesures et le choix de ses lieutenants, le chef de la colonie avait, autant qu'il dépendait de lui, assuré le succès d'une entreprise dont une longue expérience lui montrait les difficultés, l'esprit des soldats, leur confiance et leur élan n'étaient pas de moindres gages de réussite. Ils ne savaient guère ce qu'était Guémou, ils s'en souciaient aussi peu que d'Al-Agui et de Sirè-Adama. L'ennemi qu'ils allaient chercher était celui qu'ils avaient battu dans toutes les rencontres, qu'ils avaient vu reculer devant Médine et Bakel, qu'ils avaient refoulé à trois cents lieues de Saint-Louis. L'essentiel pour eux était la perspective de nouveaux combats à livrer. Les troupes indigènes, les tirailleurs sénégalais rivalisent d'esprit guerrier, sinon de discipline, avec leurs compagnons de France, qui en tout leur servent de modèles ; quant aux laptots, nous avons dit les qualités qui les distinguent. Dès que l'expédition fut connue, je fus assailli de demandes, de réclamations : tous voulaient s'embarquer avec moi, tous jusqu'aux domestiques, jusqu'aux malades ; à ces derniers seuls je refusai la faveur qu'ils sollicitaient.

Cinq cents hommes entassés sur le pont de l'*Étoile* lui donnaient un aspect singulier. Dans cette foule si étroitement resserrée, il était facile de reconnaître, à certains détails de mœurs, les populations si diverses parmi lesquelles se recrutent et les laptots et les tirailleurs indigènes. Cette superstition, cette foi aux croyances les plus absurdes inhérentes à toutes les races africaines se révélaient au grand jour. Il y a des *gri-gris* de toute sorte et pour tous les dangers, *gri-gris* contre les caïmans et contre les requins, contre les sabres et contre les lances, contre les balles et contre les boulets mêmes : les volontaires les étalaient sur leurs habits de combat, les soldats réguliers les cachaient sous la veste d'uniforme. Croient-ils donc à l'efficacité de ces talismans après tant d'épreuves décisives? Il est certain que les priver de leurs *gri-gris* en les conduisant au feu serait s'exposer à voir faiblir le courage du plus grand nombre. Heureusement des sentiments du même ordre, mais plus élevés et plus conformes à la dignité humaine, se révélaient en même temps : je veux parler de la ferveur religieuse que l'approche de la lutte exaltait chez la plupart d'entre eux. Au lieu des deux *salams* aux premières heures du jour et à l'approche du soir, la plupart de nos passagers accomplissaient les sept adorations prescrites par le prophète. Tous ces soldats agenouillés, tous ces fronts inclinés, se relevant ensemble à certaines paroles de l'un d'eux, offraient un spectacle qui eût intéressé l'artiste aussi bien que le penseur.

Chacun des bateaux à vapeur de la flottille de guerre traînait derrière lui de nombreuses annexes, écuries, chalands chargés de vivres et de munitions. Ces remorques ralentissaient la marche et gênaient les mouvements; mais les eaux étaient à leur maximum d'élévation. Grâce à cette circonstance, l'extrême attention des pilotes prévint des échouages qui eussent pu avoir de graves conséquences. Cinq jours seulement après le départ de Saint-Louis, nous arrivions à Bakel. Ces cinq jours avaient été remplis par des exercices à feu où se montrait l'adresse de nos soldats. Les buts, rendus mobiles par la rapidité de la course du navire, étaient tantôt un caïman endormi sur la vase, tantôt une de ces grandes aigrettes qui abondent sur les rives du fleuve, et dont la blancheur de neige tranche si bien sur la couleur d'ocre brun de la rive, ou bien encore un de ces aigles pêcheurs qui, par couples, surveillent de la cime des arbres les plus élevés leur domaine de chasse, et qui restent souvent des heures entières immobiles, guettant leur proie, sur laquelle ils s'é-lancent avec des cris semblables à ceux d'un fou. A plusieurs reprises, caïmans, aigrettes, aigles pê-cheurs, tombèrent frappés sans qu'on daignât aller ramasser leurs cadavres. A chaque village devant lequel nous passions, une foule pressée couvrait la

rive du fleuve. La nouvelle de l'expédition s'était
répandue dans tout le pays avec une rapidité élec-
trique, car à toutes ces populations l'issue de la lutte
offrait un sérieux intérêt. N'était-ce pas la solution
d'un problème qui touchait à leurs croyances, à leurs
idées de races, aux sentiments les plus profonds du
cœur humain ? Le prophète et ses Toucouleurs seraient-ils vaincus dans cette lutte suprême, et avec
eux leur nationalité, leur foi religieuse ? Si quelques
habitants du Oualo et des pays rapprochés de Bakel
faisaient des vœux pour nous, certes il était facile de
reconnaître dans la réserve, dans l'attitude hautaine
des gens du Fouta, le désir de nous voir revenir humiliés et vaincus par leurs compatriotes de Guémou.

Notre halte à Bakel ne dura que quelques heures.
Dès que les renforts qui nous attendaient, réunis
sous les ordres du capitaine Cornu, furent embar-
qués, les bateaux à vapeur poussèrent leurs feux et
reprirent leur marche. Quelques heures après, tous
mouillaient à huit lieues de là, devant le village de
Diougoun-Tourè, ruiné dans les guerres contre Al-
Agui. De rapides communications s'établirent avec
la terre, et le soir même nous étions tous campés
dans les environs du village, à la tête du sentier qui
de Diougoun-Tourè conduit à Guémou. Cinq jours
avaient donc suffi pour transporter à deux cent
cinquante lieues de Saint-Louis une colonne de plus
de deux mille hommes ; mais ce résultat était dû aux

navires à vapeur, et la tâche la plus pénible nous restait encore à accomplir, quoique nous ne fussions plus séparés du but de l'expédition que par une distance de 14 kilomètres. Les mules, les chevaux, venus dans les écuries flottantes, étaient strictement nécessaires pour le service de nos obusiers et des cacolets de l'ambulance ; il fallait donc tout transporter à bras d'homme, les munitions, les caisses à obus, les vivres. Nous n'avions pris ni tentes, ni couvertures ; il fallait par conséquent agir avec la plus grande rapidité, pour échapper aux maladies, suites fatales du climat. A deux heures du matin, la diane éveillait ceux que les moustiques avaient laissés dormir, et la colonne s'ébranla sur les pas d'une avant-garde que guidaient deux habitants de Diougoun-Tourè.

Le pays que nous avions à traverser est d'abord une grande plaine, en partie inondée dans cette saison. D'assez hautes collines, dont la chaîne principale commence à Bakel, la terminent à l'ouest et au sud, en courant parallèlement au fleuve. De temps en temps, les clairons de l'avant-garde annonçaient la direction à suivre ; mais notre marche, déjà ralentie par l'obscurité, avait été encore retardée par le terrain vaseux que nous foulions, où s'embourbaient les roues des obusiers, et surtout par des ruisseaux où nous enfoncions jusqu'aux genoux. Aussi n'atteignîmes-nous que vers quatre heures les premières hauteurs. La colonne se trouvait alors dans une forêt épaisse, à travers laquelle serpentait un étroit sentier. A chaque instant, les obusiers se heurtaient contre les racines des arbres, et les branches cachées dans l'ombre nous fouettaient la figure. Ce fut avec un sentiment de profonde satisfaction que nous vîmes poindre les premiers rayons de l'aube. Ces impressions étranges que la nuit jette aux âmes les mieux trempées ne tardèrent pas à disparaître, et la splendide nature qu'éclaira bientôt le soleil eût seule justifié d'ailleurs le plaisir que la venue du jour nous fit éprouver à tous. C'était cette admirable végétation de certaines parties de l'Afrique centrale, que l'on a si souvent essayé de décrire sans pouvoir en rendre la magnificence. Des arbres gigantesques, que dominaient encore des baobabs dont quinze hommes n'eussent pu embrasser le tronc en se donnant la main, croisaient au-dessus de nos têtes leurs branches énormes, d'où pendaient, comme des stalactites de verdure, des lianes flexibles, tantôt tendues comme les cordes d'un arc, tantôt recourbées sur elles-mêmes en festons gracieux; des fleurs inconnues, des iris, des glaïeuls, des lis de toutes couleurs, étalaient leurs calices odorants sur un gazon aussi vert que les *green* d'un parc anglais, et quand l'œil pouvait, à travers une clairière, atteindre l'horizon, le fleuve apparaissait derrière nous, déroulant ses méandres capricieux à travers la plaine que nous venions de traverser.

Avec le jour, l'ordre se rétablit dans la colonne malgré les difficultés de la route. Dès six heures, nous avions franchi la première chaîne de collines, et nous débouchions de la forêt sur un plateau élevé où nous fîmes une halte de quelques instants pour attendre les corps placés à l'arrière-garde. D'ailleurs la nature du terrain permettait de serrer les distances, et le voisinage de Guémou faisait au chef de la colonne une loi de s'avancer avec plus de précaution. Les compagnies en carré, l'artillerie au centre, un détachement d'infanterie européenne et les spahis en avant-garde, les laptots en flanqueurs, tel fut l'ordre adopté. Quant aux contingents indigènes, ils avaient pris une autre route pour déboucher derrière Guémou en même temps que notre colonne.

Pour l'avant-garde, que conduisaient les guides indigènes, pour le corps principal, qui suivait de près l'avant-garde, et qui d'ailleurs avait aussi des guides, cette dernière partie de la route n'offrit sans doute aucune difficulté ; nous autres flanqueurs isolés et sans guides, nous fûmes moins heureux. Des herbes d'une hauteur démesurée, dans lesquelles nous disparaissions, même à cheval, couvraient le plateau et nous cachaient le reste de la colonne. Chaque fois que les clairons indiquaient par leurs sonneries la direction à suivre, il fallait bien reconnaître que nous faisions fausse route. Cette incerti-.

tude, ces rectifications, jointes aux difficultés de la
marche à travers les grandes herbes, à la chaleur
du soleil, dont les rayons commençaient à échauffer
l'atmosphère, étaient extrêmement fatigantes. La
vue de Guémou nous fit tout oublier. Les laptots
prirent un pas allongé tellement rapide que nous
arrivions presque en même temps que l'avant-garde
au point où nos instructions nous prescrivaient de
faire halte et d'attendre de nouveaux ordres.

Quelques secondes après, le commandant Faron
accourait au grand galop de son cheval, examinait
la position et arrêtait son plan d'attaque. Tout d'a-
bord, avec l'avant-garde, les fuséens et les laptots,
nous devions, en attendant l'arrivée de la colonne,
mettre en batterie deux obusiers de montagne à 300
mètres des murailles, essayer de faire brèche, et balayer en tout cas, par des obus et des fusées, les
abords du village. Nous nous hâtâmes d'exécuter
ces ordres. Le village de Guémou, rebâti par Al-
Agui et transformé par lui en forteresse, s'élevait au
milieu d'une plaine légèrement ondulée, couverte
de riches cultures. De loin en loin, des baobabs, des
tamariniers élevaient dans l'air leurs troncs immenses et leur épais feuillage. L'un d'eux, et le
plus grand de tous, semblait marquer le centre du
village, ou du moins quelque point important. Un
amas confus de murailles plus hautes que les cases
ordinaires, bâties comme celles de Guetn'dar, se

groupaient sous son ombre. C'était ou la maison de
Sirè-Adama ou la mosquée mahométane. Une muraille crénelée, à redans et bastionnée de distance
en distance, entourait le village d'une ceinture régulière ; elle affectait la figure d'un trapèze dont la
grande base semblait être le côté devant lequel nous
avions débouché. Des ouvertures destinées à servir
de portes se voyaient aux deux angles de la base.
Il était en outre facile de reconnaître que chaque
quartier, chaque groupe de cases un peu considérable était lui-même entouré de murailles en terre,
derrière lesquelles, la première enceinte franchie,
les habitants pourraient se défendre pied à pied.
De grandes mares d'eau s'étendaient comme des
fossés naturels devant la face principale, et devaient
être pour nous une précieuse ressource, bien qu'elles
rendissent l'attaque plus difficile. Derrière le village,
la plaine se relevait légèrement jusqu'aux premières
hauteurs d'une chaîne de collines dont les sommets
boisés apparaissaient à grande distance. C'est par là
que nos auxiliaires devaient arriver pour couper
toute retraite aux fugitifs. Le silence le plus profond régnait dans la plaine, et nul être vivant, nulle
figure ennemie ne troublait la solitude du paysage :
on eût dit une ville endormie ou abandonnée la veille
par tous ses habitants.

Soudain les sourdes détonations du canon, les
bruits stridents des fusées, le pétillement des obus,

déchirent ce silence. Les premiers ordres du commandant s'exécutent. Tous les regards sont dirigés vers le village : seuls, de grands vautours au col chauve s'élèvent en tourbillonnant dans les airs, mais rien n'indique derrière les remparts que nos coups aient porté ; le village reste plongé dans cette même immobilité morne et silencieuse. Les détonations se succèdent plus rapides ; les obus, les fusées labourent l'espace qui nous sépare des murailles, éclatent au-dessus des toits en paille, où déjà quelques nuages de fumée grise annoncent leur effet destructeur. Même silence profond, même solitude. Guémou a-t-il été abandonné de ses défenseurs ? Est-ce, au contraire, le présage d'une lutte acharnée, que la mort seule fera cesser sur les ruines de la ville, comme l'ont juré Adama et ses guerriers ? La canonnade cesse. Dans un silence solennel, que quelques ordres interrompent seuls, deux colonnes d'assaut se forment rapidement ; chacune d'elles doit attaquer le village aux deux angles de la muraille en face. Les baïonnettes aux canons, défense de tirer un seul coup de fusil. Les tambours, les clairons battent la charge, les colonnes s'ébranlent en même temps, se rapprochent d'un pas rapide du village, toujours silencieux. Encore quelques instants, et elles touchent au but. Tout à coup un nuage de fumée entoure les murailles d'une écharpe bleue. Des fossés profonds où ils sont restés jusqu'alors couchés à l'abri de nos fusées et de nos obus, cinq cents hommes se sont levés et nous foudroient à cinquante pas. Les balles sifflent; quelques-uns de nous tombent pour ne plus se relever. « Serrez les rangs, en avant! » crient les officiers. Une seconde décharge passe presque en entier au-dessus de nos têtes, la muraille est franchie, nos baïonnettes sont rouges de sang. Ville prise, ville gagnée!

La ville n'est ni prise ni gagnée. Les mouvements que je viens de résumer en quelques lignes étaient ceux de la colonne de gauche, que j'avais l'honneur de commander. Cette colonne était composée de laptots, vieux soldats de toutes nos expéditions sénégalaises, de deux compagnies blanches d'infanterie de marine, que Sébastopol avait accoutumées à d'autres combats plus meurtriers. L'ordre de ne pas tirer un coup de fusil, d'aborder l'ennemi à la baïonnette, avait pu être exécuté grâce à leur calme et à leur courage. Il n'en avait point été ainsi de la colonne de droite. Le bataillon des tirailleurs sénégalais en faisait la force principale; vingt-cinq spahis à pied marchaient en tête; leurs vestes rouges, les longues plumes qui, par une fantaisie guerrière, flottent sur leurs chapeaux de paille les désignent aux coups de l'ennemi. A la première décharge, ils tombent presque tous, et parmi eux l'officier qui les commande. A cette vue, à cette fusillade soudaine, les tirailleurs oublient la tactique française, que, malgré quelques années d'expérience, ils n'ont point encore su appliquer aux guerres indigènes : ils ne reculent pas d'une ligne, mais ils se couchent et tiraillent sans avancer. Au lieu de fuir, l'ennemi continue le feu. Les officiers des tirailleurs, restés seuls debout, sont décimés par ces coups assurés. Le moment est critique ; le commandant Faron s'élance au galop, suivi des officiers de son état-major. A sa voix, les tirailleurs se relèvent, la colonne reprend sa marche en avant ; l'ennemi recule et cherche un refuge derrière les murailles, que les tirailleurs franchissent, le commandant à leur tête.

Abordé des deux côtés à la fois par les colonnes qui viennent de se rejoindre, le village est pris. Partout la flamme dévore les maisons, pourtant la fusillade continue, et à chaque instant quelqu'un des nôtres tombe mortellement frappé. C'est que, si le village est en notre pouvoir, la journée n'est pas finie encore ; l'obstacle le plus sérieux n'est pas détruit : cet obstacle, c'est la forteresse que Sirè-Adama s'est bâtie, où depuis trois années il s'est préparé à la lutte, et d'où il a juré de ne sortir que mort ou victorieux. Les échecs subis par Al-Agui devant les tours de Matam, de Bakel et surtout de Médine lui avaient révélé la force de pareilles défenses confiées à des soldats résolus. Aussi, dès qu'il eut choisi Guémou pour continuer ou reprendre la guerre sainte, son premier soin fut d'y créer, autant que le lui permettaient ses moyens, une tour d'où il pût défier nos attaques. Les briques manquaient, les pierres étaient éloignées et d'un transport difficile; il avait néanmoins presque réussi. La forteresse, le *tata* de Guémou, consistait d'abord dans un ouvrage en terre casematé, adossé contre un baobab immense dont le tronc soutenait le poids de tout l'édifice. Un puits abondant creusé à grand'peine, des vivres pour plusieurs jours, de grands magasins de poudre, indiquaient la confiance qu'avait Sirè-Adama d'y résister à nos efforts. Une muraille en terre, percée de meurtrières, défendait cet ouvrage; une palissade en branches de gonakés, aussi dures que le fer, entrelacées sur une épaisseur de cinq pieux et profondément enfoncées dans le sol, formait une deuxième ligne de défense; enfin une muraille de $1^m,50$ d'épaisseur, construite avec des pierres du fleuve, mais qui heureusement n'était pas achevée et ne s'élevait qu'à un mètre du sol, ceignait sur trois faces l'ensemble des travaux. C'était là que Sirè-Adama nous attendait avec ses femmes et ses guerriers les plus dévoués. Les brèches faites aux angles de la muraille extérieure, et par lesquelles nous avions pénétré suivant ses prévisions, s'ouvraient sur des rues aboutissant devant le *tata*, sous le fusil même des Toucouleurs. Une muraille légère, semblable à toutes celles qui fermaient les groupes de maisons du village, masquait d'ailleurs

la force du *tata,* et il fallait une reconnaissance sérieuse pour bien l'apprécier. J'ignorais, comme la
plupart de mes camarades, l'existence de ce réduit;
de plus je n'avais pu suivre les incidents de l'attaque de droite; aussi, en retrouvant le commandant
Faron à cheval au milieu du village, je crus que
l'affaire était finie. Mes premières paroles furent
donc des félicitations. « J'ai le regret, ajoutai-je, de
vous annoncer que ma colonne a perdu quelques
hommes et compte d'assez nombreux blessés. — Ce
ne sont pas les seuls; j'ai reçu moi-même trois blessures, et regardez... » Autour de nous, le sol était
jonché de blessés et de mourants; parmi eux le
lieutenant Deleutre, la cuisse cassée par une balle,
me souriait en me tendant la main. En ce moment,
une décharge plus furieuse sifflait à nos oreilles.
Frappé à la tête, le commandant Faron tournoyait
sur son cheval et tombait dans nos bras. Des cris de
joie où se reconnaissaient des voix de femmes, les
notes graves et prolongées du tam-tam de guerre,
accueillirent cette chute et me révélèrent l'existence
du *tata* et la gravité de la situation.

Le commandant était-il mortellement blessé?
Peut-être. En tout cas, ses blessures me créaient
une position exceptionnelle et que je n'avais pas
prévue: le plus ancien par le grade des officiers de
la colonne, j'étais appelé à en prendre le commandement. On concevra dès lors que je me borne à

dire en quelques mots la fin de cette journée meurtrière, que dirigèrent d'ailleurs les ordres du commandant Faron. A deux heures, nos obusiers, en
batterie à quinze pas de la palissade, avaient enfin
fait brèche; la charge sonnait sur toute la ligne, le
tata était enlevé à la baïonnette. Sirè-Adama et ses
guerriers avaient tenu leurs serments : ils étaient
morts jusqu'au dernier.

Quelques circonstances donnaient à la lutte un
caractère un peu différent de ce qu'on voit en semblables affaires. L'incendie allumé par nos obus
s'était communiqué de proche en proche par les
toits de paille des maisons; près du *tata* même, les
flammes délogeaient les tirailleurs qui le cernaient.
Les explosions de nombreux amas de poudre (ruse
que nous avons apprise aux indigènes) soulevaient
une poussière brûlante qui se mêlait aux flammèches
emportées par le vent. On se battait littéralement
sous une pluie de feu. L'air embrasé par l'incendie,
la chaleur du soleil africain, les fatigues de la journée, épuisaient les forces des soldats; quelques-uns,
comme le lieutenant d'artillerie H. de Cintré, tom-
baient frappés d'insolation, et on les transportait à
l'ambulance presque mourants. Il était temps que la
prise du réduit mît fin à cette lutte acharnée. Le
commandant Faron en suivait, malgré la gravité de
ses blessures, toutes les péripéties, et avec quelle
anxiété ! il est facile de le comprendre. Couché dans

son manteau, à l'ombre du baobab le plus rapproché
du village, il avait, comme je l'ai dit, donné l'ordre
de la dernière attaque. Chaque détonation, chaque
sonnerie éveillait mille pensées dans son esprit.
Aussi, quand je vins lui annoncer le succès définitif
de la journée, un inexprimable sourire de joie illu-
mina sa figure, pâlie par des souffrances qu'il sur-
montait avec une admirable énergie. Prendre toutes
les précautions nécessaires pour faire camper les
troupes, tels furent les ordres qu'il me transmit et
dont je hâtai l'exécution.

La certitude que l'expédition ne durerait que
quelques jours, la nécessité de tout transporter à
bras d'hommes, et par suite de ne pas trop surcharger
les soldats, avaient empêché d'emporter les tentes,
les couvertures même. Le camp fut donc vite établi.
Néanmoins, quand les grand'gardes et les postes
qu'exigeait un retour offensif possible, quoique peu
probable, de l'ennemi, eurent été placés, la nuit
était déjà venue. Je pense que pour tous, excepté
pour les blessés et les sentinelles, ce fut une nuit de
repos profond. Les premières clartés de l'aurore nous
annoncèrent une journée aussi fatigante, sinon aussi
meurtrière, que celle de la veille. Achever la destruction du village, faire sauter les murailles du réduit, ensevelir nos morts, évacuer les blessés sur
Diougoun-Thourè, y ramener ensuite la colonne,
tels étaient les travaux qui pour nous devaient rem-

plir cette journée, et auxquels contribuèrent heureusement des renforts que le commandant de la flottille avait conduits lui-même. Quant aux auxiliaires, ils poursuivaient dans toutes les directions les fugitifs, ramassant les bœufs, brûlant les moissons qui eussent servi plus tard aux ennemis, faisant enfin le plus possible de captifs parmi cette population de six mille âmes que notre approche avait dispersée.

Nos pertes étaient relativement très-considérables : plus de cent quatre-vingts blessés gisaient à l'ambulance, et soixante-sept cadavres, parmi lesquels plusieurs officiers, attendaient les honneurs de la sépulture militaire. Pendant la nuit, un grand trou avait été creusé non loin du village, au pied d'un tamarinier; on y avait déposé les cadavres pour les garantir contre la voracité des hyènes et des vautours, dont un vol immense tournoyait déjà au-dessus de la fosse. Afin aussi que tous nous pussions assister à ce dernier adieu adressé à nos compagnons, à huit heures tous les travaux furent interrompus; les compagnies, formées en ordre, furent conduites aux murailles du *tata,* où chaque soldat prit deux grandes pierres et les transporta au bord de la fosse. Quelques paroles dictées par le cœur furent prononcées par l'un de nous, des feux de peloton consacrèrent la terre qui recouvrait les dépouilles de tant d'êtres que nous regrettions, et peu à peu, dans le recueillement qu'une pareille scène impose aux esprits les plus sceptiques, les pierres s'entassèrent en pyramide au-dessus de l'herbe luxuriante de la prairie. Sans doute la puissante végétation de l'Afrique couvre aujourd'hui et cache à tous les yeux les ruines alors fumantes du village ; mais ce tumulus militaire subsiste encore. Les caravanes du désert, attirées par les sources voisines, s'arrêtent au pied des tamariniers qui l'enveloppent de leur ombre, et peut-être un griotte ignoré raconte-t-il dans des vers légendaires la mort de ces soldats obscurs tombés si loin de leur patrie.

Quelques instants après cette cérémonie douloureuse, de nombreuses et sourdes explosions, qui s'entendirent jusqu'à Bakel, apprirent aux populations riveraines la ruine complète de la forteresse d'Al-Agui. Des détachements transportant nos blessés sur des brancards, se mirent successivement en route pour le fleuve. A une heure, le camp fut levé, et le restant de la colonne se mit en mouvement.

Un bien triste incident de cette marche de retour fera comprendre les fatigues qui, en dehors de tout danger militaire, donnent une valeur sérieuse à toutes les expéditions dans ces pays. Quatre spahis, vieux soldats de nos guerres de l'Algérie, tombèrent morts, foudroyés par le soleil, en escortant les blessés, et de pareils faits se reproduisent presqu'à chaque expédition. La vue de ces malheureux gisant sur les bords du sentier jetait dans l'âme une tris-

tesse bien différente de celle que nous avions res-
sentie le matin à la vue de nos camarades tombés
pendant le combat. Pour nous, d'autres idées ajoutaient encore à cette tristesse. L'unique route qui
conduit au fleuve était en ce moment encombrée par
une multitude d'hommes, de femmes et d'enfants
garrottés qui, les larmes aux yeux, poussés par leurs
maîtres, jetaient un dernier regard sur leur patrie.
C'étaient les restes de la population de Guémou, les
survivants de la lutte, devenus, par les lois de la
guerre et de la barbarie africaines, les esclaves de
nos auxiliaires du Bondou et du Gadiaga. On devine combien un tel spectacle nous était odieux et
avec quelle joie je me retrouvai à bord de l'*Étoile*,
au milieu de mes officiers, de mes amis. Le lendemain matin, à huit heures, la flottille quittait à toute
vapeur Diougoun-Tourè et reprenait le chemin de
Saint-Louis. Notre mission de soldat était accomplie,
il nous restait à remplir celle de marin, et cette
dernière tâche n'était pas la moins pénible. On le
comprendra au spectacle qu'offrait le pont de l'*Étoile*.
Sur l'arrière, transformé en hôpital, plus de quatre-
vingts blessés étendus sur le pont, en proie à toutes
les souffrances de leurs blessures, de la chaleur et
des moustiques; sur l'avant, cinq cents hommes entassés les uns sur les autres nous laissaient à peine,
au capitaine de rivière et à moi, l'espace suffisant
pour diriger les manœuvres. Les eaux cependant

baissaient avec rapidité, les passages pouvaient nous être fermés d'un moment à l'autre. Aussi, bien qu'un échouage dans de telles circonstances pût avoir les plus graves résultats, il était indispensable de naviguer le jour et la nuit. Un seul échouage retarda de quelques heures notre traversée. Le 2 novembre 1859, l'*Étoile,* amarrée aux quais du fleuve devant le pont du Gouvernement, débarquait à Saint-Louis ses passagers, que la population entière de la colonie saluait des plus chaleureuses acclamations.

IV.

L'expédition de Guémou résume dans ses incidents le caractère distinctif des principales expéditions dans les pays du bassin sénégalais proprement dit. Des coups aussi rudement frappés imposent pour longtemps le respect de notre puissance. D'assez longs intervalles de repos succéderaient donc pour les troupes de la colonie à ces fatigues exceptionnelles, si le développement qu'ont pris nos relations commerciales avec les provinces du sud n'y exigeait pas chaque année une intervention plus ou moins sérieuse, plus ou moins prolongée de nos forces. A peine réunis à Saint-Louis, les derniers détachements qui avaient formé la colonne expéditionnaire de Guémou durent se disposer pour une

nouvelle campagne. Les provinces de la Basse-Cazamance devaient en être le théâtre.

Si l'on jette les yeux sur une carte de cette région de l'Afrique occidentale, comprise entre les 5e et 10e parallèles nord et limitée d'un côté par l'Océan, de l'autre par le cours du Niger, on voit que des plateaux élevés du Fouta-Dialon, où les trois grands fleuves africains, le Niger, le Sénégal et la Gambie, prennent leur source, une multitude d'autres fleuves de moindre étendue s'échappent vers la mer en s'y dirigeant presque en ligne droite de l'est à l'ouest. Ce sont, parmi tous ceux dont les noms sont encore ignorés malgré de récentes explorations, la Cazamance, le Rio-Cacheo, le Rio-Bolole, le Rio-Grande, le Rio-Nuñez, le Rio-Pongo, qui presque tous débouchent dans l'Océan à la hauteur de l'archipel des Bissagos. Bien que la longueur du parcours de tous ces fleuves accessibles aux navires européens ne dépasse pas une moyenne de trente à quarante lieues, l'importance de ces chemins, ouverts sur les régions centrales de l'Afrique, apparaît au premier coup d'œil. Elle semble pourtant avoir été dédaignée, sinon incomprise, jusqu'à ces derniers temps. Plusieurs causes ont contribué à cette indifférence : d'abord la réputation trop justement acquise d'insalubrité de tous ces pays, vastes plaines d'alluvions successives couvertes de marécages, coupées de canaux sans nombre, que bordent d'impénétrables

ceintures de mangliers et de palétuviers; les périls
d'une navigation difficile dans des mers qu'agitent
des courants à chaque instant variables, et au milieu des écueils mouvants qui, sous le nom de *barres*,
ferment l'entrée de toutes ces rivières; enfin, et en
première ligne, les prétentions exagérées du Portugal à la domination exclusive de ces pays, prétentions contre lesquelles aucun gouvernement européen ne pensa pendant longtemps à protester.

Quelques comptoirs sans importance, des factoreries semées de loin en loin sur la côte, des forteresses
isolées et tombant en ruine, à 100 mètres desquelles
n'osaient s'aventurer les soldats d'une garnison fa-
mélique décimée par les maladies, telles étaient,
telles sont encore, malgré de louables tentatives
pour améliorer cet état de choses, les possessions
portugaises de cette partie de l'Afrique. Elles forment, sous le nom de Guinée portugaise, une subdi-
vision de la capitainerie générale des îles du Cap-
Vert. La capitale de la Guinée portugaise, Bissao,
s'élève à huit lieues de l'embouchure du Rio-Cacheo,
dont elle interdit la navigation intérieure aux navires étrangers. Ces forteresses démantelées, la prio-
rité douteuse de la découverte, enfin le bref singulier
par lequel le monde avait été partagé entre deux
monarques européens, ce sont là les bases sur lesquelles reposaient, il n'y a pas longtemps encore, les
prétentions du Portugal. Grâce à ces prétentions et

surtout à l'impuissance du gouvernement portugais, tous ces pays étaient devenus d'actifs foyers de traite. Seuls, les négriers franchissaient les passes dangereuses de ces rivières et osaient s'y aventurer à la recherche de leurs cargaisons humaines. Quant aux richesses du sol, qu'eût fécondées le commerce légitime, on sait que la traite a pour conséquence fatale de les annihiler partout, aussi bien que d'apporter aux populations qui s'y livrent les germes de la dégradation et de l'abrutissement les plus abjects. Les Sousous, les Papels, les Landoumas, les Nalous, les Balantes, toutes ces races que les conquérants peuls du Fouta-Dialon chassent devant eux, et qu'ils refoulent vers la mer, étaient les principaux courtiers et aussi les principales victimes de cet odieux trafic. Tous justifient cette assertion par leur ignorance, leurs superstitions grossières, leurs habitudes de pirateries, de vols et de brigandages, leur abandon grossier aux plus honteuses passions de l'humanité. Qu'un tel état de choses soit dû à la traite des noirs, cela est d'autant moins douteux que tous ces peuples, sous l'influence nouvelle qui prédomine aujourd'hui dans ces pays, tendent à sortir de cet antique état de torpeur et de dégradation.

On vit s'accomplir, en effet, une transformation rapide dans les relations de ces peuples avec les Européens lorsque les deux grandes puissances de l'Occident résolurent l'abolition de la traite, et cette

transformation devait produire une révolution analogue dans les mœurs locales. Malgré les protestations de la cour de Lisbonne et des écrits où le
patriotisme le plus sincère s'unit au savoir le plus
ingénieux[1], les prétentions du Portugal furent ré-
duites à leur juste valeur. Toutes ces rivières furent fermées aux négriers, que les croiseurs anglo-
français traquèrent sans miséricorde et sans trêve;
elles s'ouvrirent aux navires de tous les pays, cherchant dans l'échange des produits manufacturés de
l'Europe contre les productions naturelles de l'A-
frique de légitimes avantages. Partout s'élevèrent
des factoreries à la place des *baracoons* où venaient
s'entasser autrefois des milliers d'esclaves. Telles
furent la rapidité, la sûreté des mesures prises, que
la traite était déjà impossible sur la côte alors que
les expéditions de l'intérieur se continuaient encore.
Des caravanes d'esclaves arrivaient aux marchés de
Zinguinchor en Cazamance, de Kakandi dans le
Rio-Nuñez, dans les escales de tous les fleuves, et
nul aventurier, nul marchand de *bois d'ébène* n'osait
les acheter, même à vil prix, tant la surveillance
des croiseurs était active, tant les lieux de débarquement étaient bien gardés, tant les négriers étaient
sûrs de voir leur passage intercepté vers les grands
marchés du Brésil, des Antilles espagnoles, des

---

1. Voyez les travaux de M. le marquis de Santarem sur les découvertes
des Européens en Afrique.

États à esclaves de la Confédération américaine.
Les golfes de Benin et de Biaffra, les côtes ouest de
l'Afrique australe, où une surveillance aussi grande
était impossible, devinrent désormais le théâtre de
leurs coupables entreprises.

Cependant cette révolution pouvait devenir,
comme tant de fois à Whydah, à Jack-Jack, à Petit-
Popos, à Lagos, l'arrêt de mort de ces malheureux
captifs pour lesquels aucun acheteur ne se présentait. Les démarches, les conseils, la noble initiative
d'un obscur traitant prévinrent un aussi déplorable
résultat. Grâce à l'influence qu'il exerçait sur les
chefs indigènes, ces esclaves furent employés à la
culture de l'arachide. Cette graine précieuse com-
mençait à être appréciée sur nos marchés industriels, et il était facile de deviner le rôle important
que lui réservait l'avenir. Le premier essai de cette
culture produisit, il y a une vingtaine d'années,
80,000 boisseaux seulement. Le mouvement commercial de la récolte de tous les *rios* pour l'année
1859 peut être évalué à 8 millions de francs. Cette
vigoureuse impulsion, due à une pensée généreuse
et féconde, n'a pas cessé d'entraîner, en les relevant
de l'abjection où la traite les tenait plongées, les
populations riveraines. La traite parmi elles est
devenue presque impossible, non-seulement parce
que la surveillance de nos croiseurs, celle des chefs
de nos comptoirs, est toujours vigilante et active,

mais encore parce que les chefs de la plupart de ces tribus comprennent mieux de jour en jour les richesses assurées du travail.

Malgré le voisinage de Sainte-Marie-de-Bathurst au nord, celui de Sierra-Leone au sud, et quoique la France ne revendique aucun droit exclusif à la possession de ces rivières, si ce n'est peut-être de la Cazamance, l'élément français domine dans ces pays, où toutes les nations civilisées sont néanmoins représentées. C'est certainement à l'initiative de nos négociants qu'est due cette heureuse transformation. Nous avons, en 1860, visité tous les *rios* avec l'*Étoile*, au grand mât de laquelle flottait le pavillon du gouverneur. Le but de ce voyage était de montrer que la protection de la France était acquise à ces courageux pionniers de la civilisation moderne, d'écouter leurs plaintes, leurs réclamations, de juger enfin de l'état réel du pays. Tout dans les hommes et les choses portait la marque de la confiance et du succès, partout se montrait cet essor commercial que nous venons de signaler; mais c'est surtout au Rio-Nuñez que l'on peut tout d'abord en reconnaître les indices assurés. Depuis Victoria jusqu'à Kakandi, limite de la navigation du fleuve, à chaque instant apparaissent des maisons élégantes, au-dessus desquelles flottent les couleurs des nations civilisées, — Angleterre, France, Belgique, États de l'Union américaine; — ce sont les factoreries nouvelles.

Autour de ces villas se groupent parfois des villages entiers et toujours de grands magasins, dépôts des récoltes agricoles, où s'entassent les arachides, le sésame et d'autres graines oléagineuses. De lourds wagons les transportent sur des chemins de fer jusqu'aux *warfs,* près desquels s'amarrent les navires du commerce. Bâties pour la plupart sur des hauteurs que couronnent de grands massifs d'arbres, et qui dominent le splendide paysage du fleuve et des riches cultures de la plaine, ces maisons, vues de loin, ont un aspect charmant. L'intérieur, où le luxe gracieux de nos créoles se mêle souvent à tout le confort de la vie anglaise, ajoute encore à l'impression que produit le premier aspect. Loin de toute protection matérielle, livrés à leurs propres forces, on voit que les traitants se sentent en sûreté au milieu de ces populations encore sauvages. Cette confiance repose principalement sur la justice avec laquelle s'accomplissent presque toujours les transactions commerciales. Le négociant européen stipule, avec le roi du pays ou un de ses délégués, la quantité d'arachides, de sésame, dont il a besoin. Cette quantité règle les travaux de culture. Les prix sont fixés d'avance, et le paiement se fait au fur et à mesure de la livraison des denrées ou marchandises européennes, toiles de Guinée, rouenneries, armes de guerre et de luxe, verroteries, etc. Quelques traitants plus intelligents ou mieux secondés par les populations au milieu desquelles ils se sont établis, les ont intéressées même à leurs entreprises : il n'est pas douteux que cette association ne soit avantageuse aux deux parties.

Tout tableau cependant a ses ombres, et nous donnerions une idée inexacte de l'état réel de ces pays, si nous nous bornions à constater les résultats généraux de la direction nouvelle imprimée aux relations commerciales de ces populations avec l'Europe. Le commerce, surtout dans une région lointaine où tant de dangers menacent la vie des traitants, n'a qu'un seul mobile, l'intérêt; trop souvent même cet intérêt dégénère en âpreté impatiente, en avidité qui, pour se satisfaire, ne recule devant aucun moyen. A côté des hommes les plus élevés par le caractère, qui placent, ainsi que nous venons de le dire, dans le travail et dans le respect absolu de la justice la sauvegarde de leurs intérêts et les gages de réussite de leurs entreprises, se pressent, il faut l'avouer, une foule d'aventuriers de toutes nations, gens sans aveu, sans principes, que ne retient aucune considération morale. Loin de tout contrôle officiel, de toute autorité légalement établie, ils demandent trop souvent la réalisation de leurs espérances à la force, à la fraude, aux transactions les plus déloyales. De là des luttes, des querelles, des conflits avec les populations indigènes, et aussi de leur part de sanglantes représailles, des vengeances longtemps différées, mais qui, après avoir attendu leur heure pendant des années entières, éclatent tout à coup alors que l'origine en est oubliée, et au milieu d'une paix profonde. Des traitants qui ont succédé aux véritables coupables paient souvent pour ceux qu'ils ont remplacés sans se douter de la solidarité terrible qu'ils acceptaient aux yeux d'ennemis inconnus. Cette situation, analogue à celle de presque tous les pays où la civilisation européenne se heurte contre la barbarie, rappelle dans de moindres proportions celle du *Far-West* de l'Amérique du Nord, du *Transvaal* et des *boers* de l'Afrique australe. Quelques jours avant notre arrivée dans le Rio-Pongo, le principal traitant français de cette rivière avait été saisi, emmené en captivité, mis à rançon par le chef d'une tribu voisine. Loin de se plaindre de ce traitement, il affirma que tout était calme dans le pays, que rien n'y appelait l'intervention française. Ce ne fut qu'indirectement que les événements où il avait joué un tel rôle nous furent connus. Quels motifs lui dictaient ce silence ? Était-ce le sentiment de ses torts réels envers le chef qui l'avait si rudement traité ? Était-ce la crainte de l'avenir ou la pensée de se venger lui-même ? Qui peut juger des idées que vingt années d'isolement au milieu de peuplades sauvages avaient introduites et fixées dans cet esprit ? Ce type bizarre n'était d'ailleurs pas le seul qui s'offrît à nos études. Au fond de la même rivière, dans une espèce de citadelle très-bien fortifiée, la veuve d'un négrier, reine de 4,000 esclaves qui, venus de l'intérieur, cultivaient ses vastes domaines, attendait, les mèches de ses canons allumées, la venue des croiseurs anglais, auxquels elle contestait tout droit de visite dans son petit royaume. Dans le parc qui entoure cette villa fortifiée, une gracieuse *miss* aux cheveux blonds se promenait un livre à la main. Était-ce un roman de *high-life* qui lui parlait de l'Europe et de ses bruyants plaisirs, ou bien nourrissait-elle son imagination, exaltée par le soleil de l'Afrique, de la sombre poésie de *Lara* et du *Giaour*? Nous n'eûmes pas le plaisir de la voir quand nous présentâmes nos respectueux hommages à sa grand'mère, l'intrépide veuve du négrier; mais un gracieux souvenir vint rappeler au gouverneur, dès qu'il fut de retour à Saint-Louis, la jeune et charmante rêveuse du Rio-Pongo.

Quoi qu'il en soit, les éléments de troubles que nous venons de reconnaître dans les mœurs et les passions d'une partie des traitants européens ne sont pas les seuls dont il faille tenir compte. Le fanatisme religieux mahométan, qui a son foyer dans les grands empires peuls de l'intérieur, et qui, par le Fouta-Dialon, envahit rapidement tous ces pays, aussi bien que la barbarie des populations indigènes, entretient et augmente cette agitation. Vraies

pour tous les pays que baignent les *rios*, ces observations s'appliquent surtout à nos provinces de la
Cazamance, que les deux postes de Carabane, à
l'entrée de la rivière, et de Sedhiou, au point où elle
cesse d'être accessible à nos navires à vapeur, nous
donnent le droit de regarder comme françaises malgré l'établissement portugais de Zinguinchor. Par
Sedhiou, nous touchons aux populations du Souna,
d'origine mandingue (*malinkè*), musulmans orgueil-
leux et fanatiques, et par Carabane aux tribus des
Djolas, des Djougoutes, des Floupis, des Balantes,
encore adonnées à toutes les superstitions grossières
du fétichisme, et dont les mœurs justifient les plus
étranges assertions des voyageurs. Les passions religieuses des uns, la barbarie et les habitudes invé-
térées de brigandage des autres, opposent les plus
sérieux obstacles au développement de notre influence dans ces pays, j'entends par là le développement de la production agricole et du commerce légitime, qui, sous la protection de nos comptoirs et dans
la main de négociants habiles et probes, repose sur
des bases sérieuses. L'exposé des motifs d'une expédition, à laquelle les marins de l'*Étoile* purent
prendre part, résume la situation qui était faite aux
traitants français dans le Souna : « Il restait à venger
dans la Haute-Cazamance, contre les grands villages
mandingues musulmans du Souna, dix années d'ou-
trages et de violences. En 1855, les gens de Bom-

badiou avaient pillé nos embarcations et massacré les équipages; en 1860, ils avaient traîné aux pieds de leur chef le commandant de Sedhiou, le lieutenant Faillu, qui avait débarqué sans défiance sur leur rivage. En 1856, les gens de Sandinieri avaient mis nos comptoirs au pillage; en 1860, ils avaient déclaré insolemment au commandant de Gorée qu'ils n'exécuteraient pas les traités signés par eux. Dans les derniers jours de cette même année, Dioudoubou se partageait un vol de 2,500 francs fait dans Sedhiou même; enfin le 5 février 1861 les habitants de Bouniadiou, village du Pacao, sur la rive droite, venaient piller chez nos traitants une valeur de 10,000 francs. Il est entendu que nous passons sous silence une foule de méfaits moins graves. » Mais le temps des vengeances à exercer sur les musulmans du Souna n'était pas encore venu : il importait avant tout d'infliger de sévères leçons aux tribus du bassin inférieur, dont l'audace croissait chaque jour avec l'impunité de leurs brigandages. Sous les canons mêmes du fort de Carabane, les gens de Carone étaient venus naguère enlever un traitant français et sa famille, les avaient mis à rançon, et, malgré les réclamations du résident français, ne les avaient rendus à la liberté qu'après de longues épreuves, et quand cette rançon avait été complétement payée. De tels faits se renouvelaient tous les jours; ils appelaient une répression énergique.

« Carone et Thiong, protégés par les marigots qui coupent en tous sens les plaines environnantes, marigots dont nous ne connaissions ni la direction ni la profondeur, se croyaient à l'abri de nos atteintes, parce qu'une première expédition, faite au mois de janvier 1859 par le commandant de la station navale, n'avait pu les détruire. » Ces lignes du *Journal des opérations de guerre au Sénégal* expliquent dans leur concision les motifs de la sécurité où s'endormaient ces tribus guerrières; elles indiquent dans la navigation difficile des marigots une partie des obstacles que devait rencontrer une colonne expéditionnaire. Ces obstacles n'étaient pas les seuls. Quatre-vingt-dix lieues séparent l'embouchure du Sénégal de celle de la Cazamance. Bien que ces parages n'offrent, si ce n'est à la hauteur de cette rivière, que peu de dangers pour des navires bien armés, la traversée de Saint-Louis à Carabane était une assez rude épreuve pour les petits bateaux à vapeur de la flottille, construits pour la navigation intérieure des fleuves, et la plupart usés par de longs services. Néanmoins leur concours était indispensable au succès de l'expédition; on pouvait espérer que l'*Étoile*, le *Dialmath*, l'*Africain*, remonteraient assez près de Carone, à travers le dédale des marigots et les bancs qui en interceptent les passages, mais il était douteux qu'ils pussent pénétrer jusqu'au village même. Il était donc nécessaire que d'autres navires d'un faible échantillon, comme le *Grand-Bassam* et le *Basilic,* qui ne tiraient que quelques pieds d'eau, fissent partie de l'expédition. Transporter les troupes du point où s'arrêterait le gros de la flottille jusqu'à la plage de débarquement, les protéger alors du feu de leurs obusiers, tel était le rôle qui leur était assigné.

Le 1er mars 1860, la flottille, composée des navires que nous avons nommés, franchit la barre de Saint-Louis et se dirigea vers Gorée. Le chef de ce comptoir, sous les ordres duquel étaient alors placées toutes nos possessions du sud, devait prendre le commandement de l'expédition. La garnison de Gorée, qu'il emmenait avec lui, nous y attendait avec les volontaires de Dakar et des villages de la presqu'île du Cap-Vert. Plus directement en relation avec les rios, les traitants indigènes de cette province avaient le plus à se plaindre des brigandages que nous allions punir, et s'étaient présentés en foule pour prendre part à l'expédition. Le 5 mars, la flottille, à laquelle s'étaient jointes la *Citerne,* la *Trombe,* était sous toute vapeur et filait vers le sud, poussée par une fraîche brise du nord-est. Laissant à notre gauche les terres basses et noyées de Joal et de Palmérin, nous reconnûmes les pointes rocheuses et dénudées du cap Bald, qui marquent au sud l'embouchure de la Gambie. La sonde à la main, nous contournâmes les rochers du Diamant, limite sud-ouest des écueils mouvants qui forment la barre de la Cazamance. Quelques heures après, nous laissions tomber l'ancre devant notre comptoir de Carabane, dont la tour commande l'entrée de la rivière.

La Cazamance, comme le Rio-Nuñez, comme le Cacheo, le Bolole, comme tous les cours d'eau de cette partie de l'Afrique, n'est qu'un vaste estuaire creusé par les flots de la mer, dont les courants alternatifs se font sentir avec force jusqu'aux premières hauteurs, à trente ou quarante lieues au-dessus de la barre. C'est généralement le point extrême de la navigation européenne, et presque toujours un barrage de roches superposées marque cette limite. Ce barrage forme la séparation des eaux salées avec la rivière proprement dite. Au-dessus de ce barrage, cette rivière n'est le plus souvent qu'un torrent presque sans eau pendant la saison sèche; mais avec les grandes pluies de l'hivernage le torrent grossit en quelques jours, et le niveau s'élève souvent de plus de 10 mètres. A cette époque seulement, les eaux de l'estuaire deviennent, sinon douces, du moins saumâtres, et les courants de flot perdent une partie de leur force, tandis que ceux de jusant atteignent une vitesse de six ou sept milles à l'heure. Tout le pays compris entre ces deux points est plat, coupé par des canaux sans nombre, d'une profondeur variable, et qui dans leur inextricable labyrinthe forment une multitude d'îles de toute grandeur. Ces îles sont pour la plupart entourées d'une bordure de mangliers et de palétuviers dont les racines entre-croisées, couvertes d'huîtres et de coquillages, plongent dans une vase liquide, dont elles augmentent peu à peu la consistance en retenant tous les détritus, tous les débris flottants sur les eaux. Cette ceinture plus ou moins profonde défend l'accès de l'intérieur du pays; des sentiers frayés par la hache, connus des seuls indigènes, conduisent aux villages bâtis sur les légères éminences, qui de loin en loin apparaissent au-dessus du niveau surbaissé de la plaine. Sur ces hauteurs se déploie une végétation qui peut rivaliser avec celle des pays les plus favorisés du monde : les *kaïcedras*, les *benteniers*, les tamariniers et d'autres arbres innomés poussent dans les airs leurs gigantesques ramures, au-dessus desquelles des palmiers de toute sorte balancent leurs gracieux panaches. Entre ces hauteurs et les palétuviers, les plaines, découpées en rizières, en vastes champs d'arachides, ne sont ni moins riches ni moins fertiles. Même avant le développement des relations commerciales du pays avec les Européens, ces importants produits avaient d'autant plus contribué à la richesse de ces villages, que par les marigots ils trouvaient au loin un écoulement assuré.

Les dernières reconnaissances d'un jeune officier enlevé trop tôt à la marine ont constaté que de nombreux canaux, parmi lesquels celui de Carone même, relient la Cazamance avec les pays voisins de Sainte-Marie. Le bruit de nos canons fut d'ailleurs entendu à quelques lieues de cette ville, capitale des établissements anglais. Ce voisinage et cette faculté de communication n'avaient pas été perdus. Il est probable aussi que dans le sud, par d'autres marigots inexplorés encore, la Cazamance se joint au Rio-Cacheo, et par suite, car l'archipel des Bissagos appartient à la même constitution géologique, au Rio-Nuñez et à d'autres fleuves. Si cette prévision est juste, tous ces canaux formeraient une voie commerciale de plus de quatre-vingts lieues du nord au sud, et à laquelle aboutiraient toutes les rivières venant de l'intérieur. Rien ne serait plus facile alors que de concentrer en un seul point, d'un accès facile, les productions de ces vastes et fertiles contrées.

La richesse et la fécondité du sol dans le bassin inférieur sont encore dépassées par celles des pays du Souna et des provinces au-dessus de Sedhiou. Là commencent les premières hauteurs qui, d'étage en étage, s'élèvent jusqu'aux cimes alpestres du Fouta-Dialon. Dans cette zone intermédiaire, l'oranger, le goyavier, le bananier, l'ananas, donnent leurs fruits les plus savoureux, tandis que le cafier, l'indigotier, le cotonnier, ajoutent leurs riches produits à tous ceux du bas du fleuve. On conçoit dès lors le rapide accroissement de nos relations commerciales, l'essor

qu'elles prirent dès que l'abolition de la traite per-
mit d'utiliser les richesses de ces pays. On conçoit
aussi l'importance que la France doit attacher,
sinon à les posséder absolument, du moins à y
exercer une influence prépondérante. Ces considérations justifient les expéditions qui étendent cette
influence par la force des armes, la seule devant
laquelle s'inclinent des populations animées d'un
tel esprit.

Trente-six heures de navigation difficile à travers
des marigots inconnus conduisirent, « au grand
étonnement de nos ennemis », le *Dialmath*, l'*Afri-*
cain, le *Grand-Bassam* et le *Basilic* en vue du dé-
barcadère de Hilor ou Banantra, premier village
avant Carone. Quarante-huit heures après, les villages riverains étaient emportés d'assaut, livrés aux
flammes, et une première leçon était donnée à ces
tribus de pillards. Les gens de Carone s'étaient défendus avec une grande bravoure. Armés de fusils,
ils nous avaient tué trois hommes, et nous comptions
vingt-deux blessés. Ceux de Thiong montrèrent
peut-être un plus grand courage. Les navires avaient
transporté la colonne jusqu'au fond du marigot des
Djougoutes - Toudouks, nos douteux alliés; nous
avions campé pendant la nuit auprès de leur village.
Les Thiong avaient pu reconnaître et le nombre de
nos troupes et leurs armes redoutables. Au jour,
nous nous mîmes en marche. Trois lieues séparent

les habitations des Djougoutes de celles des Thiong. Fort peu soucieux de l'ennemi, ne comptant guère le rencontrer avant d'avoir atteint son village, nos soldats cheminaient un à un sur un étroit sentier qui longeait la lisière d'une colline boisée et la séparait de vastes rizières, en ce moment desséchées. Soudain une troupe de guerriers, la lance à la main, couverts de grands boucliers en peaux d'éléphant et d'hippopotame, débouche sur notre droite d'un groupe d'arbres qui les avait cachés jusqu'alors; serrés en colonne épaisse, poussant de grands cris, ils s'avancent lentement et en ordre; bientôt ils ne sont plus qu'à dix pas de nous. Tant d'audace, tant de sang-froid font croire que ce sont des alliés. « Ne tirez pas! » s'écrient quelques-uns de nous aux soldats qui apprêtent leurs armes, mais les guerriers se rapprochent, les lances volent; le doute n'est plus possible : c'est le combat qui nous est offert. Un feu terrible répond aux cris de guerre des Thiong; les balles traversent les boucliers derrière lesquels ils se croyaient sans doute invulnérables; une vingtaine d'entre eux tombent mortellement frappés. Surpris, mais non découragés, les autres combattent encore. De nouvelles décharges jonchent le terrain de nouveaux cadavres, et bientôt, abordés à la baïonnette, ils fuient dans les bois d'où ils ont débouché.

D'aussi faciles succès, des luttes si inégales et si meurtrières, attristent l'âme et déconcertent les esprits les plus absolus. La justice d'une cause peut seule justifier la mort de tant de victimes ; du moins la justice de la cause que nous servions n'était-elle pas douteuse. Cette sévère leçon était nécessaire, mais elle allait au but que nous voulions atteindre ; aussi, par un sentiment d'humanité dont les suites furent fécondes, le magnifique village de Thiong, où nous entrions quelques instants après, fut-il épargné par nos soldats victorieux.

Cette clémence, la rapidité de nos succès, la modération et surtout la justice de nos demandes produisirent les meilleurs résultats. Dès que la flottille fut de retour à Carabane, les députations de toutes les tribus voisines, Djolas, Floups, Balantes, accoururent auprès du commandant Laprade pour demander la paix, pour se placer même sous notre domination. Tous ces résultats furent consacrés par des traités successifs qui ont assuré pour longtemps la pacification de la basse Cazamance [1]. Le 18 mars, nous débarquions à Gorée celles des troupes de la colonne qui avaient pris passage à bord de l'*Étoile*. Une grave avarie dans notre machine nous avait

---

1. « Par un traité du 6 avril 1860, les Floups de Mlomp ont cédé à la France la pointe Sosor ou de Saint-George ; de plus, ils ont soumis leur territoire à la suzeraineté de la France. Les Djougoutes de Thiong en ont fait autant par un traité du 5 mai, les gens de Wagaram par un traité du 6 mai, les gens de Cassinol par un traité du 19, les gens de Blis par un traité du 18 juin, les gens de Baïat par un traité de la même date, les gens de Carone par un traité du 17 juin. » Voyez à la suite du *Journal des opérations de guerre* (dans l'*Annuaire* de la colonie) le recueil des traités passés au Sénégal.

forcés de revenir à la voile et avait retardé notre
retour; elle allait nous retenir plus d'un mois sur la
rade de Gorée.

V.

Notre séjour à Gorée, un voyage aux îles du Cap-
Vert, nous avaient conduits aux premiers jours de
l'hivernage de 1860. En rentrant dans le fleuve,
nous nous préparâmes aux travaux de cette rude
saison. Bien qu'il n'y eût pas, comme l'année précédente, une tour à construire, l'approvisionnement
de nos postes au-dessus de Podor exigeait le concours de tous les bateaux à vapeur de la flottille.
L'*Étoile* fit deux voyages consécutifs dans le haut
du fleuve avec de lourds et nombreux chalands à la
remorque. Le naufrage, à quarante lieues au nord
de Saint-Louis, d'un navire de commerce français,
nous força de prendre la mer à la veille d'un troisième voyage, dont le but était Bakel. Parti de
Sierra-Leone avec un chargement d'arachides, de
sésame et de cire, le trois-mâts *le Rollon,* du port
de Rouen, avait heureusement doublé les îles du
Cap-Vert; mais les fièvres avaient jeté l'équipage
presque tout entier sur les cadres. Le capitaine, le
second, alités, avaient presque perdu connaissance.
Une erreur qu'un tel état de choses explique porta

le navire sur la côte d'Afrique. Ils se croyaient encore à quatre-vingts lieues au large, quand ils touchèrent dans la barre qui sans interruption s'étend du cap Mirik au Cap-Vert. Dès que la nouvelle du naufrage parvint à Saint-Louis, l'*Étoile* fut expédiée pour recueillir l'équipage naufragé, qui avait gagné la terre, et ce qu'on pourrait sauver du navire et de sa cargaison. Si ce fut pour nous tous une rude corvée, ce sont de ces corvées que chacun recherche, que tous sont heureux d'accomplir. C'est dans ces dures et tristes épreuves de la vie à la mer qu'éclatent ces sentiments d'affectueuse compassion, de solidarité, de dévouement, qui, semblables à des perles enfouies dans l'Océan, se cachent au plus profond du cœur de nos matelots aux allures en apparence si brusques et si insouciantes.

Le sauvetage du *Rollon* dura trois jours. L'*Étoile* recueillit tous les débris qui pouvaient avoir quelque valeur sur le marché de Saint-Louis; la vente en constituait seule, d'après la loi maritime, les gages de l'équipage naufragé, et nos matelots, qui n'ignoraient point cette circonstance, mirent à cette tâche le dévouement le plus absolu, l'obstination la plus courageuse. Aussi n'abandonnâmes-nous à la mer que ce qu'elle avait déjà conquis. La mâture tout entière coupée au ras du pont, le gréement, les voiles, les embarcations furent sauvés. Quant à la cargaison elle-même, le navire s'était entr'ouvert en touchant, et avait été envahi par les lames : elles déferlaient sur le pont avec une force qui rendait aussi plus méritoire le dévouement de nos hommes. Ce naufrage à quarante lieues au nord de Saint-Louis, sur une côte où naguère le cheik des Trarza exerçait dans toute sa plénitude le droit d'épave, donna une nouvelle preuve des heureuses modifications que l'esprit de ces tribus a subies à la suite des dernières guerres. L'équipage du *Rollon*, pendant les quelques jours qu'il passa sur la côte, n'éprouva aucun mauvais traitement. Il n'est pas douteux que dix années plus tôt le navire eût été pillé et les naufragés emmenés en esclavage. Tout au contraire, les Maures, que l'événement avait attirés, nous aidèrent en partie dans l'accomplissement de notre tâche, et ne montrèrent en aucune façon l'avidité caractéristique de leur race.

Bien que le naufrage du *Rollon* s'explique tout à fait par l'épuisement des forces de l'équipage, la maladie du capitaine et du second, seuls capables de donner la route, il est certain que l'hydrographie de toute cette partie de la côte est entachée d'erreurs qui pourraient être fatales à d'autres navires. A dix lieues au-dessus de Saint-Louis, la côte s'infléchit en courant au nord-est, au lieu de se diriger presque en ligne droite vers le nord jusqu'au cap Mirik. J'avais eu déjà l'occasion de remarquer cette erreur, qui ressortit avec évidence de ce dernier voyage.

Dans les deux traversées de Saint-Louis au *Rollon*, du *Rollon* à Saint-Louis, je constatai que les deux routes, exactement suivies, nous éloignaient ou nous rapprochaient, selon le cas, de plus de quinze milles de la côte. Une telle différence ne pouvait provenir des courants; la détermination de la longitude sur le lieu même du naufrage confirma nos prévisions.

A peine l'équipage et les débris du *Rollon* furent-ils débarqués à Saint-Louis que l'*Étoile* repartit pour Bakel. A notre retour, nous reçûmes l'ordre de nous disposer à remplir une nouvelle mission. Malgré les fatigués de l'hivernage, rien ne pouvait nous être plus agréable que la campagne que nous allions entreprendre : conduire à Santa-Cruz de Ténériffe le gouverneur, dont les forces, épuisées par tant d'années passées au Sénégal, avaient besoin de se retremper à l'air vivifiant des Canaries; pendant son séjour dans l'archipel, faire avec l'*Étoile* la reconnaissance du banc d'Arguin; retrouver l'île de ce nom et les canaux qui y conduisaient autrefois de grandes frégates de guerre; cette reconnaissance achevée, ramener le gouverneur à Saint-Louis : telle était notre mission. Le capitaine du génie Fulcran devait concourir à cette reconnaissance et la compléter au point de vue militaire. Mohamed-Salum, fils de l'ancien cheik des Ouled-bou-Sbaa, tribu qui domine sur les rivages du golfe d'Arguin, devait nous servir d'interprète; son père avait été assassiné par Ould-Boudda, le cheik des Ouled bou-Sbaa. Les pensées de vengeance qui remplissaient son exil à Saint-Louis avaient fait accepter avec empressement à Mohamed-Salum l'occasion que lui offrait l'*Étoile* de revoir son pays, et peut-être d'y préparer son retour. Après quelques jours d'une pénible traversée, nous mouillions pendant la nuit devant la ville de Santa-Cruz, et le 28 septembre 1860, nous appareillions à la voile pour aller atterrir au nord du Cap-Blanc, dont la position, déterminée par les travaux de l'amiral Roussin, devait nous servir de point de départ dans nos reconnaissances du banc, dont l'amiral n'a fixé que les accores occidentales.

Le naufrage de la *Méduse*, causé par l'incapacité de M. de Chaumareix, a rendu fameux le banc d'Arguin, et cette triste célébrité en a fait longtemps un objet d'effroi pour les navigateurs. Ces parages, vers lesquels d'ailleurs ne les appelait aucun intérêt, sont restés longtemps inexplorés; ils offrent pourtant une des plus riches stations de pêche de l'Océan, qu'exploitent seuls aujourd'hui les *isleños* (insulaires) des Canaries. La difficulté d'aborder la côte et d'y vivre, le manque d'eau douce, en empêchant tout établissement européen, leur ont laissé le monopole de cette industrie, qui occupe plus de dix-huit cents matelots. Cependant la pensée est

venue plus d'une fois à nos armateurs de lutter
avec eux. Au moment même de notre reconnaissance, une maison de Marseille recherchait les conditions qui pouvaient assurer le succès d'un établissement. Les difficultés qui éloignaient les navigateurs
n'existent plus aujourd'hui. Un établissement est
possible dans ces régions désolées. Les citernes de
la forteresse, que nous avons retrouvées, peuvent,
sans réparation même, fournir de l'eau au personnel
de cet établissement, quelque nombreux qu'il puisse
être, et les canaux qui conduisent à Arguin, d'un
accès facile, peuvent donner passage aux plus grands
navires de commerce vers sa rade parfaitement
abritée. Ces résultats de notre reconnaissance ont
peut-être une importance sérieuse.

Le 2 novembre, nous partîmes de Santa-Cruz.
Après une relâche de quelques heures à Palmas, capitale de la Grande-Canarie, nous nous dirigeâmes
vers Saint-Louis. Nous n'en étions qu'à soixante
lieues, lorsque l'arbre de couche de notre machine,
déjà avarié, mais que nous n'avions pu, faute de
temps, remplacer jusqu'alors, se brisa complétement.
Cette fois, forcés de nous mettre à la voile, nous
éprouvâmes quelques retards, tant la brise était
molle et incertaine. Néanmoins le 8 novembre nous
franchissions la barre et reprenions notre ancien
mouillage dans le fleuve. La rupture définitive de
l'arbre de couche forçait l'*Étoile* à un repos dont

nous ressentions un pressant besoin. Pendant un mois entier, les ouvriers de la colonie et ceux de la machine travaillèrent à nos réparations avec une activité d'autant plus grande que de nouvelles expéditions se préparaient, auxquelles nous devions prendre une part active en raison même des qualités marines qui, entre tous les navires de la flottille, distinguaient celui que nous avions l'honneur de commander. Le Cayor et le Souna devaient être le théâtre de ces expéditions. Pour en assurer le succès, le ministre qui les avait ordonnées ajoutait aux forces de la colonie trois compagnies de tirailleurs algériens et une compagnie du train, suivies de nombreux équipages. Le transport l'*Yonne* devait conduire ces renforts au Sénégal; vers la fin de décembre, il mouillait sur la rade de Guetn'dar. L'*É-toile* et l'*Africain* procédèrent par de nombreux voyages au débarquement du personnel et du matériel qui nous étaient destinés, matériel qui comprenait trois blockhaus et huit baraques en pièces. Le 29 décembre 1860, ce débarquement était achevé. Trois jours après, la première colonne expéditionnaire se mettait en marche.

Les expéditions successives qui ont désormais soumis le Cayor à notre influence ne comportent pas un récit détaillé; elles ont offert les caractères propres à toutes les expéditions africaines : des fatigues impossibles à comprendre quand on ne connaît pas ces pays, des marches forcées sous un soleil de feu, dans le sable brûlant, la faim, la soif endurées pendant des journées entières, de loin en loin des rencontres avec un ennemi dont la bravoure déréglée vient se briser contre le courage et la discipline de nos soldats. La conclusion d'un traité avec le roi ou *damel* du Cayor, tel était le but désigné à nos colonnes, et qui fut atteint après les opérations décisives du mois de janvier 1861. Notre adversaire, le damel Macodou, s'était refusé, dès son avénement au pouvoir en 1859, à exécuter le traité signé avec nous par son prédécesseur, et qui nous garantissait des communications faciles et sûres entre deux villes importantes de la colonie, Saint-Louis et Gorée. Les conséquences de ce premier acte d'hostilité n'avaient mis que trop longtemps notre patience à l'épreuve. Les vols commis sur nos traitants à main armée par les *tiedos,* les avanies qui les attendaient dans l'intérieur du Cayor, les ventes d'esclaves faites par le damel et qui rappelaient les plus tristes temps de la traite des noirs, tous ces actes sauvages et coupables exigeaient une répression qui rendît impossible au damel tout retour vers un régime d'odieuse tyrannie. Trois forteresses élevées en quelques jours, du 7 au 27 janvier 1861, sur le sol du Cayor placèrent le pays tout entier sous notre domination. Macodou, vaincu et réduit à l'impuissance, signa les clauses d'un traité qui assurait au gouverneur du Sénégal la perception des droits de sortie à toutes les frontières du Cayor sur les produits de ce pays selon le tarif en usage. Les frontières du Cayor furent déterminées conformément aux intérêts de la France; la sécurité fut garantie aux courriers, aux voyageurs isolés et aux caravanes sur la route de Saint-Louis à Gorée. Le damel renonçait à vendre ses sujets libres, et s'engageait à empêcher les pillages des *tiedos*. Ainsi l'expédition du Cayor n'assurait pas seulement à nos compatriotes du Sénégal une satisfaction légitime; elle complétait les tentatives que nous dirigions contre la traite, d'accord avec l'Angleterre, sur d'autres points du territoire africain.

L'expédition du Souna suivit de près celle du Cayor. On a vu quelle était l'attitude des musulmans fanatiques de ce royaume mandingue vis-à-vis de nos établissements de la Cazamance. Depuis 1855, de nombreux pillages, des massacres même commis sur nos marins, attendaient leur châtiment. Les renforts que la garnison avait reçus d'Europe, la soumission de Macodou, permirent de frapper ici comme au Cayor un coup décisif. Au mois de février 1861, la flottille transportait à Sedhiou une colonne expéditionnaire composée d'environ huit cents hommes. De brillantes et rapides opérations amenèrent en quelques jours la soumission de ces populations fanatiques et orgueilleuses; le 14 février 1861, un nouveau traité, conclu sur les mêmes bases à peu près que le traité du Cayor, attestait que nos injures étaient vengées, et notre domination établie dans ces riches provinces.

Ces expéditions furent les dernières auxquelles nous prîmes part avec l'*Étoile*, qui désarmait à Rochefort en décembre 1861. D'importants résultats, on a pu le voir, sont maintenant acquis. De Saint-Louis à Médine, le fleuve est ouvert à nos traitants, et tous les tributs sont abolis. Le Oualo, le Damga, le Toro sont soumis à notre souveraineté ; le Cayor est vaincu, entraîné dans notre influence. Les Maures, désormais rejetés sur la rive droite, n'osent franchir le fleuve, et viennent pacifiquement traiter aux escales de Daganah, de Podor et de Bakel, que nous leur avons assignées. Ces résultats, obtenus par tant de bravoure, tant d'efforts énergiques et persévérants, seront-ils durables ? Telle est la question que chacun s'adressait au moment où l'homme en qui se personnifie le système suivi au Sénégal dans ces derniers temps, le colonel Faidherbe, quittait pour n'y plus revenir un pays où il a dépensé les plus belles années de sa vie. La réponse n'est point douteuse. La force seule n'a pas fondé cet édifice ; il repose sur les bases plus solides de la justice et de l'humanité, les vaincus eux-mêmes en ont rendu le suprême témoignage. Elle est donc tracée, la voie où doit marcher l'administration coloniale pour assurer les développements pacifiques de cette longue période de luttes et de conquêtes. En étudiant le passé de notre colonie, on reconnaît que la cause la plus fatale de l'inertie, de la torpeur où elle est restée ensevelie pendant si longtemps, réside surtout dans les changements de système dont le Sénégal a été le théâtre, dans la succession rapide des chefs qui présidaient à ses destinées, et qui tous avaient des vues différentes et souvent opposées. Si l'abandon subit de nos alliés en 1835, dans la guerre du Oualo contre les Maures, nous a valu vingt ans de dépendance réelle vis-à-vis de ces tribus maintenant humiliées, si cet abandon a jeté parmi les chefs de ce pays des doutes, des défiances sur notre caractère, qui ne sont pas même effacés aujourd'hui, il n'est pas moins certain que tout pas en arrière, l'abandon d'un seul des principes que dans ces derniers temps nous avons cherché à faire prévaloir, entraîneraient aux yeux de ces populations l'abandon du système tout entier. *Je maintiendrai,* cette devise d'un peuple dont les colonies peuvent servir de modèle à toutes les nations maritimes, doit donc être au Sénégal la devise de la France.

LES EUROPÉENS EN OCÉANIE

SOUVENIRS DE LA CAMPAGNE DE LA *MÉGÈRE*

Après deux ans de station sur les côtes occidentales d'Amérique, la *Mégère*, que j'avais l'honneur de commander, fut envoyée dans les principaux archipels de l'Océanie pour y remplir une mission qui devait la conduire de l'Est à l'Ouest, depuis l'île de Pâques (Rapa-Nui) jusqu'aux Fidji, et du Nord au Sud, des Tonga à l'archipel des Sandwich.

Nous voudrions pouvoir exposer ici les renseignements, les informations, résultats de cette longue course, mais en les coordonnant et sous une forme un peu synthétique qui nous éviterait des longueurs et des redites souvent ennuyeuses. Ces renseignements, ces informations ont du reste un côté pratique qui, nous semble-t-il, leur donne un vif intérêt. Le passé nous a légué dans ces lointaines régions tout un héritage de devoirs, d'obligations, de relations politiques, qui, à un moment donné, pourront nous être rappelés par un de ces incidents dont l'affaire Pritchard offre un exemple, et dont il faut savoir prévoir l'éventualité. Il convient, dès lors, de se rendre un compte exact de la situation qui nous est faite dans ces pays éloignés, c'est-à-dire de rechercher quelles transformations s'y sont accomplies. Or, les Anglais, les Américains ne sont plus les seuls peuples dont nous ayons à redouter là-bas l'esprit d'entreprise et le génie expansif. Depuis plus de huit ans, de nombreux navires de commerce, protégés par de puissants navires de guerre, y font flotter les couleurs d'un pavillon jusqu'alors ignoré du monde, celui de la Confédération de l'Allemagne du Nord, devenu si promptement le symbole d'une nation, ou si l'on veut, d'un gouvernement dont aucune tendance ne doit désormais nous trouver indifférents ou même inattentifs. S'il en est ainsi, cette considération seule justifie le but de cette étude, dans laquelle nous n'avancerons rien qu'en nous appuyant sur nos souvenirs, sur ce que nous aurons vu nous-même.

I.

Les Indigènes.

L'immense espace compris du Nord au Sud entre les deux tropiques, de l'Est à l'Ouest entre les rivages de l'Amérique occidentale et le 17e degré de longitude Est de Paris, forme, sous le nom de Polynésie, une des trois grandes divisions de l'Océanie et une des régions maritimes les plus remarquables du monde, autant par la constitution particulière des terres dont elle se compose, que par les caractères généraux de la race qui l'habite[1]. Les nombreux archipels de cette région singulière, disséminés à de grandes distances les uns des autres, n'offrent presque tous que des îles sans importance, si on les compare aux grandes terres de la Malaisie ou de l'Australie ; les plus grandes de ces îles, celles mêmes qui donnent leur nom à des groupes tout entiers, n'ont guère plus de vingt lieues de diamètre. Autour d'elles, ainsi que des satellites, se pressent une multitude d'îlots plus petits encore, à peine habités, que dominent les sommets des premières, perdus dans les nuages, volcans encore en éruption, comme le Mauno-Roa aux Sandwich, volcans à peine éteints, comme le Diadème à Taïti, le mont Duff aux Gambiers. Mais l'étendue du territoire n'est pas toujours la différence la plus caractéristique des îles d'un même groupe. Leur constitution géologique révèle tout d'abord une origine différente, des modes de

---

1. Division des géographes :
Au Nord et l'Est, *Polynésie*.
Au centre, *Australie, Australasie*.
A l'Ouest, *Grand Archipel Indien*, *Malaisie*.

Dumont d'Urville :
Nord, *Micronésie*.
Est, *Polynésie*.
Centre, *Mélanésie*.
Ouest, *Malaisie*.

formation tout opposés. Les premières, c'est-à-dire les plus étendues, avec leurs hautes montagnes, leurs cratères encore fumants, leurs pics dentelés et aux pentes abruptes, leurs rochers basaltiques, leur sol tourmenté, appartiennent évidemment aux. terrains de soulèvement plutonien ; quelque commotion subite les a fait surgir de l'Océan, et on peut suivre sur une carte la direction de la chaîne de montagnes sous-marines dont ces îles ne sont que les sommets culminants. Les secondes, au contraire, basses, plates, uniformes, s'élevant à peine de quelques mètres au-dessus de la mer, ont, il est vrai, une commune origine, mais la formation définitive, la création évidemment récente en est due aux travaux de ces insectes madréporiques qui, dans leur puissant élan vers la lumière ont élevé, par un incessant effort, jusqu'au niveau de la mer, leurs vivantes murailles. Les assises de celles-ci furent les plateaux inférieurs des mêmes chaînes de montagnes auxquelles appartiennent les grandes îles, et que l'action des volcans sous-marins ne put faire émerger comme elles, ou encore, si l'on admet le lent affaissement de certaines contrées, les sommets déjà disparus d'un continent englouti [1]. Du reste, l'action des madrépores, partout

----

1. L'affaissement du lit des mers fait comprendre la formation des atolls et des barrières de récifs que de profonds canaux séparent des côtes. En revanche, une graduelle élévation du sol explique la position des coraux qui frangent le littoral, à une certaine hauteur au-dessus des flots. (Élisée Reclus, *les Oscillations du sol terrestre.*)

visible dans ces parages, se continue toujours et peut
être mesurée même, non pas au cours des siècles,
mais à celui des simples années[1]. C'est à elle que
sont dus ces nouveaux écueils si redoutés, dont l'existence n'est le plus souvent signalée que par un naufrage, et qui, si rapidement transformés en îles nouvelles, ne tardent pas à être habités. Ces surprenantes
transformations s'accomplissent par les éléments les
plus simples ; rien n'est plus facile que d'en suivre
le développement dans ses phases pour ainsi dire régulières. Les semences que l'oiseau emporte ou que
le vent entraîne, tombent sur les écueils ; les graines
que les courants de l'Océan accumulent en longues
nappes flottantes, s'y échouent dans leur course va-
gabonde. A la chaleur fécondante du soleil des tropiques, ces graines, ces semences germent et naissent
à une vie aussi active que puissante. Elles fixent
leurs solides attaches aux rochers eux-mêmes, et
avec une force que rien ne peut vaincre. Les palétuviers, les mangliers apparaissent d'abord, bientôt
suivis des pandanus, leurs vigoureux auxiliaires.

---

1. Des observations de ce genre, inaugurées par Cook lui-même, délais-
sées ensuite, viennent d'être reprises récemment, surtout en vue d'étudier
les oscillations du sol terrestre, en divers points de l'Océanie. Il est à espérer qu'elles seront conduites avec persévérance. Grâce à elles, bien des
solutions intéressantes pourront être obtenues. Entre autres, sur la profondeur des eaux au delà de laquelle les madrépores ne peuvent vivre.
Étant donné l'affaissement du sol, les conclusions, à ce sujet, des expériences faites par la frégate anglaise *Meander* deviennent douteuses. (Voir
la *Monographie de Taïti*, par M. Cuzent.)

Tous se mettent à l'œuvre, que rien n'interrompra désormais. De leurs premières tiges s'élancent, comme un réseau gigantesque, les mille racines adventives de ces arbres, qui se croisent, se mêlent, s'enlacent, et dans leurs mailles serrées retiennent tous les détritus végétaux, tous les débris de coraux et de madrépores que roulent les vagues. L'écueil s'élève au-dessus des flots et se couronne d'une éclatante verdure, dont l'action accélère encore la formation d'un sol bientôt riche et fécond. Alors du milieu de ces fourrés inextricables surgissent les troncs sveltes et déliés des cocotiers. L'homme peut désormais aborder, se fixer même sur cette nouvelle terre ; sa subsistance est assurée, et avec elle une des grandes sources de richesse de ces régions [1].

Si, par cette double cause, force souterraine des volcans, travail lent mais incessant des madrépores, s'explique la création de ces îles, il est moins facile de se rendre compte de la manière dont elles ont été peuplées, étant jetées à des distances souvent très-considérables les unes des autres. On compte plus de six cents heures de Rapa-Nui (île de Pâques) à Taïti, plus de sept cents des Marquises aux Sandwich ; toutes sont habitées par des hommes d'une même

---

1. Toutes les parties du cocotier sont également utiles. Aussi, cet arbre a-t-il été surnommé le *roi des végétaux,* et, pour les peuples qui habitent plusieurs des îles de la Polynésie, il remplace, en quelque sorte, toutes les autres productions de la nature. (Pouchet, *Botanique appliquée.*)

race, parlant à peu de chose près la même langue, ayant les mêmes traditions religieuses, arrivés, sauf quelques différences insignifiantes, à la même civilisation, quand les Européens abordèrent pour la première fois sur leurs rives. Comment ces distances énormes, même pour nos navires, ont-elles été franchies par ces peuples? Et si, pour bien des raisons, dont les moins concluantes sont encore les moyens imparfaits de navigation qu'ils possédaient à l'époque de la découverte, il est impossible d'admettre qu'ils aient pu accomplir de pareilles traversées, comment résoudre le problème qu'impose à l'esprit cette commune origine qui ne peut être niée aujourd'hui[1]?

---

1. M. de Quatrefages, dans ses études sur l'histoire naturelle de l'homme, résume ainsi la question : « En résumé, non-seulement les Polynésiens « n'ont point été créés par nation et sur place, non-seulement ils ne sont « pas un produit spontané des îles sur lesquelles on les a trouvés, mais de « plus, ils y sont arrivés par voie de *migration volontaire* ou de *dissémi-* « *nation* involontaire, successivement, et en procédant de l'ouest à l'est, « au moins pour l'ensemble. Ils sont partis des archipels orientaux de « l'Asie et on retrouve encore dans ces derniers la race souche parfaitement « reconnaissable à ses caractères physiques, aussi bien qu'à son langage ; « ils se sont établis et constitués, d'abord, à Samoa et aux Tonga; de là, « ils sont passés dans les autres archipels de l'Océan ouverts devant eux, « etc.. etc. » (*Revue des Deux-Mondes*, 1er février 1854, p. 901.) — Malgré toute la déférence due au savant écrivain, et sans contredire d'ailleurs l'identité d'origine des populations polynésiennes, il nous semble encore impossible d'admettre, par voie de migration volontaire ou de dissémination involontaire, le peuplement de Rapa-Nui et des îles semblables. L'isolement de Rapa-Nui, sa latitude, qui la place à l'extrême limite des vents alizés et en dehors des courants constants, nous paraissent s'élever contre cette hypothèse. Cette difficulté a été sentie par M. de Quatrefages lui-même, et la carte de M. Hale, sur laquelle il s'appuie, n'embrasse pas l'île de Pâques. La comparaison des antiquités mexicaines et de celles de cette dernière île ont conduit M. l'abbé de Bourbourg à une hypothèse qui, du moins, ne s'élève pas cette difficulté, à nos yeux insurmontable.

Bien des solutions ont été proposées ; qu'importe peut-être la solution véritable ! L'histoire des origines a son utilité pratique pour les races appelées à vivre d'une vie énergique. Les lumières du passé en éclairent souvent l'avenir ; par elles il est peut-être possible de prévoir les destinées qui leur sont réservées ; mais la race malheureuse des Maoris n'a ni lointain avenir, ni brillantes destinées ; elle se meurt sans remède possible, il le semble du moins, et peu d'années s'écouleront sans doute avant qu'elle ait complétement disparu.

Lorsque Cook arriva aux Sandwich, il en estima la population à 400,000 âmes ; cette estimation est peut-être exagérée ; cependant, quelques années après lui Vancouver leur donnait près de 300,000 habitants. Le recensement officiel de 1866 porte la population totale à 67,000 âmes. A Taïti, des 80,000 habitants que Cook y trouva, c'est à peine s'il en reste 9,000 ; enfin, la population de Magareva est descendue depuis 1843, date de l'établissement des missionnaires catholiques, de 2,400 à 1,100 âmes[1].

Quelles sont les causes de cette effrayante dépopulation ? Les découvrir pour en combattre les effets est un problème fait pour exciter toutes les sympathies, celles des savants comme celles des missionnaires, et à tous égards d'une portée pratique plus

---

1. Rapports de MM. Bernard, commandant du *Pylade*, et Penaud, commandant la *Charte*. (*Annales maritimes.*)

sérieuse que celui des origines de cette race si cruellement frappée. M. de Quatrefages, dans les études
précédemment citées, se pose incidemment cette
question. Sans doute il n'y attachait qu'un intérêt
secondaire, car sa réponse est loin d'être satisfaisante,
même pour ceux qui n'ont fait que passer dans ces
îles. « Quelle est, dit-il, la cause de cette dépopulation effrayante, qui en moins d'un siècle a enlevé
d'une manière progressive et continue les $^{19}/_{20}$ de
ces insulaires ? Quand il s'agit de Taïti, on peut,
avec M. Cuzent, faire une certaine part aux grandes
guerres qui suivirent le passage de Cook, et amenèrent l'avénement des Pomaré ; mais depuis assez
longtemps ces guerres ont cessé et la population n'en
décroît pas moins[1] ; d'ailleurs, rien de semblable ne
s'est passé dans d'autres îles où la mortalité n'a pas
été moindre. Invoquera-t-on l'influence de l'éléphantiasis ? Cette maladie régnait en Polynésie à l'arrivée
des Européens ; il en est de même de la syphilis.
Pour quiconque lit avec attention les voyages des
premiers navigateurs, il est évident que les Anglais
et les Français se sont réciproquement adressé des
reproches immérités au sujet de la prétendue intro-
duction de cette maladie. L'ivrognerie a pu avoir
ses conséquences dégradantes et funestes dans quel-

---

1. Depuis 10 ans la population est stationnaire à Taïti. Elle augmenterait
même un peu, d'après l'*Annuaire officiel* de Taïti. (Année 1863, p. 331.)

T. A.

ques îles où nos liqueurs alcooliques pénètrent fréquemment, par suite de communications régulières, mais elle n'a pu se développer dans les îles écartées où touchent à peine quelques rares baleiniers, qui se garderaient bien d'abandonner aux habitants leur provision d'eau-de-vie ou de wiskey, et d'ailleurs, avant l'arrivée des Européens, « les chefs polynésiens surtout savaient bien s'enivrer avec leur kawa, plus redoutable encore que nos liqueurs. Quant à la débauche, on sait jusqu'où les indigènes l'avaient portée. Sur ce point, les Aréois n'avaient rien laissé à faire aux Européens. Aucune des causes que je viens d'énumérer ne me semble donc pouvoir être invoquée pour rendre compte de cette décroissance si rapide dans le chiffre des populations polynésiennes. Je serais plus porté à attribuer une certaine influence aux maladies éruptives. . . . . Pour jeter quelque jour sur ce triste problème, je ne connais qu'un seul fait précis recueilli par M. Bourgarel, frappé comme tant d'autres de ces morts si fréquentes et si prématurées. Ce jeune et habile chirurgien de marine sut trouver le moyen de faire un certain nombre d'autopsies, et chez tous les individus soumis à cette investigation il trouva des tubercules. . . . . Aurions-nous introduit la phtisie, cette maladie qui tue lentement, se transmet des pères aux enfants et détruit ainsi les familles ? . . . . Quoi qu'il en soit, le fait subsiste, et ses conséquences sont faciles à prévoir. Si tout marche comme par le passé, il ne s'écoulera pas un siècle avant que la race polynésienne soit complétement anéantie. Puisse cette prévision exciter le zèle des observateurs placés dans les conditions les plus favorables [1]! » Parmi les observateurs auxquels le savant écrivain adresse cet appel, nul n'était mieux placé pour y répondre que le docteur Hutchinson, qui fut ministre de l'intérieur aux Sandwich (Hawaï), chargé de présider en 1862 la commission d'enquête sur les causes de la dépopulation de l'Archipel; il résumait ainsi qu'il suit le rapport de cette commission : « Quant aux causes de l'excessive proportion de la mortalité, eu égard au chiffre de la population, les principales d'entre elles sont les maladies vénériennes et spécialement le poison syphilitique, dont la grande masse du pays est atteinte par contagion directe ou héréditaire ; partout il se présente aux regards du médecin, dans les rues des villes, dans les villages, dans les chaumières de campagne et toujours sous sa forme la plus terrible ; il se rencontre dans l'enfant nouveauné, dans les enfants de tout âge, et le plus souvent sous sa forme première. Si ce cruel poison ne produit pas directement la mort, il affaiblit tellement la constitution de ces malheureux qu'ils succombent aux premières atteintes de toute autre maladie, et, de

---

1. *Revue des Deux-Mondes*, 1er février 1864, p. 546 et 547.

fait, ses ravages sont si universels que seul il pourrait expliquer cette décroissance si rapide de la population.

« Une autre cause de cette décroissance est la large proportion des enfants qui meurent dans les premiers mois qui suivent leur naissance. Les mères ne veulent pas le plus souvent s'en occuper. Un enfant de cet âge est un fardeau pour elles ; il les empêche de voyager, les prive de tout plaisir ; on les confie en conséquence à la grand'mère ou à toute autre parente. . . . .

« Je citerai également le crime de *fœticide*, qui est si commun, même parmi les gens mariés. Des natifs m'ont décrit le mode de le pratiquer ; il offre de tels dangers qu'il occasionne souvent et la mort de la mère et celle de l'enfant qu'elle porte dans son sein. . . . . A quelles causes attribuer aussi le peu de naissances ? Le commerce des deux sexes commence dès l'enfance ; l'âge au-dessus duquel je pense que peu de filles sont encore vierges paraîtrait incroyable. Ai-je besoin, à vous, un physiologiste, de vous expliquer que la stérilité en est une conséquence inévitable. Le mal est sans doute plus grand pour les femmes, mais les sources de la virilité chez les hommes ne sont-elles pas également atteintes ? . . . . La pratique de la polyandrie est universelle chez les femmes, et principalement chez les jeunes. . . . . Joignez-y l'habitude de monter sans cesse à cheval, dont les femmes connaissent les tristes résultats. . . . .[1]. » Ainsi pour le docteur Hutchinson, les causes que nous recherchons, les plus actives du moins, sont les maladies vénériennes, devenues pour ainsi dire constitutionnelles chez les Indiens, et ces mœurs dégradées qui, malgré le christianisme, malgré les exemples et le contact de nombreuses familles européennes, rappellent les plus tristes souvenirs de la Rome païenne du deuxième siècle. Est-ce à dire que seules ces terribles forces de destruction, dont l'effet est incontestable, poussent cette misérable race à son extinction définitive? Mais alors nous devrions les retrouver partout, dans toutes les îles, dans toutes les populations soumises à cette dure loi de la décroissance et de la dépopulation; il n'en est point ainsi en réalité.

Les archipels polynésiens, où les observateurs ont constaté cette loi avec le plus d'évidence sont les Sandwich, Taïti, Magareva et Rapa-Nui. Aux Samoa, le chiffre de la population est en décroissance, comme aux Tonga, mais dans des proportions moins effrayantes; aux Fidji, elle est presque nulle, tandis que dans-les deux petits groupes des Futunas et des Wallis (Uvea) on constate avec surprise un mouvement tout contraire, bien marqué d'ailleurs, puisque dans le dernier de ces groupes, la population s'est

---

1. Lettre du docteur Hutchinson à M. Willye, ministre de l'intérieur aux Sandwich. (Citée dans le *Honolulu directory and Historical sketch.*)

accrue de plus de 40 p. 100 depuis l'arrivée des premiers missionnaires, vers 1838.

Ces archipels présentent, dans leur état moral et leurs institutions politiques, des dissemblances et des analogies qu'il est bon d'établir. Les populations de Taïti, des Sandwich, converties au protestantisme, sont depuis longtemps en contact avec les Européens. On sait à quel degré de corruption étaient descendus les indigènes, bien avant la découverte de ces îles ; leurs mœurs sont encore les mêmes ; on pourrait cependant affirmer qu'à Taïti elles se sont un peu améliorées. Aux Samoa, aux Tonga, bien que l'œuvre de la conversion, due en grande partie aux missionnaires protestants, soit dès aujourd'hui achevée, la mortalité semble, à peu de chose près, telle qu'aux premiers jours où apparurent les Européens ; aux Viti, malgré la présence de plus de 1,400 étrangers de race blanche, planteurs, négociants, industriels, agents politiques des chefs indigènes, malgré les efforts des missionnaires catholiques et protestants, la population est encore païenne ; enfin, Magareva, Futuna, les Wallis sont de véritables congrégations catholiques, où les populations sont d'une moralité remarquable, où la famille est constituée sur ses véritables bases, puisque le divorce y est défendu, et chez lesquelles enfin les terribles effets de certaines maladies sont peut-être moins fréquents que dans des sociétés européennes. J'ajouterai qu'aux Sandwich et à Taïti, le gouvernement est une monarchie constitutionnelle, aux Tonga une monarchie absolue, aux Samoa une république fédérative, voisine de l'anarchie ; aux Viti, une féodalité dont les membres sont sans cesse en guerre ; enfin à Magareva et aux Wallis, sous les dehors d'une royauté sans pouvoir, le gouvernement n'est qu'une théocratie catholique.

Si tels sont les aspects généraux sous lesquels se présentent les divers rameaux d'une même race, placés d'ailleurs, avec de très-légères différences, dans les mêmes conditions climatériques et hygiéniques, et si, comme nous venons de le voir, les mêmes causes produisent dans les divers centres de population des résultats si différents, on peut affirmer non-seulement avec M. de Quatrefages que les maladies signalées et communes à beaucoup de populations ne sont pas les seules causes de la dégénérescence de cette race, mais encore que ni le contact des Européens, ni la religion [1], ni l'organisation sociale, ni la constitution politique ne peuvent l'expliquer, et que si une cause unique, géné-

---

1. L'auteur des *Commentaires d'un marin,* ancien officier de marine, dans un livre remarquable à bien des titres, mais où se retrouve malheureusement le parti pris du catholique, n'hésite pas à attribuer à la religion protestante la dégénérescence de la race polynésienne : « Les beaux archi-
« pels des Amis et des Navigateurs, encore soumis à la religion protestante,
« n'ont pas, dit-il, échappé à cette dure loi. Ce sont toujours les mêmes
« maladies, le même débordement de vices, les mêmes causes de stérilité.
« Dans les îles exclusivement catholiques, l'influence chrétienne a d'autres
« conséquences. Le mariage y est sacré, indissoluble. A Wallis, aux Gam-
« biers, on prévoit l'époque où ces îles, exclusivement catholiques, devront

rale dans ses effets, aidée sans nul doute par ces causes secondaires existe réellement, c'est ailleurs qu'il faut la chercher.

Plaçons-nous en dehors des origines de la race polynésienne et de cette époque où les documents recueillis par tant d'observateurs attestent des relations fréquentes entre les principaux archipels polynésiens, et considérons la situation de ces archipels depuis la découverte par les Européens, c'est-à-dire depuis qu'on peut en suivre l'histoire avec certitude. Un examen attentif nous montrera que, depuis lors, aux Sandwich, aux Marquises, à Rapa-Nui, à Taïti, aux Gambiers, la population, complétement isolée du reste du monde, a été obligée, par suite même de cet isolement géographique, de se perpétuer, sans croisement possible, par l'union des membres des mêmes familles ; aux Samoa, aux Tonga, les liens de parenté, soigneusement maintenus dans les familles aristocratiques des deux archipels, les relations fréquentes qu'elles ont conservées, l'habitude des longues courses qui s'y est maintenue, ont

------

« déverser le trop-plein de leurs populations. Sur un pareil terrain, les
« chiffres valent mieux que les mots, nous les recommandons aux penseurs
« et aux économistes (p. 194). »

Malheureusement, les chiffres répondent autrement que ne le suppose l'auteur :

Population des Gambiers en 1843.	2,400
Id. 1869.	1,100
Chiffre de la dépopulation. . . .	1,300

facilité au contraire le croisement des familles, mais ils l'ont facilité dans une mesure incomplète, puisque certaines classes de la population, et principalement de la population riveraine et maritime, ont pu seules jouir de cet avantage. Dans les deux groupes des Wallis et de Futuna, les relations ininterrompues avec les archipels voisins, des migrations fréquentes, suscitées par l'esprit d'aventure, ou par les divisions politiques des chefs, ont étendu ce croisement à toute la population. Cette population qui, bien que peu considérable, a essaimé de nombreuses familles à Vavao, aux Fidji, et jusqu'à la Nouvelle-Calédonie, où elle a peuplé une île entière [1], s'est constamment renouvelée, soit par le retour de quelques-unes de ces familles isolées, soit par celui des partisans d'un chef qu'ils avaient suivi dans l'exil, et avec lequel ils revenaient dans leur patrie, emmenant avec eux des femmes étrangères et les enfants qu'elles leur avaient donnés.

On peut maintenant tirer les conséquences logiques des considérations précédentes et des faits qui viennent d'être exposés. La loi de dégénérescence de toutes les espèces, de toutes les races, par suite de leur isolement, est établie aujourd'hui. Les effets en sont visibles dans les petites îles de l'Europe, la Corse, Ouessant, les Orcades. La loi contraire, qui

---

1. L'île d'Uvea, colonie wallienne, fondée à une époque relativement récente. Elle fait partie du petit groupe des îles Loyalty.

assigne un remède à cette déchéance dans le croisement avec des races étrangères, n'est pas moins certaine. Toute une science repose sur cette double loi dont les applications ont chaque jour les conséquences les plus fécondes dans l'Europe entière, et surtout en Angleterre, où elle a pris naissance ; ne trouve-t-elle pas ici, sur ce vaste théâtre et sur la race polynésienne, une application nouvelle, plus sérieuse dans ses résultats, plus importante au point de vue de la justice et de l'humanité ? D'autres plus autorisés discuteront les idées que nous venons d'émettre, et qui nous paraissent justes. S'il en est ainsi, le remède à tant de souffrances s'impose de lui-même : c'est le croisement de cette race si tristement éprouvée avec d'autres races étrangères, non-seulement avec les Européens, mais encore avec les populations qui semblent avoir une commune origine ; je veux dire des Indiens des autres îles de la Micronésie, et surtout les Chinois, dont la persévérance et l'activité intelligente suppléeraient à la paresse, à l'insouciance de la race maorie. Si, seule, une pensée de charité, de philanthropie, dictée par le sentiment de la solidarité des races humaines devait provoquer l'application de ces mesures, sans doute le succès nous en paraîtrait douteux ; heureusement qu'il n'en est pas ainsi. Le propre des idées justes est qu'elles se réalisent toujours, le plus souvent même par les instruments que semblent guider les idées toutes contraires ; et en effet, l'émigration par laquelle s'opérera ce mélange des races prend chaque jour de nouveaux développements à mesure que les pionniers accourent plus nombreux en Océanie pour en exploiter les richesses. Les heureux résultats qu'on a raison d'en attendre sont déjà évidents ; partout les *Half-Castes* se montrent actifs, laborieux. Il faut donc espérer que l'effrayante dépopulation de ces pays va s'arrêter, que cette race, si digne d'intérêt, dont on semblait pouvoir prédire l'extinction totale, se relèvera de sa déchéance, et contribuera, elle aussi, à la marche progressive de l'humanité.

Quoi qu'il en soit de l'avenir de ces peuples, leur décadence a commencé du jour si rapproché de nous où les Européens arrivèrent parmi eux ; suivant des apparences peut-être trompeuses, elle semble même pouvoir leur être attribuée. En tout cas, combien de vices, combien de déplorables habitudes ne leur ont-ils point empruntés? Mais au moins leur doivent-ils une morale supérieure, un état social meilleur en compensation et de ces vices et de tant de souffrances physiques ? '

La civilisation européenne s'est révélée aux populations ignorantes de l'Océanie sous un double aspect, par les côtés les plus honteux, comme par les vertus les plus rares de l'humanité : dualité fatale du reste, et que dans toutes ses pages montre l'histoire des découvertes et des conquêtes inaugurées par le premier voyage de Christophe Colomb. Certes, au siècle où les Cook, les Vancouver, les Bougainville et les Lapérouse révélaient à l'Europe ce nouveau monde océanien, si longtemps ignoré d'elle, on était loin du fanatisme et de la barbarie du xvie siècle. La farouche énergie des Cortez, des Pizarre et des Almagro n'eût pu, même au Pérou, même au Mexique, se déployer à l'aise, produire ces merveilleuses et sanglantes épopées que couronnent les supplices d'un Guatimozin et d'un Atahualpa, la destruction par le fer et le feu des plus riches cités, et l'extinction de races entières. L'ironie de Voltaire, le sentimentalisme de Jean-Jacques et les déclamations de l'abbé Raynal, le pédantisme de Marmontel, la verve étincelante de Diderot, avaient, dans les hautes classes du moins, façonné les esprits et les cœurs. Les illustres marins de cette époque, qui clôt l'ère des grandes découvertes géographiques, partageaient les idées régnantes dans la société d'élite à laquelle ils appartenaient ; ce qu'il faut le plus admirer en eux, ce n'est pas, au lieu de la féroce valeur des conquérants du nouveau monde, leur énergique persévérance, leur audace et leur calme en face de tant de périls, c'est, au contraire, la douceur, la modération, la bienveillance même qui règle leur conduite et dicte leurs résolutions. Lapérouse, aux Samoa, après le massa-

cre de De L'Angle, en est un glorieux exemple ;
mais cette philosophie et les idées nouvelles qu'elle
avait répandues n'étaient malheureusement alors,
comme aujourd'hui du reste, qu'à la surface. Derrière Cook, Bougainville, et tous ceux qui, marchant
sur leurs traces, s'inspiraient du même esprit, se
trouvaient des aventuriers de bas étage, sans le
fanatisme religieux, sans la froide énergie des *con-
quistadores,* mais aussi riches qu'eux en vices, en
avidité, en corruption morale. Matelots déserteurs
des navires de guerre ou des baleiniers, convicts
échappés de Botany-Bay, tels furent les premiers
Européens qui s'établirent dans les îles du Pacifique, et qui inoculèrent à leurs populations, les
maladies, la gangrène physique et morale de ce
vieux monde, dont ils n'étaient que la lie et l'é-
cume, mais que trop longtemps ils représentèrent
seuls parmi elles. C'est eux, sans doute, qu'avait en
vue un de nos amiraux qui ont le mieux connu ces
pays, quand il écrivait les lignes suivantes : « Si les
nations maritimes ont le droit de punir ces peuples
par des châtiments sévères quand ils se livrent à
des actes de barbarie, ne leur reste-t-il pas un grand
devoir à remplir envers eux ? Celui de les protéger
contre les injustices de ces hommes sans cœur et
sans honneur qui les oppriment et les menacent de
la vengeance de leur gouvernement s'ils osent se
révolter contre leurs exigences et leurs actes arbi-

traires [1]. » C'est eux qu'il avait en vue, et aussi ces
marchands qui les ont suivis de près et dont l'avidité, la mauvaise foi, l'insolence, ne pouvaient
certes relever et ennoblir l'influence de la civilisation
européenne dans ces lointaines régions. Heureusement de nouveaux acteurs accoururent enfin, ins-
pirés par d'autres mobiles, obéissant à d'autres pensées, non plus la lie des sociétés européennes, mais
leurs représentants, au contraire, dans ce qu'elles
ont de noble et de réellement élevé : leurs croyances
religieuses. On devine que je parle des missionnaires chrétiens, que réclamaient si impérieusement
d'ailleurs l'ignorance et la corruption des populations
polynésiennes. Leurs efforts, auxquels la puissante
action du martyre ne manqua pas, furent couronnés
des succès les plus rapides. Méthodistes, Wesleyens
indépendants, accourus les premiers, catholiques, se
hâtant sur leurs traces, se partagent aujourd'hui le
monde maritime ; sauf quelques îles des Pomotou,
et les hautes plaines de l'intérieur des Fidji, vierges
encore de tout pas européen, on peut dire que tous
ces peuples sont aujourd'hui chrétiens; mais l'action
des missionnaires n'a pas été simplement morale et
religieuse ; partout dans les missions nouvelles, elle
a eu son côté social et politique ; à ces titres, il convient d'esquisser à grands traits la situation des

---

1. Rapport du commandant Cécile. (*Annales maritimes*, année 1840, t. I,
p. 736.)

missions catholiques, car, essentiellement françaises,
elles sont, résultat cherché ou non, l'expression
supérieure de l'influence de notre patrie dans ces
régions où nos établissements de Taïti, des Marquises, et même de la Nouvelle-Calédonie, n'ont qu'une
importance secondaire, et bien peu en rapport, il
faut l'avouer, avec cette influence même.

II.

Les Missionnaires.

Deux grandes congrégations religieuses ont été
choisies à Rome pour les missions spéciales de la
Polynésie; ce sont les Picpus (congrégation des
Saints-Cœurs de Jésus et de Marie) et les RR. PP.
Maristes. Les premiers ont reçu pour théâtre de
leurs efforts la Polynésie orientale; leurs missions
s'étendent de Rapa-Nui (île de Pâques), à l'est,
jusques et y compris Taïti, et au nord jusqu'aux
Sandwich; elles comptent trois évêchés, ou mieux
vicariats apostoliques, placés sous l'autorité de
Mgr d'Axieri à Taïti, de Mgr de Cambysopolis à
Nu-Hiva, et de Mgr Maigret à Honolulu, capitale
des Sandwich. Valparaiso, où la congrégation, qui
s'est d'ailleurs puissamment établie au Chili et au
Pérou, possède des établissements très-importants,
est le point de départ de ses missionnaires. C'est

à la procure de cette grande ville qu'ils viennent rétablir leur santé, et qu'ils trouvent les secours matériels qui de France leur sont expédiés par la maison mère, à Paris. De toutes leurs missions, la plus florissante, celle dont les résultats ont été long-temps vantés par tous les voyageurs, pour être ensuite violemment attaqués, même à la tribune nationale, est celle de Magareva (Gambiers). La population entière y est catholique, et sous le nom des chefs de la famille Maputeo, les mission-naires exercent une influence souveraine, une auto-rité absolue. Aux Sandwich, à Taïti, converties d'abord au protestantisme, ils comptent cependant de nombreux catéchistes, et leur œuvre va gagnant chaque jour. Aux Marquises, leurs efforts, paralysés par certaines circonstances que nous aurons peut-être à exposer plus tard, ont échoué contre l'insou-ciance des indigènes, parmi lesquels ils comptent à peine quelques Indiennes converties à leur foi.

La position des missionnaires dans les établisse-ments français, dans les îles qui en dépendent, est mixte pour ainsi dire. Venus à l'époque des tentatives que la France faisait en Océanie pour se donner les centres d'action qu'elle croyait nécessaires au déve-loppement de sa puissance maritime, ils ont accepté la protection, ou tout au moins l'aide officielle des autorités coloniales, et en retour ont aliéné une partie de leur indépendance ; aussi paraissent-ils,

surtout à Taïti, moins missionnaires que prêtres sé-
culiers, comme le sont les évêques et les curés de la
métropole. La convention qui a réglé cette situation
porte la date du 3 mars 1843 ; sous forme de décision ministérielle et sur la proposition de Mgr Bo-
namie, supérieur de la Société des Saints-Cœurs,
*elle arrête les dispositions pour asseoir sur des bases
fixes la condition des ecclésiastiques, membres de cette
mission, appelés à composer le clergé colonial des établissements français en Océanie.* Le nombre de ces
ecclésiastiques fut fixé provisoirement à huit ; ils
devaient recevoir 2,000 francs de traitement et un
logement ; enfin, des chapelles pour le culte catholique devaient être construites aux frais de l'État. Ces
conditions ont-elles été remplies ? L'accord qui devait régner entre ces missionnaires et les agents
coloniaux pour l'accomplissement de l'œuvre commune, la civilisation de ces peuples, s'est-il toujours
maintenu ? Questions plus sérieuses qu'il ne semble
et qui ne pourraient être discutées dans leurs détails
qu'en s'élevant à des considérations en dehors de
notre sujet, sur les rapports de l'Église et de l'État,
deux absolus d'un ordre différent qu'aucun con-
cordat ne semble pouvoir concilier. Ce qui est certain néanmoins, c'est que si, en 1844, le R. P. Cyprien
Liausu était nommé par le commandant en chef des
établissements français en Océanie, résident français
aux îles Magareva, et s'il était laissé seul juge d'ap-

précier la conduite des étrangers qui viendraient s'établir dans ces îles, M. le comte de La Roncière écrivait en 1869, à propos du R. P. Laval, successeur du P. Liausu, les lignes suivantes qui permettent d'apprécier la différence des deux époques, et le chemin parcouru entre la confiance la plus entière et les sentiments les plus opposés : « *J'ai répondu,* disait le gouverneur de Taïti, *pour affirmer que jamais la religion catholique n'a servi, comme elle sert aux Gambiers, à opprimer un peuple de la manière la plus honteuse, à le tenir dans la plus affreuse misère, à l'exploiter au profit d'intérêts mercantiles ; que jamais les mots de civilisation et de moralité n'ont été plus audacieusement employés, plus indignement violés que dans ce malheureux pays.* »

Le document qui contient cette singulière appréciation de la conduite de nos missionnaires a passé sous nos yeux ; certes, il montre l'antagonisme où en sont arrivés dans ces lointaines régions, car le mal est antérieur à l'administration de M. de La Roncière, les représentants de ces deux grandes choses qui devraient toujours être respectées, l'État et l'Église ; de plus, cette assertion *a été répétée, presque dans les mêmes termes à la tribune nationale*[1]. Fût-elle exacte, n'y a-t-il point là une preuve irrécusable de cette tendance à tout pousser à l'extrême qui est

---

1. Corps législatif, séance du 11 mars 1869.

une des grandes faiblesses de notre caractère national, tendance qui nous fait juger par les étrangers comme incapables de comprendre la pratique des affaires, et explique, dans une certaine mesure, notre impuissance coloniale? Il ne peut entrer dans notre pensée d'approuver la décision qui mettait dans les mains d'un prêtre catholique, d'un missionnaire, il y a plus, d'un des chefs d'une congrégation religieuse ayant des statuts particuliers, le pouvoir, l'autorité, le prestige, qui dans le monde entier, et surtout au milieu de ces populations, s'attachent au représentant de la France ; mais combien plus il est facile de comprendre cette confiance irréfléchie que l'acharnement persistant des attaques systématiques qui lui ont succédé! Qu'y a-t-il de vrai, de réel d'ailleurs, dans de pareilles accusations, tombées de si haut? Nous avons pu demander au P. Laval, à Mgr d'Axieri, sur quelles données, sur quels faits reposaient ces accusations de monopole commercial, d'exploitation au profit de la maison mère de Picpus, que soulevait leur influence souveraine aux Gambiers. D'autres peuvent ne pas croire à la parole, au serment des prêtres catholiques; il n'en va pas ainsi de nous : convaincu de la sincérité de *ces deux prêtres, plus hommes de bien en définitive que la grande majorité de ceux qui les accusent,* nous les plaçons au-dessus de ces accusations, et nous croyons qu'elles sont sans fondement, du moins en ce qui touche l'exploitation de ces îles au profit de la société religieuse dont ils sont les représentants. Quant à la population des Gambiers, que l'on représente comme si misérable, son état réel répond-il au tableau qu'on s'est plu à peindre sous de si sombres couleurs ? ·

Ces populations sont exactement ce qu'elles devaient devenir ; leur état actuel est celui que la plus simple logique pouvait faire prévoir, étant donnés les idées et les hommes représentants de ces idées, auxquels elles confiaient leur avenir, en même temps qu'elles embrassaient une foi nouvelle. Ces idées, en effet, ce sont les idées religieuses dans leur essence la plus pure, le catholicisme ; ces hommes sont les agents les plus stricts de cette religion, les missionnaires catholiques. La critique moderne, sans détruire le respect que ces idées inspirent à tout esprit sérieux, a donné, à mon sens, la mesure exacte de la force civilisatrice qu'elles contiennent virtuellement. Dans l'histoire du passé, les sociétés du moyen âge furent la réalisation la plus complète de ces idées, et les couvents, pour lesquels le livre de l'*Imitation* fut le code suprême, exprimèrent le mieux les tendances supérieures de ces sociétés. Les esprits d'élite qu'elles ne pouvaient satisfaire essayaient d'y vivre de la *vie parfaite,* vie de solitude, de renoncement, de dédain des choses du *siècle,* idéal logique du chrétien. Les îles de Magareva, l'île de Pâques, sont des couvents ; les règles qui dirigent leurs habitants sont celles des grandes communautés monastiques, en peu de chose modifiées par l'influence de notre époque; leur état social est celui des populations chrétiennes du XIIIe siècle, dans ces vallées perdues où n'arrivaient pas les bruits des guerres sans merci de cette époque. Ces populations travaillent un peu, croient de toute leur âme, prient souvent et long-temps, ne sont peut-être morales que par la crainte de l'enfer, mais, somme toute, elles se complaisent dans cet état d'indolence physique, de demi-sommeil de l'intelligence, où la religion, ses fêtes, ses cérémonies, les bercent doucement.

Qu'à nos yeux, de telles sociétés aient encore bien des progrès à faire, cela n'est pas douteux ; quelques esprits plus avancés se plaignent de la monotonie de leur existence, cela est certain, et tout à fait conforme d'ailleurs aux lois de l'esprit humain, pour lequel vie et changement sont deux termes identiques. Néanmoins, ces plaintes, pour légitimes qu'elles soient, peuvent-elles être prises comme l'expression des besoins réels de la population tout entière, ou même, simplement, pour celle de ses vœux secrets ? La grande punition à Magareva *est l'excommunication religieuse;* c'est celle dont sont frappées les fautes les plus graves contre la morale : la séduction, l'adultère. Est-ce qu'elle serait possible, est-ce qu'elle serait efficace, si la foi religieuse des Magaréviens n'était pas absolue, et si cette foi religieuse ne leur dictait pas une obéissance sans réserve ? Ce ne sont pas d'ailleurs les indigènes qui ont pu donner à ces plaintes le retentissement qu'elles ont eu en France : ce sont les Européens que cet interdit a frappés, suivant la loi, des peines qu'elle édicte, nous l'avons dit, contre la séduction et l'adultère. Pour eux, évidemment, ils ne se croyaient pas coupables ; nous portons si légèrement notre immoralité dans nos sociétés européennes, nos lois sont si indulgentes, en effet, à l'égard de ces délits, que cet étonnement se comprend de reste ; mais à Magareva, la prostitution légale, établie, n'existe pas comme en France, mais l'adultère y est presque inconnu. Les missionnaires catholiques sont-ils donc si coupables de s'opposer à de tels progrès ?

Telle est la situation morale des Magaréviens, et comme nous l'avons remarqué déjà, conséquence logique de l'influence prépondérante des missionnaires, elle pouvait être facilement prévue du jour où les missionnaires furent choisis par le chef de nos établissements en Océanie pour représenter son autorité dans ces îles. Les mêmes déductions logiques du même fait font comprendre les règles de police et d'administration qui devaient être, et qui ont été adoptées par eux. On leur reproche, en effet, l'isolement auquel ils ont condamné ces populations, les restrictions apportées à l'établissement des étrangers, tout un code de lois tendant à les éloigner, ou même à les chasser sans autre motif que celui d'être devenus *suspects* à leur autorité. Ces accusations sont fondées en grande partie. Le 8ᵉ paragraphe de la loi sur la propriété se termine ainsi : « Nul étranger ne sera admis dans l'île, s'il ne signe une déclaration ainsi conçue : Je consens à être renvoyé de ces îles si..... même *je me rendais suspect à l'autorité des lieux, sous quelque rapport que ce fût.* » Mais outre que cette loi a été approuvée par les autorités supérieures de Taïti, et que cet article n'est lui-même que la reproduction de l'article 9 d'un arrêté en date du 12 décembre 1844, du gouverneur même de nos établissements (ce qui semblerait prouver qu'aux yeux de ce fonctionnaire, de telles dispositions, quelque arbitraires qu'elles fussent, étaient impérieusement exigées par l'état de ces populations), n'est-il pas étrange que nous, citoyens d'une nation qui s'est si longtemps appelée la fille aînée de l'Église, nous connaissions si peu les tendances politiques de tout pouvoir inspiré par les principes d'une religion révélée, et, par suite, du catholicisme, qui en est la plus haute et la plus logique expression ? Dans un tel système, dont on peut dire qu'il est le contraire de celui qui nous régit, la justice, au lieu d'être regardée comme une faculté inhérente à chaque homme, la première de toutes, sanctionnant le droit individuel, droit d'où découle le devoir, la justice, dis-je, ne trouve son origine et sa sanction que dans l'existence d'un Être absolu, auquel

se rapportent tous les devoirs, et dont les volontés,
indiscutables, au-dessus de tout contrôle, supérieures
à la raison, en un mot, sont les lois qui régissent les
sociétés humaines. Ces lois ne sont révélées au vulgaire que par l'intermédiaire du prêtre, seul en communication avec l'Être absolu, et celui-ci charge de
leur exécution, quand il ne les fait pas exécuter lui-
même, le guerrier, le chef, le roi qui gouverne sous
son contrôle et qui, le premier de tous, lui doit soumission et respect. Or, quoi qu'en puissent dire ces
esprits exclusifs qui raillent si agréablement, dans
leur habileté pratique, ceux qu'ils appellent des
idéologues, ce sont les idées, les principes, la logique
qui gouvernent le monde. L'Église catholique se
proclame immuable, et fonde cette doctrine sur la
déduction logique de principes fixes, posés par la foi,
c'est-à-dire par quelque chose qui échappe à tous les
raisonnements humains, et qui par cela même sont
ou se proclament au-dessus de toutes les idées fondamentales de ces sociétés modernes, où l'on a pu
dire que la loi est athée, c'est-à-dire l'expression de
la seule conscience humaine; dès lors il est naturel
de retrouver aux Gambiers, dans ces îles perdues
au milieu de l'Océan, habitées par quelques centaines
d'Indiens ignorés du monde, les mêmes règles, les
mêmes lois, les mêmes institutions politiques que
celles qui ont régi l'Europe à l'époque où l'Église
gouvernait le monde, sous l'énergique volonté des

Grégoire et des Innocent, alors que les papes, arbitres du juste et de l'injuste, faisaient et défaisaient à leur gré les rois et les empereurs, liaient à l'obéissance ou déliaient de leurs serments les plus puissantes nations. Dès lors aussi, n'est-il pas logique que le gouvernement des Gambiers, œuvre des missionnaires catholiques, soit un despotisme plus ou moins bienveillant, plus ou moins tyrannique, cherchant la sanction de ses actes, celle des lois qu'il établit, non dans la justice telle que nous la comprenons, mais dans les principes religieux, supérieurs à cette justice même? Un tel état de choses doit disparaître. Qui en doute? Mais peut-on, sans transition, du jour au lendemain, enlever à ces peuples les guides que tout d'abord on leur a donnés, qu'ils ont suivis jusqu'à ce jour, et sous prétexte de liberté les livrer à tous les penchants de leur race, à grand'peine contenus par la foi religieuse? La liberté, comme l'entendent les adversaires des missionnaires catholiques, ce serait pour les Indiens la liberté de la paresse, la liberté de la débauche, la liberté de l'ivrognerie, et bientôt, qui en pourrait douter? la liberté du vol.

« Le christianisme par sa nature n'est point politique : il est humain, il met la cité (πόλις) bien au-dessous de l'homme, les affaires de l'État bien après celles de la conscience ; l'État, la nation, la famille même, ne sont, à ses yeux que des nombres, l'homme est la véritable unité. L'État, la nation, la famille, sont des liens utiles et sacrés, des communautés légitimes et nécessaires, quoique purement terrestres et par suite périssables ; elles existent pour l'homme et non l'homme pour elles [1]. » Ces lignes d'un éminent écrivain catholique complètent nos observations. Elles font comprendre aussi l'impuissance absolue à laquelle se sont vus réduits tous les missionnaires, l'œuvre de la conversion achevée, pour instituer un gouvernement ; j'entends un gouvernement en harmonie avec les idées modernes. Catholiques ou protestantes, toutes les missions océaniennes offrent en spectacle des sociétés arrivées en quelques années à cette civilisation du moyen âge que nous rappelions naguère, et s'arrêtant, incapables d'un nouveau progrès. C'est que ces progrès trouveraient leur principal obstacle dans les convictions les plus profondes des guides qu'elles se sont donnés. C'est que ces progrès qui datent de la Réforme, ou plutôt de la Révolution française, sont les conquêtes précieuses à nos yeux, fatales à ceux des missionnaires, de ces sciences modernes que l'Église a combattues tout d'abord, qu'elle n'admet et ne peut admettre que si elles s'inclinent devant sa science immuable, devant des dogmes, ou si l'on aime mieux, des traditions qui sont la négation de toute science positive [2].

---

1. *Les Césars*, par le comte de Champagny, t. IV, p. 292. 4ᵉ édition.

2. « Une liaison si étroite s'était établie entre ses dogmes et une fausse cosmologie, que, lorsque le système du monde fut mieux connu, et que la

Néanmoins, il faut que l'humanité marche, qu'elle obéisse à cette loi supérieure et générale, aussi bien en Europe que dans la plus obscure des îles perdues sur l'Océan. L'œuvre des missionnaires est accomplie ; qu'ils fassent place aux apôtres des idées nouvelles, qui seules peuvent produire ce progrès nécessaire. Nécessité devant laquelle reculent avec d'autant plus d'effroi les missionnaires chrétiens que ces nouveaux apôtres semblent devoir être, pendant longtemps encore, ces aventuriers de toutes nations, ces marchands, ces squatters qui peu à peu envahissent les archipels polynésiens. Que par leur énergie, leur activité, leur science même, ils représentent certains côtés de la civilisation européenne, qui le nie ? mais en ont-ils la qualité essentielle, la moralité supérieure, j'entends le respect du droit, le culte de la justice ? qui oserait l'affirmer ? Dès lors est-ce sans hésitation que les missionnaires peuvent abandonner dans leurs mains la direction de ces peuples, qu'au prix de tant de travaux, et pour me servir d'une expression énergique de saint Paul, ils ont engendrés à la foi du Christ ?

Nous avons cru devoir entrer dans ces longues considérations sur la situation exacte des missions de

science restitua au Cosmos son immensité, l'Église prit l'alarme et traita d'hérésies dangereuses les découvertes qui inscrivaient en beaucoup plus brillants caractères la gloire du Très-Haut au front des étoiles. »
(*De la Vie future*, par Ch. de Rémusat.)

Magareva, parce que c'est sur cette île insignifiante
à tous les autres points de vue, que se révèlent avec
le plus de clarté, les difficultés de la situation faite
aux missionnaires et aux autorités coloniales dans nos
établissements de l'Océanie. Les missionnaires maristes, libres de tout engagement vis-à-vis du Gouvernement qui, plus d'une fois d'ailleurs, les a couverts
de sa protection, ont poursuivi, jusqu'ici du moins,
libres de pareils obstacles, leurs travaux évangéli-
ques. La situation de leurs missions est donc toute
différente; mais, avant de l'exposer, il est nécessaire
d'indiquer les divers archipels où elles sont établies,
et leurs divisions principales.

La Polynésie occidentale, depuis Taïti jusqu'à la
Nouvelle-Zélande, et depuis les Tonga jusqu'aux
premières terres de la Micronésie, comprend une
multitude d'îles éparses, de groupes et d'archipels,
dont les plus importants sont les Samoa, les Fidji et
les Tonga. Primitivement réunis en un seul diocèse,
ils ont plus tard formé deux divisions distinctes,
deux provinces séparées. Les Samoa, les Wallis,
Futuna et Tonga-Tabou constituent le diocèse de
Mgr Bataillon, évêque d'Énos, auquel, dans ces derniers temps, Mgr Éloy a été adjoint comme coadjuteur. Les Fidji forment une préfecture apostolique
sous la direction du T. R. P. Bréheret.

L'archipel des Samoa, dont la ville principale,
Apia, est la résidence de Mgr d'Énos, compte huit

missions desservies par huit prêtres, deux frères coadjuteurs et deux sœurs de la congrégation des Dames de Lyon ; les Wallis, trois missions et autant de prêtres ; les Futuna, deux missions et trois prêtres, dont l'un, le P. Joachim, est le seul Indien qui, jusqu'à ce jour, ait été ordonné ; enfin, cinq prêtres et un frère coadjuteur desservent les trois missions des îles Tonga et Vavao.

La préfecture apostolique de Viti ou Fidji ne compte guère que cinq missions avec onze missionnaires et quatre frères coadjuteurs. Si on relève tous ces chiffres, on arrive à un total de 38 prêtres et de 42 Européens. Ce personnel serait sans nul doute insuffisant, si ses efforts n'étaient secondés par de nombreux catéchistes indigènes qui, dans les centres éloignés, suppléent autant qu'il dépend d'eux à l'absence du pasteur. Leur action suffit à maintenir l'esprit religieux chez les fidèles. Tous ces missionnaires sont Français, et les missions essentiellement françaises. Néanmoins, les conditions dans lesquelles elles ont été établies, se maintiennent ou se développent, ne sont pas les mêmes, et il convient de les préciser.

Aux Wallis, aux Futuna, la population entière est catholique. L'influence des missionnaires est souveraine, et le pays est dans leurs mains. Aux Fidji, au contraire, ils comptent à peine quelques néophytes. Enfin, aux Tonga et aux Samoa, les catholiques, bien qu'assez nombreux, sont en très-grande minorité. Cependant, dans ces deux archipels, l'influence des missionnaires français est considérable et peut-être, pour un observateur attentif, cet état de lutte contre le protestantisme, cette infériorité du nombre même seraient les gages de la valeur sérieuse de leurs efforts. Ils expliquent, en tous cas, la supériorité morale de leurs néophytes sur ceux de leurs puissants rivaux.

Mgr Bataillon disait un jour devant nous, à propos des espérances conçues par un de ses prêtres, à la suite d'une démarche insignifiante du gouverneur de Vavao : « J'admire, en vérité, les grâces d'aveuglement que Dieu donne à nos missionnaires. » Cette charmante boutade d'un vieillard qui, depuis 40 ans, combat pour sa foi, cache une observation d'une profonde justesse.

Certes, en présence des transformations dont les sociétés naguère sauvages offrent le consolant spectacle, quel esprit sceptique voudrait nier cette force qui partout pousse les races humaines dans la voie du progrès moral, vers le beau, le vrai, le juste ? Mais combien d'autres forces moins nobles et moins pures ne révèle pas l'histoire même de ces conversions ! Cette histoire a été faite depuis longtemps ; on la trouverait au besoin et dans les *Annales de la propagation de la foi*, écrites par les acteurs eux-mêmes, et dans les *Annales maritimes,* écrites par les témoins des faits qu'elle rapporte. Ses témoignages sont donc irrécusables. Eh bien ! il en ressort que l'ambition des chefs indigènes, leurs jalousies, leurs prétentions rivales ont été presque toujours les instruments de cette transformation, de ces conversions générales si longtemps indécises, jusqu'au jour où les chefs, obéissant à une pensée politique plus que religieuse, entraînaient, par leur exemple, la masse de leurs partisans. « Qu'importe ? répondent les pieux missionnaires, Dieu se sert de moyens humains, et il ne faut voir que les résultats » ; il importe beaucoup, au contraire, et il serait peu prudent, je pense, de mettre à une épreuve sérieuse des convictions reposant sur de tels motifs.

Au point de vue de la critique historique, telles ont été les causes de la conversion définitive des Wallisiens et des Futuniens au catholicisme ; mais ses progrès aux Samoa et aux Tonga reposent sur des bases plus solides. L'influence, la richesse, le pouvoir, y sont, y étaient surtout, à l'époque de l'arrivée des missionnaires catholiques, dans les mains des protestants ; on peut dès lors affirmer que ces progrès ne dépendent point d'intérêts matériels, égoïstes, personnels. L'adoption d'une croyance souvent persécutée, toujours dédaignée et condamnant ceux qui l'embrassent à une position sociale inférieure, suffit seule à prouver la sincérité et la force des convictions qui l'ont imposée. Placés en face des

fougueux catéchistes protestants, objèts de leurs jalousies et de leur surveillance inquiète, les catholiques voudraient-ils compromettre non-seulement
leur considération personnelle, mais celle de leurs
croyances ? Cette crainte règle leur conduite. Serrés
autour de leurs pasteurs, ils obéissent à toutes leurs
instructions, et se fortifient mutuellement dans
l'exercice de leur foi. Enfin, leur petit nombre lui-
même rend plus efficaces et les exemples, et les
instructions, en même temps qu'il facilite la surveillance et le rappel dans la bonne voie de ceux qui
seraient tentés de s'en écarter.

Cette situation des catholiques dans les îles précédemment converties au protestantisme, est celle
de toutes les sectes pendant cette phase de lutte que
toutes les croyances religieuses ont à traverser, et
qui est, pour ainsi dire, le creuset où s'éprouve la
vérité qui est en elles. Mais, si les idées vraies, du
moins relativement aux opinions qui dominent les
sociétés où elles cherchent à se produire, contiennent une force d'expansion qui en assure le succès,
leur triomphe, leurs progrès sont plus ou moins rapides et dépendent en grande partie des hommes
qui s'en font les apôtres ; pour le vulgaire, l'exemple
est souvent la meilleure des raisons, parce qu'il parle
au cœur, sans cet effort toujours nécessaire au travail
de l'intelligence. Cette force de l'exemple est surtout sensible sur les enfants ; or, malgré leur civili-

sation vieillie, les peuples de race maorie ne sont que de grands enfants. Ils en ont la mobilité, les goûts changeants, la vivacité dans les projets, les entraînements passionnés, comme aussi les retours sans cause apparente ; qualités et défauts que dominent une vanité et une avidité poussées à l'extrême et qui rendent toujours douteuses leurs véritables dispositions.

Une influence constante et durable sur de tels esprits ne peut s'obtenir que par la force des qualités les plus rares : la patience unie à la persévérance, la douceur à l'énergie, le désintéressement et surtout la plus scrupuleuse observance des préceptes donnés comme constituant la morale. Les premiers apôtres de la Polynésie occidentale semblent avoir réuni ces rares et précieuses qualités. Ils appartenaient, d'ailleurs, à une génération qui a imprimé sa trace partout où elle a tourné son activité, et qui marquera certainement dans l'histoire du catholicisme.

On se souvient des efforts de quelques esprits d'élite pour tenter en France, dans les années qui suivirent la révolution de 1830, ce que nos voisins appellent un *revival*, au profit des croyances catholiques. Les noms de MM. de Montalembert, de Ravignan, de Lacordaire se rattachent à ces tentatives qui échouèrent devant l'indifférence ou plutôt les agitations politiques d'une société cherchant sa voie après un terrible ébranlement. Si ces efforts n'aboutirent pas en Europe, ils n'en servirent pas moins la cause catholique, et, en agitant les esprits, lui donnèrent ses plus courageux athlètes dans la crise qu'elle traversait au dehors. Des régions de l'extrême Orient, arrivaient, en effet, des nouvelles chaque jour plus tristes. L'Église, persécutée en Chine, au Tonquin, dans le royaume d'Annam, voyait se renouveler les sanglants martyres de ses plus glorieuses époques. Mgr de Moulins-Bories, le R. P. Perboyre et tant d'autres prêtres dévoués avaient scellé de leur sang leur courageux apostolat, mais ce sang même appelait de nouveaux apôtres pour que les semences en fussent fécondes. D'un autre côté, l'Océanie tout entière, mieux connue par les récits des voyageurs, semblait livrée sans défense à l'hérésie, plus douloureuse à des cœurs catholiques que les plus grossières superstitions. L'Église pouvait-elle rester indifférente en face de tels périls ?

Toute une phalange de lutteurs ardents et dévoués se leva en France pour les conjurer. Les vides que les supplices avaient faits dans les rangs des apôtres de l'extrême Orient furent comblés; en même temps, les missionnaires catholiques apparurent dans les îles les plus lointaines de l'Océanie, portés, les uns par nos navires de guerre, les autres, par ceux de la société catholique fondée au Havre pour la protection des missions nouvelles.

Dans un livre dont les pages respirent l'élan et la

foi de cette époque, et sous le titre modeste de : *Commentaires d'un marin*, un officier de marine a retracé à grands traits le portrait de quelques-uns des volontaires trop inconnus en France de cette nouvelle croisade pacifique. Aux premiers rangs de cette phalange dévouée, alors comme aujourd'hui, brillent les noms de Mgr Bataillon, MM. de Chevron et Bréheret, auxquels il a consacré ses pages les plus émues. Heureux de nous rencontrer avec lui dans les sentiments d'admiration respectueuse qu'inspirent de tels caractères, incapable d'aussi bien dire, nous lui empruntons les lignes suivantes : « Aux Wallis, les travaux de la première heure, échurent au Père Bataillon. Il est des noms qui feraient croire à une prédestination[1]. Doux et patient à la fois, mais taillé en Hercule, l'apôtre des Wallis joignait au mérite d'une indomptable énergie morale, l'avantage non moins précieux, surtout pour les sauvages, d'une vigueur physique exceptionnelle. Seul, isolé, perdu en face d'une population de plus de 2,500 cannibales, il eut ses heures de crise et de détresse, ses journées d'épuisement, de faim. Traqué parfois comme une bête fauve, réduit à se nourrir des débris que l'on jetait aux porcs, jamais il n'eut de défail-

____

1. L'auteur fait sans doute allusion aux paroles par lesquelles Pie IX accueillit le missionnaire : « Bataillon qui a tant bataillé. » Il est mort en 1877, et a été remplacé à la tête du vicariat apostolique de l'Océanie centrale par Mgr Elloy, mort lui-même en 1878.

lances ; il avait trop conscience de sa force, trop d'espérances dans un prochain succès pour ne pas résister à la mort. Il voulait vivre pour gagner au Christ et à la vérité le peuple avec lequel il avait engagé une lutte héroïque ; ses efforts énergiques ne furent pas vains[1]. »

Depuis les jours dont cette page évoque les souvenirs, plus de trente années se sont écoulées, toutes consacrées, sans lassitude apparente, sans découragement et avec la même confiance, à l'œuvre à laquelle de tels hommes vouaient alors leur vie entière. Qui pourrait s'étonner que le succès ait couronné tant de labeurs et d'aussi patients efforts ? Dieu seul peut savoir si leur œuvre sera durable et ne disparaîtra pas avec eux ; mais qui ne comprend l'absolue confiance que leur témoignent les Indiens, et l'estime singulière où les tiennent même leurs adversaires les plus convaincus ?

Il nous a été donné, par un des plus heureux hasards de nos courses en Océanie, de vivre pendant plus de deux mois avec Mgr d'Énos, de cette vie du bord où les caractères les moins ouverts ne peuvent se dissimuler aux regards les moins observateurs, et dans laquelle se font jour plus facilement les défauts que les qualités. Que dire de l'impression que nous a laissée ce rare esprit, trempé

---

1. Julien, *Commentaires d'un marin*, p. 181.

aux plus rudes épreuves de ce monde et où rayonne la bonté comme une fleur céleste ? De tels hommes ne sont pas seulement l'honneur de la religion à laquelle ils ont donné leur vie ; ils sont l'honneur de l'humanité tout entière ; leurs vertus sont de plus de poids dans la balance où se pèsent les destinées de notre race que toutes les corruptions que le monde, le *wide-world*, étale aux regards du voyageur. Et maintenant, si de ces hauteurs nous descendons aux intérêts secondaires de cette étude, il nous sera facile d'expliquer pourquoi l'exposé de la situation des missions catholiques y tient une si large place. C'est que les missions sont essentiellement françaises ; c'est que pour ces missionnaires comme pour les populations qu'ils dirigent, la France est toujours le représentant avoué du catholicisme, la plus puissante et la plus complète expression de son génie, et que, si nous savons bien que ce sont là des illusions dont notre esprit critique a fait depuis longtemps justice, ces illusions si touchantes, d'ailleurs, dans ces exilés volontaires, sont des réalités, des forces vives, toujours actives qui expliquent comment la France joue encore un si grand rôle dans ces lointaines régions, et comment son influence y balance celle de toutes les autres nations maritimes.

III.

Les Samoa.

Le 20 juin 1869, après un violent orage qui nous avait longtemps caché l'horizon, les hautes terres de Samoa, que nous avions jusqu'alors vainement cherchées, apparurent soudainement à nos regards. La brise des alizés, un moment suspendue, venait de reprendre. Rapidement poussée par elle, la *Mégère* longeait à petite distance, moins d'un mille, comme pour nous permettre de suivre dans ses détails le spectacle gracieux qui s'offrait à nous, les rivages découpés de Tutuïla et d'Opoulou, tandis que, perdus dans les nuages, se montraient parfois les sommets lointains de Sevaï. Tous les voyageurs qui ont visité ces îles s'accordent à les déclarer les plus belles de l'Océanie. « Nous rangeant à l'opinion de Lapérouse, dit Dumont d'Urville, nous n'hésitons pas à proclamer Opoulou comme supérieur en beauté à Taïti elle-même. »

Terres volcaniques comme toutes les grandes îles de la Polynésie, les Samoa (*Hamoa,* navigateurs) ne se présentent pas aux regards avec les aspects tourmentés, mais si pittoresques, que Taïti, les Marquises, les Sandwich, doivent à leurs hautes montagnes, dont les sommets dentelés se perdent dans les nues, à leurs pitons aigus qu'on dirait taillés à coups de haches gigantesques, à leurs roches basaltiques, dont les sombres couleurs contrastent si vigoureusement avec la fraîche végétation des plaines qui s'étendent à leurs pieds et l'azur si éclatant des flots qui baignent leurs rivages. Aux Samoa, une chaîne de montagnes courant de l'est à l'ouest, et qui semble la chaîne dorsale de l'archipel, s'élève au contraire en pente douce et régulière par un série ininterrompue de plateaux étagés jusqu'à une hauteur moyenne de 800 mètres, hauteur insignifiante devant l'altitude du *Mauna-Roa* (4,000ᵐ), de la *Grande-Havaï*, et du *Orohena* (2,236ᵐ), à Taïti, mais les profils de ces montagnes se dessinent si nets sur un ciel d'une limpidité transparente, tous les plans successifs de ces collines aux lignes mollement arrondies sont si bien fondus et se relient entre eux par des transitions si gracieuses, qu'on ne regrette pas ces effets heurtés, ces vives oppositions, ces contrastes puissants, justement admirés dans les autres archipels polynésiens. Des rivages, que défend comme une jetée avancée une ceinture de récifs sur lesquels l'Océan des tropiques brise ses flots bleus en longues nappes d'argent, jusqu'aux cimes les plus élevées, partout s'étale une végétation d'une puissance exceptionnelle qui couvre ces îles, surtout Opoulou, d'un immense tapis de verdure. Cette végétation d'ailleurs est si variée que toutes les nuances du vert, depuis le vert pâle des pandanus et le vert métallique des mangliers, dont les feuilles immobiles miroitent au soleil, jusqu'aux masses d'ombres presque noires que projettent aux flancs des collines des buraos gigantesques, se mêlent sans se confondre, et produisent un ensemble harmonieux d'un calme profond, mais à travers lequel perce une animation singulière. Tableau unique, où tout est force et douceur, vie et repos, et dont il faut renoncer à rendre le charme incomparable, ainsi que les gracieuses splendeurs! L'artiste le plus habile briserait sa palette devant cette mosaïque infinie de teintes si variées; il s'avouerait vaincu par les innombrables détails du paysage, indispensable pourtant pour en faire comprendre la beauté harmonieuse et vivante. Jeux d'ombre et de lumière, reflets des eaux, chutes irisées de rivières bouillonnantes rayant d'un ruban d'argent ce fond d'émeraude, molles ondulations des grands palmiers que la brise agite, vol pressé d'oiseaux aux ailes de feu, broderies délicates et sans nombre, perles et diamants que la puissante nature tropicale semble avoir choisis dans son plus riche écrin et semés à profusion dans ces îles privilégiées, comme pour se surpasser dans un dernier chef-d'œuvre et donner la mesure de sa puissance et de sa fécondité!

La *Mégère* poursuivait sa course en se rapprochant

de plus en plus des récifs qui, à moins d'un demi-mille, entourent le rivage d'Opoulou d'une ceinture infranchissable, si ce n'est en quelques coupées profondes, portes étroites de ces larges bassins intérieurs, qui sont les véritables ports de l'Océanie. Soudain, au milieu des palmiers et des cocotiers qui, sur une pointe basse à peine visible, semblent plonger leurs racines dans les flots de la mer, apparaissent les hautes mâtures et les coques puissantes de nombreux navires européens. C'est le havre d'Apia et la première station de notre traversée. Une baleinière vigoureusement enlevée par six rameurs indigènes se détache de la côte et se dirige vers nous ; c'est le pilote, ancien malelot américain. Bientôt la passe extérieure est franchie, l'ancre mord le fond, et la *Mégère,* tel qu'un goéland qui a replié ses ailes, se repose comme endormie sur les flots limpides et calmes de la rade.

Le paysage qui à ce moment se déroulait à nos yeux avait une beauté calme et recueillie, rendue plus sensible par le contraste du bruit et de l'animation d'une ville commerçante. Les rivages de la baie, sur lesquels les flots déjà brisés par les récifs extérieurs venaient mollement expirer, se déroulent en un grand demi-cercle de plus de 3 milles d'étendue, bordé de maisons européennes que dominent de loin en loin les mâts de pavillon des consuls et les clochers des églises chrétiennes. A gauche, une rivière, dont les eaux jaunes, gonflées par l'orage, semblaient se tracer un sillon dans la rade, sort d'une vallée resserrée entre deux collines ombragées de grands arbres. Le cours capricieux de cette rivière aux nombreux méandres limite à l'est la ville d'Apia proprement dite et la sépare du village indien de Matagofié, nouvellement construit. Le temple protestant, le consul anglais, quelques maisons européennes, aux tuiles rouges, à la façade blanchie à la chaux, et à demi cachées dans des massifs de verdure, occupent l'étroit espace que ces collines laissent entre leurs dernières pentes et le rivage lui-même ; mais à la hauteur de l'église catholique la plaine s'élargit et s'étend jusqu'à une chaîne de montagnes dont les teintes bleues attestent l'éloignement. A droite de cette église, les maisons européennes, plus pressées, se continuent jusqu'à la pointe extrême sur laquelle ont été établis des wharfs hardiment jetés sur les flots, et qui semblent faire de cette partie de la rade le port même d'Apia.

Ainsi l'Europe avec ses idées religieuses, ses intérêts politiques, son activité commerciale, nous apparaissait tout d'abord ; mais aussitôt après, des groupes d'Indiens demi-nus, rangés en cercle sous les cocotiers de la plage comme s'ils discutaient en conseil, de nombreuses pirogues aux proues élancées, montées par des guerriers athlétiques armés de lances et de casse-têtes, sillonnant la rade au chant cadencé de

leurs pagayeurs, nous rappellent la race indigène
des Samoa, telle sans doute qu'elle était apparue
aux premiers Européens qui donnèrent à ces îles le
nom d'archipel des Navigateurs.

Néanmoins, malgré l'étrangeté de ce spectacle, ce
fut moins l'ensemble que l'un de ses aspects particuliers qui éveilla notre première attention : les
grands navires au milieu desquels la *Mégère* venait
de mouiller, magnifiques clippers de 1,800 tonneaux,
appartenaient tous à la même nation. A leur corne
flottait le pavillon presque inconnu de la Confédération de l'Allemagne du Nord. Seule, une humble
goëlette avait hissé, pour saluer notre venue, le pavillon anglais. A terre, même contraste. Les couleurs
anglaises, américaines, se déployaient sur des maisons isolées, tandis qu'à l'extrémité d'un long wharf
et sur une hampe semblable au mât d'un grand navire, le pavillon blanc écartelé de l'aigle noir de
Prusse des consuls de la nouvelle Confédération dominait sur de vastes constructions : maisons d'habitation, magasins, chantiers, occupant presque toute
la partie occidentale de la ville, depuis l'école des
missionnaires catholiques jusqu'au village de Malinuu.

Le côté particulier de ce spectacle qui excitait
notre surprise nous faisait pénétrer au cœur même
de cette situation, et en précisait le détail le plus
essentiel. La réalité répondait en effet aux supposi-

tions qui en ce moment se présentaient à notre esprit ; il suffit de les commenter rapidement pour donner une idée réelle des influences rivales qui s'agitaient à Apia et dans l'archipel.

La maison Godefroy, de Hambourg, dont le chef, d'origine française, appartient à une famille de réformés chassés par l'édit de Nantes, est une des maisons commerciales les plus importantes de cette grande cité maritime, jadis souveraine, mais qui fait aujourd'hui partie de la Confédération du Nord. Le commerce de l'huile de coco forme une des branches principales des affaires de cette maison, et c'est sur la plus vaste échelle que ce commerce est organisé dans cette partie de l'Océanie. Chaque année, six grands navires, tels que ceux qui se trouvaient alors à Apia, partent d'Europe pour ce dernier port. Les uns effectuent directement le voyage, chargés de marchandises d'échange : toiles, cotonnades, étoffes de laine, armes de guerre, poudre, ustensiles de toute sorte ; les autres touchent à Sidney, où ils déposent de nombreux passagers, familles d'émigrants que l'Allemagne essaime dans le monde entier. De Sidney, ces navires se rendent à Apia avec un chargement de charbon de terre et le plus souvent sur lest. Tous emportent en Europe une cargaison complète d'huile de coco, ou mieux d'amandes de coco séchées au soleil : exportation considérable à laquelle les Samoa ne contribuent pas seules, et qu'alimentent tous les groupes voisins, depuis l'île de Rotumah à l'ouest jusqu'aux îles innommées qui forment au nord les archipels des Ducs d'York et de Clarence. De légères goëlettes rayonnant autour d'Apia exploitent régulièrement ce vaste marché, et par d'incessants voyages assurent le rapide chargement, du moins dans les circonstances ordinaires, des grands navires destinés pour Hambourg.

Quelques chiffres rendront compte des bénéfices réalisés à la suite d'opérations si bien entendues. En admettant que les marchandises soient échangées à 300 p. 100 de leur valeur, ce qui est peu, puisque c'est l'évaluation moyenne sur les côtes américaines du Pacifique, l'huile de coco se payant à Apia 500 fr. la tonne, prix supérieur encore à celui des autres centres de production, et cette huile étant sur les marchés européens, notamment à Hambourg, cotée à 1,200 fr., on voit que les bénéfices seraient de plus de 400 p. 100, s'il n'y avait à déduire les frais d'exploitation. Les dépenses de premier établissement ont été considérables, mais les frais généraux sont aujourd'hui insignifiants, et, comme le prix du passage des émigrants couvre une partie des frais de navigation, il y a peu de chose à déduire des résultats que nous venons de constater. Au reste, la maison allemande a aujourd'hui écrasé toute concurrence. Seule, elle exploite le marché, et c'est à peine si quelques négociants de Sidney essayent encore non de lutter contre elle, mais de glaner quelques gerbes après son opulente moisson.

Ce monopole, l'importance qu'il assure à l'agent de cette maison non-seulement aux Samoa, mais dans toutes les îles qu'exploitent ses navires, ont-ils suffi aux exigences commerciales de la maison Godefroy, aux ambitions personnelles de son représentant à Apia ? Ce serait une erreur de le croire. Cet agent, M. Weber, a été nommé depuis, consul de la Confédération germanique du Nord. Aux intérêts privés dont il reste chargé se joignent donc les intérêts politiques du gouvernement qui l'a choisi pour le représenter dans ces lointains pays, intérêts auxquels semblaient se rattacher des projets d'une réalisation plus ou moins prochaine, mais dont tout le monde se préoccupait pendant notre séjour à Apia, et que le caractère du nouveau consul rendait d'ailleurs vraisemblables.

M. Weber est un homme très-actif, très-entreprenant, connaissant à fond les pays où l'a poussé sa destinée, d'une intelligence remarquable, supérieure même et servie par de sérieuses études. Impatient désormais de faire prévaloir les fonctions du consul sur les vulgaires occupations du marchand, d'agrandir son rôle politique dans l'archipel, et d'y prendre à ce titre la première place que n'a pu lui donner sa prépondérance commerciale, M. Weber paraissait obéir à cet esprit d'ambition envahissante qui, au

Lendemain de Sadowa, a semblé caractériser le réveil
à l'action de la race allemande, et c'est sans doute
ce qui lui a inspiré les desseins qu'on lui prêtait[1].
Jusqu'à quel point la Prusse songe-t-elle à fonder
une colonie aux Samoa, à prendre possession de l'archipel? On ne saurait rien affirmer de précis; mais
tel est l'*objectif* du nouveau consul, et, comme nous
l'avons dit déjà, sa conduite, ses desseins sont, à ce
point de vue, un sujet d'appréhension pour les autres
Européens et surtout pour les chefs indigènes, très-
jaloux de leur indépendance nationale. Un navire
de guerre allemand, parti pour un voyage de circum-
navigation, était de jour en jour attendu à Apia.
L'arrivée de ce navire, grosse de menaces d'après les
demi-confidences de Weber lui-même, est-elle destinée à justifier les craintes qu'elle inspire? Heureusement pour ceux qui redoutent une pareille éventualité, de tels desseins trouveraient sur les lieux
mêmes plus d'un adversaire sérieux, très-résolu à en
empêcher la réalisation.

M. Weber, le riche marchand, le consul de la
Confédération allemande, n'est pas en effet, malgré
ces titres divers, le personnage le plus influent
d'Apia et de l'archipel. Il a parmi ses propres collègues un rival qui, jusqu'à ce jour, a su maintenir
sa supériorité, qu'on peut regarder comme le grand

---

1. Ces notes, nous croyons devoir le rappeler, ont été écrites aux premiers mois de l'année 1870.

chef de ces îles, qui perdrait tout à la transformation des Samoa en colonie allemande, et qui, par suite, s'opposera de toutes ses forces à leur prise de possession. Ce rival, ce grand chef, c'est le consul d'Angleterre, M. Williams.

M. Williams est un Anglais né à Rorotonga (archipel de Cook); c'est le fils d'un de ces missionnaires protestants qui, jusqu'à l'arrivée des missionnaires catholiques, avaient, non sans périls, rangé à leurs croyances religieuses et conquis à l'influence politique de l'Angleterre la plupart des îles de la Polynésie orientale[1]. Né au milieu des Indiens, élevé parmi eux, parlant leur langue comme la sienne propre, pénétré de leurs idées, sachant quelles cordes il faut faire vibrer dans leur cœur pour éveiller les sentiments, les craintes, les espérances les plus propres à assurer le succès de ses vues, M. Williams, fort d'ailleurs du concours des missionnaires anglais, a, depuis qu'il vit aux Samoa, soit comme marchand, soit comme consul, conquis sur tous les chefs indigènes une influence qui serait souveraine si, depuis quelque temps, elle n'était balancée par celle des missionnaires catholiques.

Derrière le consul allemand, consul et marchand tout à la fois, derrière le consul anglais, si puissant dans l'archipel, gravite, astre secondaire et sans

---

1. Le père de M. Williams a trouvé la mort à Rorotouga ; il fut assassiné par les indigènes.

rayons, le consul ou mieux l'agent consulaire américain, M. Coë. M. Williams, M. Weber et M. Coë
sont les seuls consuls accrédités à Apia. Seuls, ils
représentent donc l'Europe et les États de l'Amérique du Nord, et ils les représentent sans contrôle
vis-à-vis d'une population qui, depuis sa conversion
au christianisme, semble avoir abjuré avec ses
vieilles superstitions l'esprit d'énergique résistance
dont plus d'une fois elle fit preuve envers les
étrangers. Les impressions qu'éveillent les noms de
Baie des Assassins, Baie du Massacre, donnés par
les premiers navigateurs et encore portés sur les
cartes, ne se rattachent à présent qu'au souvenir
d'un passé sans retour. Un Européen peut, sans
armes et sans escorte, parcourir Opoulou : il n'a aujourd'hui aucun danger à redouter. La race si fière
des Samoa n'a pas disparu, ses guerriers montrent
encore dans leurs luttes intestines la même ardeur
belliqueuse, la même sauvage énergie ; mais les plus
audacieux d'entre leurs chefs tremblent au nom de
l'Europe, et les esprits les plus emportés fléchissent
devant les exigences d'un consul. Il était donc nécessaire de peindre le caractère de ces représentants
de l'Europe, si influents dans ces îles. Cette influence
et le but auquel quelques-uns d'entre eux semblent
la faire servir peuvent seuls expliquer en effet les
événements dont Apia venait d'être le théâtre au
moment de notre arrivée. Un exposé rapide de ces

événements fera comprendre la situation réelle de ces populations; mais avant d'aborder ce récit, quelques détails statistiques et géographiques sont nécessaires pour qu'on puisse saisir l'enchaînement des faits avec les causes toutes morales dont ils procèdent.

L'archipel des Samoa, situé par le 19e degré de latitude sud, les 174e et 177e de longitude occidentale du méridien de Paris, se compose des trois grandes îles de Tutuïla, Opoulou et Sevaï, auxquelles il faut joindre plusieurs îles de moindre étendue, mais qui jouent un certain rôle politique, comme Manono, entre Sevaï et Opoulou, et Manua à l'est. La population indigène, que Lapérouse portait au chiffre, évidemment exagéré, de 80,000 âmes, mais que Dumont d'Urville n'estimait, en 1838, d'après les indications du pilote anglais Fraser, qu'à 36,000 âmes, s'élève, selon le dernier recensement, fait avec la plus grande exactitude par les soins des missionnaires, à 33,000 habitants ainsi répartis :

Opoulou	18,000
Sevaï	10,100
Tutuïla	3,500
Manono	800
Manua	600
	33,000

Ce dernier chiffre, rapproché de l'estimation de Dumont d'Urville, prouverait que la population, bien qu'en décroissance, n'a subi qu'une légère diminution dans une période de trente années, malgré les changements qui se sont opérés dans ses mœurs. Elle offre ces spécimens magnifiques de la race maorie, dont Lapérouse disait si justement : « Ces insulaires sont les plus grands et les mieux faits de toute l'Océanie que nous ayons encore rencontrés. Leur taille ordinaire est de 5 pieds 9, 10 et 11 pouces, mais ils sont encore moins étonnants par leur taille que par les proportions colossales des différentes parties de leur corps ; notre curiosité, qui nous portait à les mesurer très-souvent, leur fit faire des comparaisons fréquentes de leurs forces physiques avec les nôtres. Ces comparaisons n'étaient pas à notre avantage, et nous devons peut-être nos malheurs à l'idée de supériorité individuelle qui leur est restée de ces différents essais. Leur physionomie me parut souvent exprimer un sentiment de dédain que je crus détruire en ordonnant de faire devant eux usage de nos armes ; mais mon objet n'aurait pu être rempli qu'en les faisant diriger sur des victimes humaines, car autrement ils prenaient le bruit pour un jeu et l'épreuve pour une plaisanterie..... » Et plus loin : « Je laisse volontiers à d'autres le soin d'écrire l'histoire peu intéressante de ces peuples barbares. Un séjour de vingt-quatre heures et la relation de nos malheurs suffisent pour faire connaître leurs mœurs atroces, leurs arts et les productions d'un des plus beaux pays de la nature[1]. » ·

Ce portrait a cessé d'être exact en ce qui touche les mœurs des Samoans. Comme nous l'avons déjà dit, la population entière de l'archipel est aujourd'hui chrétienne. Les missionnaires protestants, wesleyens et indépendants, venus, les uns de Tonga, les autres de Taïti, les missonnaires catholiques, venus plus tard sur leurs traces, s'en partagent aujourd'hui la direction morale et religieuse. Les indépendants (religion de Taïti) comptent 17,000 catéchistes ; les wesleyens (religion de Tonga), 10,000 ; le reste de la population, environ 5,000 âmes, est catholique.

L'île d'Opoulou, « la plus belle de la Polynésie », n'est que la seconde en étendue de tout l'archipel ; mais par sa richesse et sa population elle en est la plus importante. Ses chefs tiennent le premier rang dans l'ordre politique. Bien qu'il soit difficile, même pour les personnes le mieux au courant de la langue, des traditions et des coutumes des Samoans, de préciser dans ses détails l'organisation sociale et politi-

---

1. T. II, p. 207. L'illustre navigateur se trompait sur l'intérêt qu'offre l'histoire des Samoa ; cette histoire ou plutôt les légendes dont elle se compose, comparées à celle des Néo-Zélandais, ont jeté le jour le plus curieux sur les origines probables de la race polynésienne. — Les Samoa ont été un des grands centres d'émigration de cette race. (Quatrefages, *Histoire naturelle de l'homme*.)

que qui les régit, on peut dire que cette organisation affecte dans son ensemble la forme d'une république fédérative. Les villages, ou plutôt les districts, élisent leurs chefs dans une famille privilégiée. Ces districts, se groupant entre eux et autour d'un district plus important, constituent une province. La ville, chef-lieu du district, devient le chef-lieu de la province, dont le chef élu ne peut être que le chef élu de ce dernier district. Il prend alors le titre de *tui*, auquel se joint le nom de la province qui l'a nommé.

Opoulou se divise ainsi en trois provinces : à l'est, Atua, qui a pour capitale Lufi-Lufi, dont le chef (quand cela plaît au district de se donner un chef, et que ce chef est adopté par les autres districts) prend le titre de Tui-Atua; il est choisi dans une famille particulière, celle des Mala-Afu. Au centre, le Tuamasaga, qui, outre la ville semi-européenne d'Apia, a pour capitale Satuisamau, dont le chef est pris dans la famille Maliétoa. Le nom de cette famille, par une exception qui prouve sans doute sa supériorité d'origine, remplace celui Tui-Tuamasaga. A l'ouest, Ana, qui a pour capitale Leulumoéga, dont le chef élu prend le titre de Tui-Ana-Sevaï, se divise en deux provinces, réunion de plusieurs districts. L'une a pour capitale Sofalofaï; l'autre, Saleula. Tutuïla prend généralement parti pour la province d'Atua, quand ses districts sont consultés dans les affaires générales qui se règlent à

Satuisamau. Quant à la petite île de Manono, elle flotte suivant ses intérêts dans la plus complète indépendance, et le plus souvent, forts de leurs nombreuses pirogues de guerre et de leur habileté aux choses de la mer, ses chefs prétendent au premier rang dans toutes les affaires extérieures.

La marque distinctive de la souveraineté est le pouvoir d'établir des lois. Chaque district peut avoir les siennes. Les divisions que nous venons d'exposer indiquent l'ensemble des districts ayant accepté les mêmes lois après les avoir discutées en assemblée générale. C'est la seule autorité devant laquelle se courbe le guerrier samoan. Toutefois, quand le besoin d'une action commune se fait sentir, en face d'un danger public, pour la conduite d'une guerre dont le succès intéresse toute la population, il peut arriver que chacune des provinces élise pour chef le même personnage, et que ce chef soit à la fois Tui-Atua, Tui-Ana et Maliétoa. Alors, mais alors seulement, il est pour sa vie entière le chef reconnu de tout l'archipel, et son autorité devient légitime dans tous les districts des trois provinces. A sa mort, chaque district, chaque village reprend ses droits. Au fond, c'est là une théorie plus qu'une réalité. Tel est l'esprit d'individualisme de cette race, que, dans les rangs mêmes de l'armée réunie à Apia dans une entente commune et commandée par les chefs élus des trois provinces, chaque guerrier n'agissait

qu'à sa guise, de même que, dans les conseils fréquents que nécessitait cette absence de toute discipline, il maintenait son opinion contre celle de ces
mêmes chefs avec une indépendance absolue. En
fait, chaque district, chaque village, chaque chef de
famille se regarde comme indépendant, et n'agit que
par ses propres inspirations.

Les relations entre les diverses provinces, entre
les îles, même les plus éloignées de l'archipel, sont
très-fréquentes. Le moindre événement est une occasion de voyages auxquels prend part la population
entière d'un même village. Chaque district a ses pirogues sur lesquelles hommes, femmes et enfants s'em-
barquent joyeux au grand chagrin des missionnaires,
qui savent à quels excès de tout genre donnent lieu
ces fêtes prolongées, où se réveillent les instincts
brutaux mal assoupis de leurs néophytes. Cette
crainte si légitime est-elle la seule? Ces courses
lointaines, ces assemblées ne maintiennent-elles
point les traditions nationales? N'est-ce pas également dans ces réunions, où chacun apporte sa part
de nouvelles, que s'alimente cet esprit de résistance
aux envahissements des Européens, qui était jadis
si puissant, et qui, un moment affaibli par la ferveur
religieuse, semble aujourd'hui prendre de nouvelles
forces? Si tels sont la constitution politique de la
société samoane et l'esprit qui anime chacun de ses
membres, il est facile de comprendre que toute ten-

tative d'un chef ambitieux pour y établir sa domination doit rencontrer une résistance générale.
Nulle part, cependant, les dangers de la lutte n'ef-
frayent moins les esprits superbes que poussent
l'ambition et la soif du pouvoir. De quel prétexte
ne savent-ils pas ennoblir leurs entreprises, et même
dans les districts où l'esprit d'indépendance est le
plus développé, combien d'auxiliaires ne trouvent-
ils pas ?

Quoi qu'il en soit, une tentative de ce genre, tentative avortée du reste, venait, depuis un an, d'agiter
profondément l'archipel, et, bien que la lutte fût
terminée par la défaite du chef qui l'avait provoquée,
nul ne pouvait en prévoir les conséquences dernières. De graves incidents s'étaient produits, suscités, disait-on, par le consul anglais, hostile au
parti victorieux et dévoué au parti vaincu. Le pavillon de la reine, prétendait-il, avait été insulté, et il
refusait toutes les satisfactions qui lui avaient été
offertes pour cette insulte, que la soumission des
Samoans, l'abdication de leur indépendance, pouvaient seules faire pardonner. Sur ces bruits, grossis
par les passions, par les rivalités politiques, aussi
ardentes sur les plus petits que sur les plus grands
théâtres, quelle était la vérité, ou du moins quels
étaient les faits qui les avaient fait naître ?

Parmi les jeunes gens élevés au collège des missionnaires indépendants se trouvait un jeune homme

intelligent et actif nommé Laupapa, de la famille des Maliétoa et neveu du chef de ce nom, vieillard depuis longtemps élu tui du Tuamasaga. Chez les Samoans, comme chez beaucoup de peuples primitifs, l'ordre de succession n'est pas du père au fils, mais du frère au frère, jusqu'à ce que, la première série étant épuisée, le fils du frère aîné devienne à son tour le chef de la famille. Le vieux Maliétoa avait un frère ; rien dès lors ne pouvait désigner Laupapa comme son futur successeur. Cependant, le jeune chef quittait à peine le collége que M. Williams l'adoptait pour son fils, en même temps qu'il lui faisait adopter pour fille une de ses propres enfants : double lien qui, dans les mœurs du pays, lui assurait une influence absolue sur Laupapa, et qui dès lors éveillait les soupçons. Sur ces entrefaites, le vieux Maliétoa vint à mourir. Une assemblée de quelques chefs vendus au consul anglais et à son fils adoptif se réunit aussitôt dans le voisinage d'Apia, et, usurpant les pouvoirs de l'assemblée générale de la province, proclama *Maliétoa* le jeune Laupapa. Cette élection fut à peine rendue publique que tous les chefs du Tuamasaga se réunirent au village de Malinuu, cassèrent comme illégales toutes les décisions de la première assemblée, et, pour mieux assurer l'exécution de leurs volontés, élurent pour Maliétoa le frère du dernier tui. Fort de l'appui de son père adoptif, Laupapa refusa d'obéir à l'assemblée légitime, protesta contre l'élection de son oncle, et se mit à exercer le pouvoir dans tous les districts de la province. Des prérogatives du pouvoir, la plus importante, celle qui atteste la souveraineté, est, comme nous l'avons dit, celle de faire des lois. Un code de lois d'une sévérité excessive, œuvre des missionnaires protestants et surtout du consul anglais, fut édicté non-seulement pour le Tuamasaga, mais pour l'île entière d'Opoulou. L'exécution en fut imposée par la force dans plusieurs villages. Tandis que partout ces actes soulevaient les plus justes plaintes, Laupapa, dédaignant l'antique capitale de Satuisamau, proclamait sa nouvelle ville de Matagofié (*la belle*) capitale de son royaume des Samoa, et substituait aux anciennes couleurs nationales son drapeau — une grande étoile sur fond rouge, devant laquelle, à droite et à gauche, semblaient s'incliner des étoiles de moindre grandeur —, symbole de ses propres destinées et de l'avenir qu'il réservait à ses rivaux.

Cette dernière mesure, où l'on ne peut voir qu'une vanité puérile, fut pourtant de tous les griefs que lui reprochaient les chefs samoans celui qui leur inspira la plus vive indignation. Ils se réunirent de nouveau à Malinuu, résidence du vieux Maliétoa, et le pressèrent d'agir, lui offrant le concours de tous les districts de l'archipel pour l'aider à sauvegarder ses antiques lois et sa constitution politique menacées par un usurpateur insolent. Néanmoins, comme derrière Laupapa ils voyaient le consul anglais et la puissance de l'Angleterre, ils adressèrent au gouvernement de la reine Victoria la protestation suivante :

A SON EXCELLENCE LE MINISTRE DE LA MARINE DU GOUVERNEMENT ANGLAIS.

8 janvier 1869.

Moi, Maliétoa, je vous adresse cette suppliante lettre pour vous faire part de la crainte et de la frayeur que nous cause le consul de votre gouvernement à Apia, car, il faut vous l'avouer, notre gouvernement des Samoa sent sa faiblesse et s'effraye bien vite.

Que Votre Excellence veuille donc m'excuser si j'ose la supplier de nous enlever *cet homme* qui fait bien des choses qu'il ne devrait pas faire, et de nous donner son remplaçant avec lequel nous serons en bons rapports et qui sera le bienvenu parmi nous.

Une des choses que nous avons à lui reprocher, c'est de juger et de condamner à des amendes avant de s'être assuré de la culpabilité des personnes. Un autre grief, c'est qu'il a poussé mon neveu à se faire élire chef du gouvernement, bien que la majorité de ceux qui ont le pouvoir de nommer à cette charge ne fût pas pour lui. Sans doute que cela va occasionner la guerre et toutes ses suites désastreuses, vrais malheurs pour Samoa.

Une autre chose odieuse que nous reprochons à Williams, c'est que, pour encourager les partisans du jeune Laupapa et pour donner de l'éclat à son *sacre,* il lui a fourni des richesses, des armes et mille autres choses semblables. De plus, il lui a promis le secours efficace du gouvernement anglais et de ses navires de guerre.

Ce serait trop long d'énumérer à Votre Excellence tous les griefs que nous avons contre ce consul, qui fait souffrir notre cœur. Ces quelques faits suffisent pour vous expliquer ma hardiesse d'oser encore vous supplier d'avoir pitié de nous et de nous enlever ce monsieur pour le remplacer par un autre qui agisse avec justice et que nous recevrons de notre mieux.

Je suis, etc.

MALIÉTOA.

Cette lettre suppliante, dans laquelle se lisent si clairement les craintes que les chefs samoans ressentaient à la pensée d'un conflit avec l'Angleterre, parvint elle à son adresse ? Cela est douteux ; en tout cas, il n'est pas probable que l'humble requête du Maliétoa eût été pleinement accueillie, et que la satisfaction qu'il demandait, c'est-à-dire l'éloignement du consul, eût été accordée.

Pendant que les deux partis en armes se préparaient à la guerre, la frégate anglaise *le Challenger*, commandée par le commodore Lambert, vint mouiller dans la rade d'Apia. Elle avait été précédée de l'aviso français *le Coëtlogon*, en route pour la Nouvelle-Calédonie. Les deux commandants furent sollicités de reconnaître le jeune Laupapa comme Maliétoa. Tous deux s'y refusèrent. Le commodore Lambert engagea même le consul anglais à ne pas intervenir dans les affaires des Samoans, en s'appuyant sur la décision récente du gouvernement anglais à l'égard des Viti, dont il avait décliné l'annexion. Ce refus des deux commandants fut très-sensible au consul et découragea même les partisans de Laupapa. Aussi, se sentant incapable de triompher de ses adversaires, dont l'armée comptait les chefs de presque tout l'archipel, le jeune chef consentit à des négociations. Une assemblée générale eut lieu à Malinuu, sous le nom de Samoa-na-tazi (*union samoane*). Cette assemblée décréta une nouvelle constitution fédérale, véritable progrès, puisqu'elle fondait l'unité de l'archipel, en ce sens que les lois votées à Satuisamau en assemblée générale devenaient obligatoires dans tous les districts. Laupapa renonçait à son titre, mais conservait son autorité sur la ville de Matagofié, érigée en district. Si l'adhésion de ce chef aux décrets de l'assemblée eût été sincère, les troubles qu'avaient suscités ses menées ambitieuses eussent été ainsi conjurés. Les chefs de cette assemblée, confiants en sa parole, rentrèrent en effet dans leurs districts, laissant à peine quelques forces au vieux Maliétoa. Malheureusement Laupapa n'avait vu dans toutes ces négociations qu'un moyen d'attendre une occasion plus favorable, et quand cette occasion se présenta par la dispersion de ses adversaires, il leva le masque et commença la guerre. Les événements ont ici une gravité sérieuse à cause de la part considérable qu'y prend le consul anglais ; il nous semble dès

lors nécessaire de recourir à des documents officiels
pour les exposer. Le vieux Maliétoa s'empressa d'é-
crire au gouvernement de la reine Victoria la cu-
rieuse lettre qu'on va lire :

A SON EXCELLENCE LE MINISTRE DE LA MARINE
DU GOUVERNEMENT ANGLAIS.

Malinuu, 26 mars 1869.

Depuis la lettre que j'ai écrite à Votre Excellence en
janvier dernier, Williams, votre consul, a encore fait à Samoa bien des choses contraires à la justice, semblables à
celles que je vous ai déjà citées.

La guerre a éclaté entre mon neveu (le fils de mon frère)
et moi. A notre approche, les adhérents à son parti ont fait
semblant de se soumettre et nous ont promis d'établir une
fédération sous le titre d'*Union samoane*. Après avoir donné
connaissance par lettre de ce nouveau gouvernement aux
blancs et aux consuls, nous nous sommes mis en devoir-de
faire des lois en rapport avec notre nouvelle constitution.

Mais bientôt après les adhérents au parti de mon neveu
se sont précipités sur nous à l'improviste, nous ont chassés
et ont brûlé nos maisons, c'est pourquoi nous avons de nouveau fait nos préparatifs de guerre ; nous avons de nouveau
écrit à MM. les consuls européens à peu près en ces termes :

« Messieurs, restez tranquilles, vous autres, mais nous
vous prévenons que la guerre entre nous Samoans va certainement avoir lieu, parce que nous sommes obligés de
venger la violation du traité qui avait été fait entre nous,
traité que le jeune Laupapa et les siens ont violé. Nous
désirons tous que la guerre n'ait lieu qu'à Malinuu et Ma-

ta-utu [1], et qu'on ne se batte nullement *dans les lieux où habitent les blancs, de peur que la guerre n'y occasionne quelque accident regrettable ou quelque acte arbitraire.* » Aussitôt ils nous répondirent par une lettre d'adhésion et de remercîment.

C'est alors qu'après une nuit de siége tous les ennemis ont abandonné les forts de *Malinuu*, se sont enfuis à Apia, *et y ont établi une forteresse au milieu des habitations des blancs.* Nous avons alors envoyé une ambassade aux consuls des nations étrangères pour leur faire ces questions : *Quel est le sens de ce fort que l'on élève à Apia? comment son existence s'accorde-t-elle avec notre convention de ne point faire la guerre dans les lieux qu'habitent les étrangers?* Qu'on le fasse évacuer au plus tôt; les champs de bataille ne sont pas rares, que nos ennemis s'y retirent pour faire la guerre. (Puis, s'adressant au consul anglais en particulier) : — Et si tu ne peux pas faire évacuer ce fort, transporte ailleurs ta dignité de consul, ainsi que ta famille et ton pavillon, car il est nécessaire que nous prenions ce fort, et vous ne seriez pas en sûreté en restant où vous êtes [2].

L'évêque catholique a aussi envoyé à Williams une lettre de protestation contre l'érection de ce fort à côté de son palais, et contre l'audace de M. Williams, qui semblait prendre sous la protection du pavillon anglais tous les combattants du parti de Laupapa.

Dans sa réponse écrite, le consul dit : — Il n'en est pas ainsi. Je ne prends sous la protection de mon pavillon que mes propres domestiques. Il ne voulut pas se retirer ail-

---

1. Ce sont les deux villages indiens qui entourent Apia. Mata-utu (Matagofié) est la ville de Laupapa.

2. Le fort dont il s'agit, carré de maçonnerie, complété par une palissade en troncs d'arbres, était situé à moins de cinquante pas de la maison habitée par le consul anglais, est à cent pas de la mission catholique.

leurs ; mais dans son salon il se fit une forteresse de balles de coton et s'y enferma tandis que ses domestiques étaient dehors, derrière son mur d'enceinte.

Nous nous sommes alors rués contre ce fort où étaient nos ennemis ; nous nous sommes battus avec acharnement, et en un seul jour nous nous sommes rendus maîtres du fort. Alors tous les guerriers se sont précipités pour s'emparer des richesses qui étaient dans les maisons de nos ennemis et y mettre le feu ; mais tout à coup M. Williams se présente et nous dit : — Les maisons de Pita et de Saïto sont mes maisons ainsi que les richesses qui s'y trouvent.

Nous avons été bien surpris, et nous nous sommes dit : Comment cela peut-il être? et aurions-nous eu tort de croire vrai ce que M. Williams nous disait si souvent, qu'il n'était pas un marchand, mais un consul auquel le commerce est interdit ?

Il paraît que nous étions tout à fait dans l'erreur à ce sujet; c'est ce qui nous a mis dans une grande crainte ; c'est pourquoi nous nous sommes réunis en assemblée solennelle; nous avons fait apporter toutes les richesses qui avaient été pillées dans les susdites maisons, et nous les avons rendues à Williams en lui faisant un *ifoga*[1] solennel pour incliner son cœur à oublier cette offense.

Tout cela n'a fait qu'augmenter la tyrannie de Williams à notre égard; par trois fois nous nous sommes prosternés devant lui en *ifoga*, chaque fois il nous a repoussés. Par surcroît de malheur, voilà que pendant la nuit un jeune homme de Sevaï a la mauvaise idée de déchirer une espèce de petit pavillon anglais qui était sur une maison

---

1. L'*ifoga*, c'est le vaincu qui demande la vie au vainqueur, mais de la manière la plus humiliante pour l'orgueil samoan. Il est rare qu'un guerrier vaincu se soumette à cette humiliation.

samoane. Quant à Williams, à sa famille, à ses domestiques, à son pavillon, ils ont été scrupuleusement respectés.

Affligés de cet accident, nous avons renouvelé notre *ifoga,* car nous étions extrêmement effrayés des menaces que nous faisait Williams. Aussitôt il a écrit à tous les Européens de votre royaume pour leur enjoindre de mettre en berne tous leurs pavillons anglais, parce qu'on venait de *couper la tête à la reine Victoria* et de *couper pareillement la tête au royaume d'Angleterre.*

Nous avons encore fait un nouvel *ifoga,* nous avons livré à Williams le jeune homme qui avait déchiré le pavillon, pensant par là adoucir sa colère; mais encore cette fois nous avons été repoussés; il n'a rien voulu écouter. Alors nous lui avons offert en payement de la faute un champ situé dans la province d'Atua et un autre dans la province d'Ana. Il n'a pas voulu les recevoir.

Mais que veut-il donc enfin? Une seule chose : la cession en sa faveur de Sevaï et d'Opoulou; il n'y a que cela qui puisse arrêter sa colère, faire cesser ses menaces et mettre fin à sa tyrannie.

Monsieur le Ministre, que pense Votre Excellence d'une telle conduite? Est-elle conforme à vos lois européennes? Trouvez-vous convenable d'employer ainsi votre pavillon à nous dresser des piéges et à nous faire souffrir? Convient-il à un consul que nous honorons du titre de chef de se mettre à la tête d'une armée de rebelles? Remarquez-le bien, s'il vous plaît, puisqu'il était à la tête de nos ennemis, il a été vaincu comme eux; mais il n'a pas pris la fuite. Au contraire il s'est retourné contre nous et a tout fait pour nous effrayer; il a même essayé de nous imposer de fortes amendes. Est-ce donc le vaincu qui est le vainqueur?

Quoique nous soyons bien peu avancés en civilisation, une telle conduite chez nous nous paraît le résultat d'un pouvoir tyrannique, et qui n'a pour toute loi que l'arbitraire.

Si c'était là aussi votre opinion, alors, nous vous en supplions, accordez-nous la demande que nous vous faisons, moi Maliétoa et tous mes confrères : enlevez d'ici ce consul tyrannique, qui depuis longtemps ne s'occupe plus de la charge pour laquelle il est venu aux Samoa, pour ne s'occuper que des moyens de détruire notre pouvoir, et si ce n'était notre crainte et le respect que nous portons au gouvernement qu'il représente, il y a longtemps que nous l'aurions mis à mort.

En souhaitant à Votre Excellence beaucoup de prospérité, nous avons, etc.

Maliétoa et les chefs au pouvoir devant Apia, etc.

Lors même que l'exactitude des faits exposés dans ce singulier document ne nous eût pas été affirmée par toutes les personnes que nous rencontrions à Apia, il nous eût suffi pour la reconnaître de parcourir les rues de la ville. Le plus grave de ces faits, celui qui révèle le mieux la ligne de conduite suivie par le consul anglais, est certainement la construction, au centre de la ville européenne, du fort, dernier refuge des rebelles, — les ruines en étaient encore debout, et les guerriers qui l'avaient emporté d'assaut étaient encore campés autour de ces ruines. — Les traces des balles et des boulets se montraient partout, sur les troncs des grands arbres qui bordent la plage, sur la façade de l'église catholique, sur la maison même du consul

anglais ; elles attestaient l'acharnement de la lutte
dont le quartier européen avait été le théâtre, lutte
dont les conséquences pouvaient être si fatales,
quand on songe que l'armée victorieuse comptait
des guerriers venus des plus lointains districts de
Sevaï, ignorants des lois de la guerre, et que l'exaltation de la bataille, la surexcitation du triomphe
pouvaient pousser aux plus sanglants excès. Ces
dangers, la sagesse, la vigilante modération des
chefs, les avaient prévenus.

L'arrivée successive de trois navires de guerre, la
Mégère de la marine française, le *Kearsage* de la
marine américaine, la *Blanche* de la marine anglaise,
vint heureusement mettre un terme à cette situation
périlleuse et donner une solution pacifique à cette
lutte sanglante. Le commandant du *Kearsage* déclina
toute intervention dans les affaires intérieures des
Samoans. Appelé d'ailleurs aux Viti par de plus
sérieux intérêts, il abrégea le plus possible sa relâche à Apia, et partit au bout de quarante-huit heures. Cette abstention fut néanmoins pour les chefs
victorieux un premier sujet d'espoir. Elle leur prou-
vait que du moins tous les Européens ne pensent
pas, n'agissent pas comme les consuls qui les représentent. Les seuls établissements français de quelque importance à Apia sont ceux des missionnaires
catholiques. Il est certain que ces derniers avaient,
dans l'attaque du fort, couru les plus sérieux dan-

gers ; les pertes matérielles que la guerre avait fait éprouver à la mission, celles qui résultaient chaque jour du désordre, conséquence évidente de la guerre, étaient sûrement considérables ; mais fallait-il en faire peser la responsabilité sur les chefs indigènes, armés pour la plus juste des causes, et qui, en définitive, avaient fait les plus grands efforts pour ne pas entraîner les Européens dans leurs discordes civiles ? D'ailleurs Mgr d'Énos, alors présent à Apia, était un esprit trop élevé, ses vues sont trop hautes pour que des avantages matériels puissent lui faire oublier le but essentiel de l'œuvre à laquelle il a voué sa vie, — œuvre de charité, d'abnégation et de paix ; — pour rien au monde il n'eût voulu fournir un nouvel aliment aux passions qui s'agitaient autour de lui, et surtout, comme tant d'autres ne rougissaient pas de le faire, profiter de la triste situation de ce malheureux pays pour tirer avantage des pertes de la mission. Aussi, bien que le but évident de notre mission fût de protéger au besoin les missionnaires français, nous n'eûmes aucune réclamation à faire valoir. La *Mégère* salua de ses canons le vieux Maliétoa, qui vint nous visiter à bord ; et, dans une assemblée des chefs, nous nous bornâmes à les exhorter à prendre les mesures les plus promptes pour sortir de l'état d'anarchie où leurs discordes les avaient plongés, anarchie qui semblait accuser leur propre impuissance, et qui

pouvait faire courir de grands dangers à leur patrie
en justifiant une intervention étrangère. Cette attitude ajouta encore aux espérances que le *Kearsage*
avait fait concevoir aux chefs indigènes ; mais tout
dépendait du commandant de la *Blanche*. Cette
frégate mouilla dans la baie quelques jours seulement après le départ de la *Mégère*. Expédié par le
gouverneur général de l'Australie à la première
nouvelle des événements qui avaient ensanglanté
les rues d'Apia, et sous l'impression du rapport de
M. Williams, le commandant de ce navire avait
pour mission d'examiner l'affaire du pavillon anglais, insulté si gravement 'au dire du consul, et
d'exiger une réparation proportionnée à l'offense.

Sans vouloir rechercher ici sur quels éléments il
appuya son enquête à ce sujet, la réserve constante
dans laquelle il se tint vis-à-vis de M. Williams,
le silence qu'il garda jusqu'à son départ en ce qui
touchait l'insulte du pavillon anglais, montrent qu'il
réduisit bien vite à ses justes proportions cet incident regrettable. Il lui parut sans doute, comme à
tout le monde, provoqué par la conduite même du
consul de sa nation, et il n'y vit que l'acte irréfléchi,
inconscient, d'un enfant sauvage venu des plus
lointains districts de Sevaï, qui, n'ayant jamais peut-
être vu d'Européens dans toute sa vie, ne pouvait
savoir le caractère sacré que ceux-ci attachent à
leurs drapeaux.

Les chefs indigènes pour lesquels cette affaire avait été si longtemps un sujet d'anxiété, et qui avaient voulu en arrêter le cours en se soumettant à toutes les humiliations d'un *ifoga* solennel, comprirent à cette réserve, à ce silence, que dans l'esprit du commandant de la *Blanche,* leur cause, c'est-à-dire celle de la justice et de la vérité, avait triomphé. Ils lui en témoignèrent leur reconnaissance par l'empressement qu'ils mirent à lui faciliter la seconde partie de sa mission : le règlement des indemnités que les sujets anglais et même les autres Européens réclamaient pour les pertes qu'ils avaient éprouvées pendant la guerre. Les étranges réclamations qui assaillaient les commandants des navires de guerre en mission montrent à quel arbitraire sont soumises les malheureuses populations de l'Océanie en face des Européens qui viennent s'établir parmi elles. Ces Européens n'étaient pas au reste d'obscurs marchands ignorants du droit ou poussés à le méconnaître par les exigences de la pauvreté, mauvaise conseillère ; c'étaient de riches négociants, et à leur tête les consuls, qui avaient fixé chacun à 8,000 piastres (40,000 fr.) le chiffre de l'indemnité pour pertes subies pendant la guerre civile.

Ne voulant pas se prononcer sur la justice de ces réclamations, le commandant de la *Blanche* en laissa du moins l'arbitrage aux chefs somoans, et n'assista pas même à l'assemblée où ces réclamations furent discutées. Par un sentiment de reconnaissance bien naturelle, les chefs samoans justement charmés de cette modération, de cette confiance, auxquelles rien ne les avait jusqu'alors accoutumés, admirent en principe les demandes des Européens, mais réduisirent à 3,000 piastres le chiffre de l'indemnité à payer aux consuls. Ceux-ci durent s'en contenter, et la *Blanche* reprit le chemin de Sidney, ayant sans nul doute raffermi par la justice de son commandant l'influence de l'Angleterre, sérieusement compromise par les exigences arbitraires du consul qui la représente aux Samoa.

Les événements que nous venons d'exposer n'ont certes qu'une importance relative ; mais, bien mieux que les plus longues considérations, ils nous semblent expliquer la nature des relations de l'archipel samoan avec les principales nations maritimes de l'Europe, en même temps qu'ils font connaître la situation intérieure de ces populations et les pressions diverses auxquelles elles obéissent. Cette situation semble d'abord une anarchie profonde où s'usent sans bruit les forces vives d'une race encore énergique, mais dont le caractère turbulent, cause première de cette anarchie, semble s'opposer à tout essai de réforme. Cependant bien d'autres causes, que ce récit fait voir à l'œuvre, contribuent à ce déplorable résultat : rivalités religieuses des sectes chrétiennes, ambitions secrètes ou avouées des consuls européens, et, chose plus triste encore, leur avidité, qu'ils couvrent du masque des intérêts politiques de leur nation. Est-il possible d'ailleurs qu'il en soit autrement quand aucun pouvoir ne contrôle leurs actes, si ce n'est parfois celui du commandant de quelque navire de guerre que les hasards de la navigation conduisent en ces pays ? Dans son ignorance non-seulement de la situation générale, mais encore des faits les plus simples, que peut le plus souvent l'officier le plus impartial ? Il est bien forcé de s'en rapporter aux indications des missionnaires ou des consuls. C'est ainsi qu'il sanctionne souvent une conduite que, mieux renseigné, il blâmerait énergiquement ; puis tous ces consuls sont des marchands préoccupés d'intérêts particuliers. Comment ne mettraient-ils pas au service de ces intérêts l'influence que leur assure leur position officielle ? Cette position sans de tels avantages ne serait pour eux qu'une charge, une source d'embarras et de dépenses, ou tout au plus une puérile satisfaction de vanité. Aussi cette influence, qui nous est apparue si active dans les révolutions politiques de l'archipel, se fait-elle sentir non moins puissante dans ce qu'on peut appeler la situation économique et l'état moral de la population.

Nous n'avons pu que donner une idée bien imparfaite de la splendide beauté de ces îles, de cette beauté

pleine de promesses qui a frappé tous les voyageurs.
Ces promesses ne sont point menteuses : nul sol
au monde peut-être n'est aussi riche, aussi fécond
que celui d'Opoulou. L'igname, la patate douce, le
taro, l'ananas, croissent presque sans culture dans
les plaines immenses et admirablement arrosées qui
se déroulent autour d'Apia ; l'arbre à pain, dont on
compte plus de vingt espèces, le bananier, dont les
variétés sont plus nombreuses encore, se rencontrent
à chaque pas dans les forêts qui couvrent les plus
hautes collines ; enfin, les rivages eux-mêmes, et
jusqu'aux récifs de la plage, sont bordés d'immenses
bois de cocotiers. Ces produits fournissent non-seulement à l'alimentation de la population indigène,
mais bien avant même l'arrivée des Européens, ils
avaient créé un important commerce d'échange avec
les archipels voisins.

Depuis cette époque, le caféier, la canne à sucre,
le coton, divers arbres à épices, la vanille, ont été
introduits, et tous ont parfaitement réussi. Sous l'influence de la crise produite sur les marchés européens par la guerre de la sécession américaine, la
culture du coton fut entreprise sur une assez large
échelle, et l'exportation par la voie de Sidney s'éleva
à plus de 2,000 tonnes. Les premiers prix, les plus
élevés, furent de 50 centimes le kilogramme ; mais
ils ne purent se soutenir ; aussi cette culture est
aujourd'hui abandonnée. En revanche, les planta-

tions de café, de sucre et des autres denrées coloniales y sont en pleine prospérité.

Le grand marché de l'Océanie, c'est Sidney et les
autres villes si importantes déjà de l'Australie anglaise. Toutes s'approvisionnent aujourd'hui de ces
denrées à Manille, à Batavia, à Bourbon, à Maurice.
De tous ces ports, les navires ont une traversée de
deux mois, et le plus souvent dans des parages d'une
navigation difficile et dangereuse. En quinze jours,
au contraire, des Samoa on arrive à Sidney. L'éloignement du marché, qui rendait impossible la culture
du coton aux Samoa, parce qu'il était destiné à l'Europe, n'aura-t-il pas les mêmes effets, mais cette fois
en faveur de l'archipel, pour les denrées intertropi-
cales ? L'expérience a déjà prononcé, un seul obstacle reste à vaincre pour assurer le développement
de pareilles entreprises : c'est la paresse des indigènes, on pourrait dire leur horreur du travail. En
supposant que ce défaut soit invincible, ce qui n'est
pas sûr, le remède est désormais connu. Le jour où
de nombreux Européens s'établiront dans ces îles,
l'émigration leur donnera les bras dont ils auront besoin. Je n'ai pas seulement en vue l'émigration chi-
noise, qui a le grand inconvénient d'exiger de puissants capitaux, mais celle des Indiens des archipels
de la Micronésie, comme les Nouvelles-Hébrides,
les Marshall, où déjà elle est en pleine vigueur.
Cette émigration, sur laquelle nous aurons à donner

plus de détails quand nous aborderons les Fidji, est aujourd'hui principalement dirigée vers ce dernier archipel et vers les nouveaux établissements de la province australienne de *Queen's Land*. Il serait facile d'en détourner une branche vers les Samoa. A ce point de vue donc, leur avenir ne saurait être douteux, alors même que le commerce de l'huile de coco ne suffirait pas à le garantir.

Le développement de telles entreprises, en assurant le bien-être matériel des populations de l'archipel, est fait pour contribuer puissamment à leurs progrès en tout genre et compléter leur initiation à la civilisation européenne ; mais ce qui fait la véritable supériorité de cette civilisation, c'est, plus que les conquêtes de son industrie et de ses sciences, l'idée supérieure de la justice et du droit, dont elle est assurément la plus haute expression. Sans cette force morale, le progrès n'existe pas, ne peut pas exister. Quel est donc l'état moral des Samoans depuis l'arrivée des Européens, ou plutôt — car de telles recherches sont presque impossibles, — quels sont les exemples que leur ont donnés, au point de vue du droit et de la justice, les Européens établis parmi eux ?

Les populations des Samoa sont chrétiennes, et certes c'est là un fait dont il est impossible de contester la valeur. Les missionnaires protestants y exercent une influence très-légitime, et nul ne peut les accuser de manquer de sévérité, de rigueur même, dans la manière dont ils exigent de leurs néophytes la plus stricte observance des préceptes et des règles de leur confession religieuse. Le code des lois qui, grâce à eux, ont été édictées dans les districts, comme le Tuamasaga, où leur influence est prépondérante, l'attesterait au besoin ; mais, sans entrer dans des considérations déjà exposées, on peut dire que la fidélité aux pratiques religieuses n'est pas toute la morale : des nations d'une même communion religieuse n'ont pas la même notion du droit. La tendance des plus avancées d'entre elles est de dégager de plus en plus cette notion de toute sanction extramondaine, de sorte que, pour apprécier les progrès d'un peuple, il faut voir quel est, en dehors de toute préoccupation religieuse, l'esprit qui inspire les lois qui le régissent. De telles recherches, outre l'impartialité qu'elles exigent, présentent, nous l'avons dit, des difficultés devant lesquelles il convient de nous récuser. Nous nous bornerons donc à quelques faits particuliers que le lecteur appréciera, et dont il tirera lui-même les conséquences au point de vue de la moralité de ceux qui en furent les auteurs, donnée comme exemple à la population samoane, dont nous avons seulement à nous occuper.

Un chef d'Opoulou, nommé Suatélé, avait à reconstuire sa maison. Suivant l'usage du pays, il appela pour l'aider tous les Indiens de son district ; parmi eux se trouvait un de ces catéchistes protestants qui, sous le nom de *teachers,* sont les instruments les plus actifs de la puissance des missionnaires. Celui-ci refusa d'obéir à l'ordre du chef du district, et par ses menaces, par d'insolentes protestations, voulut, non content de ses refus, entraîner la plupart des Indiens à imiter sa conduite. Suatélé montra d'abord une grande patience ; mais, poussé à bout, il finit par chasser du village le catéchiste protestant, puis, pour rendre son expulsion définitive et attester par un fait matériel cette expulsion, il fit, suivant l'usage samoan, brûler la case de l'Indien coupable. M. Williams fut bien vite informé du fait ; soit erreur, soit à dessein, prenant la maison du *teacher* indigène pour celle des missionnaires anglais, il évoqua l'affaire à son tribunal, et, sans entendre Suatélé, le condamna à une forte amende. Cette sentence fut signifiée à Suatélé par une lettre qui lui laissait seulement le choix entre rebâtir la maison ou payer 50 dollars.

Suatélé répondit :

WILLIAMS,

Je t'adresse cette lettre en réponse à la lettre que tu m'as envoyée le 22 mai, par laquelle tu m'as condamné à une amende.

Il paraît que c'est ainsi que tu fais d'injustes jugements : tu me condamnes sans prendre aucune information ; moi, je croyais qu'on ne devait condamner qu'après avoir pris une connaissance exacte des faits.

Comment as-tu pu savoir ce qui s'était passé, puisque nous ne nous sommes pas dit un seul mot? Tu me dis que j'ai brûlé la maison des missionnaires ; c'est là ton premier mensonge. Eh bien! je vais te faire connaître ma manière de voir. Dans mon village il n'y a que mon seul pouvoir. Dis-moi quel est le missionnaire qui a fait avec moi un traité par lequel je lui ai accordé de faire sa maison sur ma terre? Moi-même je ne le connais pas du tout.

Cette maison-là, c'est mon village qui l'avait faite ; or mon pouvoir s'étend sur le terrain et sur tout ce qui s'y trouve, et je peux, sans l'ombre d'injustice, y punir ceux qui se révoltent contre mon autorité. Je vois bien quels sont les motifs qui t'ont porté à me condamner avant de m'avoir entendu.

Au reste, tu es un consul européen, et, comme tel, tu n'as aucune sentence à prononcer dans les démêlés purement samoans, car autre est ton royaume, autre le royaume de Samoa. C'est pourquoi je te somme de me montrer les droits qu'ont les missionnaires sur cette terre et sur cette maison, et, si tu ne le peux pas, je vais supplier le commandant de ton navire de guerre de t'imposer une amende pour te faire payer ton mensonge et ton désir de m'en imposer.

Voilà tout le contenu de ma lettre. Je te salue.

SUATÉLÉ.

15 juillet 1869.

Le débat fut en effet porté devant le commandant de la *Blanche*. Comme celui-ci ne se prononça point, nous ignorons s'il a reçu depuis une solution.

Un des articles de la loi sur la propriété dans le Tuamasaga porte que, lorsqu'un animal domestique s'introduit dans une propriété, même fermée par

une barrière, et y commet des dégâts, le propriétaire
est tenu de le faire saisir et conduire devant le chef ;
sinon il n'a droit à aucune réparation de la part du
propriétaire de l'animal pour le dommage qu'il a
éprouvé. Cette loi a été substituée à l'ancien usage
samoan, qui, dans ce cas, permettait de tuer tout
animal commettant des dégâts dans une propriété
cultivée. Cet usage sommaire était parfaitement
justifié par l'état presque sauvage des porcs, les
seuls animaux domestiques de l'archipel, et par l'insouciance un peu forcée des propriétaires de ces
animaux. La loi nouvelle, bien que plus juste en
théorie, a le grand défaut d'être impraticable. Les
terrains cultivés sont généralement enclavés dans
des forêts épaisses où les animaux qu'il faut saisir
trouvent un refuge assuré. De plus, elle ne protége
que les intérêts des missionnaires protestants et de
M. Williams. Ce sont les seuls propriétaires des
moutons, qu'ils viennent d'introduire dans l'île, et
ils en tirent de grands profits en les vendant aux
navires de passage à Apia. Néanmoins, la loi nouvelle est un progrès sur l'ancienne, et il n'y aurait
qu'à y applaudir, si elle ne donnait lieu à certains
abus qui en sont une conséquence logique. Les
moutons dont il s'agit, préservés par la loi, ne sont
même plus gardés, et ils errent à leur gré dans la
campagne, pénétrant aussi bien dans les propriétés
des Européens que dans celles des indigènes. Pour

juger des dégâts qu'ils y commettent, il suffit de dire que M. Hamilton, le pilote d'Apia, de qui nous tenons le fait, a eu dans une de ses propriétés plus de *deux mille cocotiers de deux ans décapités* par ces animaux, c'est-à-dire *tués net*[1]. La seule réparation qui lui fut offerte fut de remettre une noix de coco à la place de chacun de ces arbres. Un cocotier de deux ans vaut au moins 3 fr. ; une noix de coco ne vaut pas 5 centimes.

Nous pourrions multiplier de pareils exemples ; mais à quoi bon ? Nous ne voulons pas davantage renouveler les accusations portées si souvent contre les ministres protestants, depuis Dumont d'Urville, témoin de leurs débuts, jusqu'aux voyageurs les plus récents. Ces accusations, on ne les a pas épargnées non plus aux missionnaires catholiques, et nous croyons qu'elles ne sont pas justes, bien qu'elles reposent souvent sur des faits incontestables. Elles ne peuvent à nos yeux atteindre des hommes presque toujours honorables comme hommes privés, et dont quelques-uns sont admirables pour les vertus qu'ils déploient. Ces accusations passent au-dessus de leurs têtes, pour atteindre les idées dont ils sont les apôtres ; car ils sont, et c'est là leur justification, avant toute chose, les hommes de ces idées. Le repos

---

1. Au sommet de la tige, on trouve un gros bourgeon nommé chou, qui offre un bon aliment ; mais, comme la taille du chou entraîne la mort de l'arbre, on n'en fait usage que lorsqu'on veut détruire l'arbre lui-même.

absolu du dimanche nous semble hors de nos mœurs, et ils condamneront à l'amende celui qui le viole en *ramassant un fruit tombé de l'arbre et qui va se perdre.* Le divorce répugne à l'idée que nous nous faisons de l'indissolubilité du mariage, de la sainteté de la famille, mais leur confession religieuse l'admet, et ils en feront une loi sociale. L'intolérance nous est une violation de la justice, mais le *compelle intrare* est de toute religion triomphante, et à leur heure, ils sont intolérants. Nous n'accusons donc pas les hommes aux Samoa, pas plus que nous ne les avons accusés aux Gambier. Nous constatons seulement avec un sentiment réel de tristesse les imperfections trop visibles de l'œuvre qu'ils y ont édifiée, imperfections dont la plus sérieuse est le défaut des lois qu'ils ont imposées à ces populations confiantes en leur justice et auxquelles la justice n'a pas été donnée. Quel est donc l'espoir que nous gardons pour elles? Les gouvernements européens sont aujourd'hui, malgré eux-mêmes peut-être, malgré de nombreuses défaillances, les véritables représentants du droit. La protection, la tutelle de l'un d'eux vaudrait mieux pour la prospérité réelle de ces îles, inséparable du progrès moral, que l'anarchie sans remède où elles sont plongées, que l'exploitation de leurs richesses par quelques aventuriers sans aveu, quelques marchands cupides, sous la main à peu près souveraine des missionnaires protestants.

NOTE DE L'ÉDITEUR

Les rivalités existant entre les chefs des Samoa n'ont fait que s'accentuer depuis le passage de la *Mégère*, et n'ont pas tardé à se traduire en actes violents. Pendant quatre ans, la guerre civile a dévasté l'archipel; enfin le 1er mai 1873, un traité de paix est intervenu entre les chefs rivaux, qui, ne pouvant s'entendre pour régler leurs différends, ont fait appel au gouvernement des États-Unis. « Les premières avances étaient venues de la part de l'Amérique, raconte Mgr Elloy[1]. Elles avaient été faites en 1872 par le capitaine Meade, commandant la corvette américaine le *Narragausett*, dans une adresse aux chefs de Tutuïla. Cette communication amena une espèce de traité entre les États-Unis et le principal chef du port du Pagopago, à Tutuïla. Peu de temps après, des agents d'une société américaine, dite *Polynesian land Company*, ayant à leur tête un nommé M. Stewart, sont venus faire de nouvelles propositions aux chefs d'Opoulou et de Sevaï, qui étaient alors en guerre. Nos pauvres Samoans illettrés signèrent, sans trop savoir ce que cela signifiait, un acte par lequel ils demandaient à être annexés aux États-Unis d'Amérique. Lorsque nos politiques eurent plus tard l'explication de ce que signifiaient les termes de leur requête, ils s'empressèrent de venir me prier d'écrire en leur nom une lettre qu'ils si-

---

1. *Annales de la propagation de la foi*, année 1876, p. 221.

gnèrent tous, pour protester contre l'écrit qu'ils déclaraient tous avoir signé sans le comprendre.

« Un an après l'envoi de la protestation au Président des État-Unis, en septembre 1873, le colonel Steinberger, commissaire spécial des États-Unis, débarquait à Samoa pour s'informer des dispositions des chefs et des ressources de l'archipel. L'envoyé eut plusieurs entrevues avec les chefs, fit le tour de l'archipel sur sa goëlette, visita les principaux centres et s'entendit avec les chefs des différentes localités.

« Le 2 octobre, il réunit à Apia les principaux représentants des districts d'Opoulou et de Sevaï, et leur demanda s'ils persistaient dans l'intention de recevoir des envoyés des États-Unis pour les aider à se constituer un gouvernement et à se former un code de lois.

« Les chefs répondirent affirmativement, mais en faisant stipuler soigneusement qu'eux-mêmes seraient toujours les vrais dépositaires du pouvoir, qu'ils feraient des lois et rendraient la justice. Le soir même de ce jour, M. Steinberger, debout au pied du mât où l'on venait de hisser le drapeau samoan, adressait au peuple assemblé un discours dont voici le sens : — « Je reconnais votre pavillon comme celui « d'un peuple libre qui a le droit de se gouverner et de « faire ses lois. Ce pavillon n'est pas seulement le signe de « votre nationalité, il doit aussi vous rappeler que vous « devez tenir à honneur de faire observer partout l'ordre et « la justice. »

« Le 7 octobre, en présence de M. Williams, vice-consul anglais, et de M. Loppé, vice-consul allemand, les *Taïmoa* ou représentants du pouvoir de Samoa donnaient lecture de leur adresse au Président des États-Unis. Ils remercient le Président de ce qu'il leur a envoyé M. Steinberger, et le prient de le renvoyer au plus tôt pour organiser le fonctionnement du gouvernement de Samoa. Le lendemain, 8 octobre, la goélette *Fanny* emportait à San-Francisco l'adresse des Samoans et le colonel Steinberger.

« Un code de lois qui avait été écrit dès la conclusion de la paix continua à être appliqué tant bien que mal pendant l'année 1874. Mais on éprouvait beaucoup de peine à en faire respecter les prescriptions. Comme chaque chef interprétait ce règlement à sa guise, il en résultait que nous n'étions guère gouvernés que par l'arbitraire et selon le caprice de chaque juge du district.

« Les intrigues des partis se réveillèrent aussi vives que par le passé. Le jour de Noël, les presbytériens, qui ne célèbrent pas le jour de la naissance de Notre-Seigneur, faisaient un coup d'État. Ils nommaient à la fois deux rois de leur secte, l'un de la famille des Maliétoa et l'autre de la famille des Tubua. Ce double choix avait pour but de concilier tous les partis et surtout d'éliminer le chef Matoafa, le prétendant le plus autorisé de la famille des Tubua. Au dire du grand nombre, il aurait réuni tous les suffrages, s'il n'avait pas été catholique. Ce coup d'État ruinait les prétentions des princes des deux familles royales qui avaient appartenu au grand parti à l'époque de la guerre. Trois ministres presbytériens anglais essayèrent d'entourer d'un peu de prestige les rois leurs créatures, en figurant un sacre solennel, mais le peuple tourna la chose en ridicule. Le pays était mécontent de ce coup d'État de la minorité. Le grand parti parlait déjà de reprendre les armes. De l'aveu des principaux chefs, des hostilités ouvertes allaient éclater, lorsqu'un événement inattendu fit avorter tous ces projets de guerre.

« Le 1er avril 1875, le steamer américain *Tuscarora* abordait au port d'Apia, ramenant le colonel Steinberger et son beau-frère M. Blake. On débarqua du *Tuscarora* cinq pièces d'artillerie de campagne, une mitrailleuse, une centaine de fusils rayés, d'abondantes munitions, des habits, etc., que l'Amérique offrait au gouvernement samoan. Quelques jours après, un yacht, le *Peerless*, arrivait suivi d'une petite chaloupe à vapeur, qui promena les curieux dans le port. Les chefs furent d'abord effrayés de tous ces cadeaux. Toutes ces choses nouvelles leur firent un peu perdre la tête. Quelques-uns manifestèrent leurs craintes, mais l'engouement de la multitude triompha de leurs appréhensions. On fixa un jour pour la réception officielle de M. Steinberger. Ce jour-là, toute la population se rassembla; le commandant Eben présenta le délégué des États-Unis aux chefs du gouvernement samoan. Une lettre du Président des États-Unis fut lue en présence de tout le peuple. Le Président déclare qu'il acquiesce au désir des chefs, et leur envoie M. Steinberger pour les aider, comme ils l'ont sollicité, à établir un gouvernement.

« Le colonel américain se mit aussitôt à l'œuvre. Il dressa une constitution et fit élire, le 27 mai, un roi qui fut acclamé par tous les Samoans et salué par les canons de la corvette. Quelques jours après, le *Tuscarora* quittait le port d'Apia.

« Notre nouveau roi est Maliétoa Ier. La constitution déclare qu'il sera roi pour quatre ans. Ce temps écoulé un descendant de la famille des Tupua occupera le trône pour une période égale de quatre ans. Cette royauté n'est, au fond, qu'une présidence héréditaire dans deux familles. »

Le règne de Maliétoa dura peu ; il fut renversé et, lisons-nous dans l'*Exploration*[1], le pouvoir ayant passé aux mains de deux partis, la Taïmoa et la Puletua, qui furent reconnus par les puissances étrangères, l'Allemagne conclut, au mois de février 1879, un traité de paix avec « Leurs

----

1. Numéros du 7 décembre 1879 et du 15 avril 1880.

Excellences les membres de la Taïmoa, représentant le gouvernement des îles Samoa ». Dès 1878, les États-Unis avaient conclu, de leur côté, une convention avec les îles Samoa.

« Les conséquences en furent, pour l'un et l'autre de ces deux pays, que l'Amérique réclama le port de Pagopago, dans l'île de Tutuïla, et l'Allemagne celui d'Apia. Une station pour un dépôt de charbon leur fut donnée dans les environs, à Saluafata. Jusqu'alors, l'Angleterre n'avait pas conclu de traité. C'est la présence de son agent à Apia qui aurait inspiré aux Américains la crainte de voir le port de Pagopago leur échapper, et c'est à la suite d'intrigues réciproques qu'une lutte a éclaté entre la Taïmoa et le parti du roi Maliétoa qui l'a emporté.

« Les journaux de Berlin, reproduisant des informations du *Hamburger Correspondent,* constatent le fait que la proclamation des lois fondamentales des îles Samoa et l'élection de Maliétoa comme roi à vie de cet archipel ont eu lieu, le 23 décembre 1879, à bord de la corvette allemande *Bismarck,* en rade d'Apia. Les délégués des sept provinces de l'archipel avaient choisi le navire allemand comme terrain neutre, et la double cérémonie s'est accomplie en présence du capitaine de frégate Zembsch, consul général d'Allemagne aux îles Samoa. Après cette solennité, le *Bismarck* a tiré une salve de vingt et un coups de canon.

« Les îles Samoa auront un parlement composé d'une chambre haute et d'une chambre basse, représentées, dans l'intervalle des sessions, par une commission de permanence qui aidera le roi à porter le poids des affaires. Une clause importante des lois fondamentales pour les résidents étrangers, c'est que les demandes et les griefs de ceux-ci seront soumis directement au roi par les consuls des parties intéressées.

« Le roi Maliétoa a passé ses troupes en revue le 28 décembre, en présence du consul général d'Allemagne et des marins des navires de guerre allemands, qui occupaient des places d'honneur à côté du souverain.

« Le premier acte du roi a été de conclure un traité d'amitié avec l'Angleterre, et de donner à ce pays une station pour un dépôt de charbon et un dock pour sa flotte, mais dans une partie de l'île autre que l'endroit choisi par les Américains. »

IV.

Les Wallis et les Gambiers.

Le 1ᵉʳ juillet la *Mégère* quittait le port d'Apia. Après deux jours d'une rapide traversée nous reconnaissions, le 3 au matin, l'île d'Uvea, de l'archipel des Wallis, et quelques heures après nous laissions tomber l'ancre dans le havre intérieur, au mouillage de Mata-utu, en face du village de ce nom, que la foi de la reine Amélie a changé en celui de *Regina-Spei,* depuis qu'elle en a fait sa résidence habituelle.

« La force douce est grande », a dit Gœthe. Nulle part cette parole profonde ne s'est mieux vérifiée que dans l'archipel des Wallis; nulle part elle n'a produit de plus rapides transformations dans les esprits qui en ont subi la salutaire influence.

Elle résume l'histoire de ces îles et en forme l'intérêt ; elle explique l'état actuel de la population qui,
à ce titre, nous offrira peut-être un sujet d'étude
digne d'arrêter quelque temps notre attention. On
sait comment la population des Wallis se convertit
au catholicisme. Ce fut l'œuvre personnelle de
Mgr d'Énos. L'histoire de cette conversion, telle
qu'on la retrouve dans les lettres des missionnaires
et dans les rapports des commandants de nos navires
de guerre, semble, en plein XIXe siècle, une légende
du moyen âge. Pour expliquer cette étonnante révolution, tous, en effet, ont recours à l'intervention
de causes surnaturelles. En réalité, elle est l'œuvre
de cette force toute-puissante, mais purement humaine, d'une volonté énergique réglée par la bonté
qui ne nous étonne que parce qu'elle est trop rare.
Sur la trame uniforme de ces récits deux figures se
détachent distinctes à côté de celle de l'ardent
apôtre qui en est le principal personnage. L'une est
celle d'un jeune chef inquiet, mécontent, plein
d'ambitions secrètes et mal contenues, voulant à
tout prix les réaliser ; l'autre est celle d'une jeune
fille, ou plutôt une enfant, douce, humble et patiente
au dehors, mais au fond énergique et résolue, qu'é-
murent les souffrances du courageux missionnaire,
et qui s'éprit pour lui d'une de ces affections que
rien n'effraye, d'un de ces dévouements que rien ne
lasse. Plus d'une fois, aux risques de sa propre vie,

elle sauva les jours du vaillant prêtre que tant de périls menaçaient. Aux heures d'angoisses et de désespérance, elle lui fut cet appui dont les esprits les plus fortement trempés ont peut-être besoin pour ne pas s'avouer vaincus. Le nom de *Touhangahala,* le jeune chef, qui le premier sembla croire au missionnaire, tient plus de place dans ces récits que celui de la jeune Amélie ; mais tous deux contribuèrent également au triomphe rapide des idées chrétiennes dans ce milieu où tout leur était hostile. Touhangahala n'obéit qu'à ses ambitions vulgaires en embrassant la foi nouvelle ; cette conversion ne fut pour lui qu'un moyen politique, et il n'y conforma que bien plus tard sa vie privée ; mais son exemple entraîna le village de *Mua,* dont il était le chef, et ses nombreux partisans dans l'île. Tous, dès lors, furent dans la main de l'évêque. Amélie, nièce du roi *Lavelua,* inclina d'abord son cœur à la clémence, et le christianisme fut toléré. Sa mère, qu'elle avait convertie, monta sur le trône, et l'œuvre des missionnaires fut assurée. Aujourd'hui elle a succédé à sa mère ; toujours pieuse, toujours dévouée à cette religion qui charma sa première enfance, aux hommes qui en sont pour elle les représentants sacrés, elle leur a remis son autorité tout entière, et les Wallis sont devenus une colonie catholique.

On a dit que l'esprit humain ne se répète pas ;

que bien différentes des forces physiques, les idées, ces forces morales et intellectuelles, ne produisent pas toujours les mêmes résultats. C'est que souvent leur influence est profondément modifiée par celle de causes d'un ordre tout différent, et dont l'action ne se montre que par le progrès des années. Les Wallis et les Gambiers offrent dans leur situation actuelle une preuve convaincante de cette vérité. S'il est, en effet, un système philosophique lié dans toutes ses parties par les règles d'une puissante logique qui puisse prétendre ici-bas à l'unité et à l'immutabilité, c'est certainement le dogme catholique tel qu'il a été élaboré par les plus puissants génies dans une lente succession de plus de dix-huit siècles, tel surtout qu'il est accepté par ces esprits pleins d'ardeur et de soumission à la fois qui se vouent aux rudes labeurs de l'apostolat. Si, de plus, on peut affirmer que ces hommes sont l'expression la plus complète de ce système, non-seulement dans les principes abstraits sur lesquels il est fondé, mais surtout dans les règles qui en ont été déduites pour la vie pratique, il s'ensuit que ces règles sont les mêmes dans le monde entier. Il serait donc tout naturel de croire que les Wallis et les Gambiers, pures colonies catholiques, fondées à la même époque dans les populations d'une même race, arrivées à ce moment au même degré de civilisation, doivent avoir marché parallèlement l'une à l'autre, et que, parties du même point, elles doivent avoir atteint le même développement, comme être réservées au même avenir. Il n'en est rien pourtant, et un rapide examen fait reconnaître en elles les différences les plus profondes.

Quand, après avoir doublé le cap Horn, on s'avance dans le Pacifique, en le remontant au N.-O., vers les archipels polynésiens, les premières terres qui apparaissent sont les îles rocheuses de Magareva, sentinelles avancées de l'archipel Dangereux ou des Pomotou[1]. Les îles basses de cet archipel apparaissent ensuite comme autant de jalons de la route qui de Magareva conduit à Taïti, longtemps la reine de ces régions, reine charmante et gracieuse, bien faite pour enchanter les voyageurs par la beauté changeante de ses paysages, mais non pour séduire ces hommes à l'esprit pratique, aux vues positives, qui s'inquiètent avant toute chose des moyens de s'enrichir. Ni Taïti et ses vassales les Pomotou, ni Magareva et les rochers stériles qui forment l'archipel des Gambiers ne répondent à de tels désirs. Cependant, lorsque le pavillon de la France fut déployé sur ces îles, quelques aventuriers, entraînés par le mouvement qui se fit autour d'elles, vinrent y tenter la fortune. Les Gambiers avaient, disait-on,

---

1. Une décision prise pour favoriser les prétentions des habitants de l'archipel a fait changer officiellement ce nom de Pomotou (conquise) en celui de Tuamotou (lointaines). (*Annuaire de Tahiti*, p. 103.)

d'abondantes pêcheries de nacre et de perles ; quelques-uns d'entre eux s'établirent aux Gambiers
pour exploiter cette source de profits ; mais aussi à
quelles conditions furent-ils admis ! Il est vrai que
ces conditions, très-restrictives, n'émanaient pas du
gouvernement seul des Gambiers, des missionnaires
catholiques, si l'on veut, mais avaient été d'abord
édictées par le commandant en chef de nos établissements océaniens. Ces restrictions n'en prouvent
pas moins la défiance très-légitime qu'inspirait à ce
fonctionnaire éminent, qu'inspire en général le caractère de ceux de nos nationaux qu'on rencontre
loin de France. Elles ont surtout en vue ces esprits
indociles à toute règle, frondeurs, mécontents de
tout, même quand leurs entreprises réussissent, toujours prêts quand elles échouent, à rejeter sur d'autres la responsabilité de leurs échecs. Cela pouvait
être vrai il y a trente ans, et s'il n'est que juste de
reconnaître que depuis cette époque une telle appréciation ne saurait être générale, combien alors
souffrait-elle d'exceptions ? Juste peut-être ce qu'il
en fallait pour confirmer la règle. Quoi qu'il en soit,
ceux de nos compatriotes qui s'établirent aux Gambiers semblent avoir appartenu à cette grande catégo-
rie. Ils eurent le malheur de ne pas réussir, et ce fut
par leurs seules fautes ; alors ils accusèrent, suivant
leur coutume, le pays, hommes et choses, qui trompait
leurs espérances. Ce pays était sous l'influence des

missionnaires, et ils accusèrent les missionnaires. Ce fut leur avidité, le monopole commercial qu'ils exerçaient au profit de leur congrégation, qui avait nécessairement causé leur ruine. Les règles de la société dans laquelle ils étaient venus vivre, et qu'ils connaissaient d'avance, étaient celles d'une société religieuse ; elles imposaient un frein à leurs passions, ils attaquèrent violemment ces règles. Elles avaient le tort de vouloir empêcher, et les lois avaient celui de punir l'ivrognerie, la débauche, la séduction et l'adultère, et ils crièrent au fanatisme religieux, à l'intolérance monacale. Enfin, les tribunaux du pays, dans lesquels ils s'étaient souvent assis comme juges, repoussèrent certaines de leurs prétentions spoliatrices, et après avoir accepté leur juridiction, ils en récusèrent les arrêts, en appelèrent aux tribunaux de Taïti, et crièrent plus fort que jamais à l'oppression et à la tyrannie.

Il était bien difficile que cette conduite des seuls Européens établis au milieu d'eux n'eût pas sur l'esprit des Magaréviens une action dissolvante. Leurs croyances religieuses, leur foi sincère, n'en furent pas ébranlées, tout l'atteste ; mais leur confiance dans le système purement humain du gouvernement, mise à une aussi redoutable épreuve, n'en sortit peut-être pas intacte. Les cruelles maladies qui, vers cette époque, vinrent frapper la population, le trouble qu'elles jetèrent dans toutes les familles, ne laissèrent pas que de fortifier les doutes que leur suggéraient et la conduite et les paroles des Européens. Ces maladies, cette décadence de la population, succédant à tant d'espérances avortées, n'étaient-elles pas, comme le prétendaient ces derniers, les conséquences de l'isolement systématique auquel les missionnaires les condamnaient ? Si les chefs repoussèrent ces suppositions, elles furent certainement accueillies par quelques esprits plus intelligents, ou, si l'on veut plus inquiets : de là une certaine impatience bien naturelle, un certain élan vers une vie plus active, que révèlent des faits dont il est impossible de nier la signification. Je veux parler de tentatives pour fuir à Taïti sur des chaloupes à demi pontées. Ce sont là des symptômes caractéristiques des nouvelles dispositions des esprits ; ils n'ont pu échapper à la surveillance des missionnaires, qui sont bien loin d'ailleurs de les récuser ; mais peuvent-ils y satisfaire ? Ici se montre la plus grande des difficultés de leur situation exceptionnelle à tant d'égards, et cette difficulté n'est pas d'un ordre moral ou religieux ; elle est indépendante de toutes les idées particulières à des prêtres catholiques, et découle de ce qu'il y a de plus fatal et de plus matériel au monde : la constitution géologique, l'isolement géographique de l'archipel, deux causes auxquelles déjà nous avons attribué la dégénérescence, la mortalité de la population, et qui n'auront pas eu que ce seul effet déplorable sur l'avenir de ces îles, autrefois si heureuses.

Si les Gambiers pouvaient trouver, soit dans les produits du sol, soit dans ceux d'une industrie quelconque, les éléments de cette vie active que réclament les tendances nouvelles qui se manifestent dans l'esprit de leurs habitants, rien ne serait plus facile que de les satisfaire, et la prudence la plus vulgaire, à défaut de justice, l'imposerait aux missionnaires, véritables chefs de l'archipel. La population, émancipée d'une tutelle dont elle semble accuser la sévérité, se mêlerait davantage au mouvement général de ces sociétés modernes dont elle a déjà la foi religieuse, et, dans des conditions plus ou moins favorables, poursuivrait son développement intégral ; mais de tels éléments manquent à cette population, et nul intérêt réel n'appelle dans ces îles les étrangers, que le système actuel, prétend-on, repousse seul loin d'elles.

Les Gambiers ne sont en effet que des rochers stériles, produisant à peine, dans les vallées resserrées qui du pied de ces rochers s'étendent au rivage de la mer, les denrées nécessaires à la nourriture de la population. L'unique industrie est la pêche de la nacre et des huîtres perlières ; encore les revenus aléatoires en diminuent-ils chaque jour, et les produits ne suffisent pas même, dans les circonstances les plus heureuses, au chargement d'un seul navire.

Dès lors espérer une immigration aux Gambiers, ou l'établissement, qui la provoquerait là comme partout, de nombreux négociants européens, ne serait-ce pas une rêverie chimérique? Accuser de l'isolement auquel les condamne un état de choses fatal les missionnaires qui, dans leur intérêt même, ne peuvent vouloir que le développement et le bien-être des populations qu'ils dominent, et qui meurent dans leurs mains, n'est-ce pas se méprendre grossièrement sur la réalité? Mais on a vu des îles aussi pauvres, plus déshéritées que les Gambiers, s'élever à une prospérité réelle, comme l'île Saint-Vincent, du cap Vert. Le hasard qui a placé cet archipel sur une des grandes routes commerciales du monde a seul créé cette prospérité. Les îles Gambiers peuvent-elles rêver cette heureuse chance? Sans doute elles éclairent la route du cap Horn, de l'Amérique du Sud en Océanie, mais avec la vapeur, qui fit la fortune de Saint-Vincent, cette route est chaque jour abandonnée. Quand la *Royal mail Company* entretenait une ligne de Panama en Australie, le point de relâche de ses paquebots fut choisi à Rapa, 400 lieues plus à l'Ouest. Le sort des Gambiers semble donc écrit, le peu de bruit qui s'est fait autour d'elles va s'éteignant, la population de ces îles végétera problement quelques années encore dans l'état de torpeur dont rien ne semble devoir la retirer, puis elle disparaîtra pour toujours.

Bien différents apparaissent et l'état actuel des Wallis et l'avenir qui leur semble réservé.

L'archipel ou plutôt le groupe des Wallis, qui doit ce nom à l'illustre navigateur qui le découvrit en 1767, est situé par le 12e degré de latitude sud et le 179e degré de latitude occidentale de Paris. Il se compose d'une île centrale, Uvea, d'origine volcanique, et d'une série d'îlots madréporiques jetés en cercle autour de l'île centrale, reliés entre eux par une ceinture à peine interrompue de récifs. Si les Gambiers, ou, pour mieux dire, si Magareva est une miniature de Taïti dont elle a les aspects pittoresques, Uvea rappelle par ses contours extérieurs, où rien n'est heurté, et surtout par l'universelle fécondité du sol, l'archipel des Samoa ; elle n'en est d'ailleurs séparée que par moins de 80 lieues, et semble en être le prolongement. Sur la carte, Uvea affecte la forme d'un cercle régulier ; vue du large, elle justifie la vieille, mais charmante comparaison d'une corbeille de verdure s'élevant au milieu des flots. Trois chaînes de collines d'une hauteur moyenne de 200 mètres s'élèvent en pentes douces, couvertes d'une riche végétation où déjà de vastes clairières attestent çà et là le travail de l'homme. Deux grands lacs, dont les bassins sont peut-être les cratères de volcants éteints, servent de réservoir aux eaux intérieures qui partout jaillissent et serpentent aux flancs des collines avant de se jeter à la mer. Toutes

les productions des Samoa s'y retrouvent avec la
même abondance, et les essais pour y introduire le
caféier, la canne à sucre, le coton, ont donné les
mêmes résultats favorables. La superficie de l'île est
de 2,500 hectares d'un sol partout également fertile.
C'est beaucoup pour la population, qui s'élève à
3,500 âmes. Aussi les terres situées autour des villages, sur le bord de la mer, sont-elles seules régulièrement culivées. La population peut donc se
développer à l'aise, sans redouter même les conséquences d'une immigration qui pourrait en tripler
le chiffre, d'autant plus qu'aux ressources d'Uvea se
joignent celles des îlots madréporiques, couronnés
de cocotiers, et celles sans nombre de la mer, ou
même, sans s'exposer au large, du vaste et tranquille
bassin que les récifs forment autour d'Uvea.

Malgré les relations presque constantes que les
Wallisiens entretiennent avec les Futuna, les Samoa, Tonga-Tabou et les Fidji, ces îles ont échappé
jusqu'à ce jour à l'invasion des Européens, déjà si
nombreux dans ce dernier archipel. Cela tient à
diverses causes : leur fertilité, leurs richesses, ne
peuvent être soupçonnées qu'autant qu'on pénètre
dans les îles mêmes, et, outre qu'elles ne sont pas
sur le courant direct de l'émigration australienne,
dirigée des grandes colonies anglaises vers Taïti, la
seule passe ouverte aux navires à voiles et conduisant
aux mouillages intérieurs offre de sérieuses diffi-

cultés. Les vents alizés soufflent dans une direction presque toujours constante et directement opposée à celle de la passe. Plusieurs navires, entre autres la corvette française l'*Embuscade,* se sont échoués en la franchissant. Aussi les baleiniers n'ont fait que de rares apparitions dans l'archipel, et encore en se tenant en dehors des récifs. Or, l'on sait que c'est dans leurs équipages que se recrutait autrefois la grande masse des aventuriers qu'on rencontrait en Océanie. Néanmoins, cinq Européens vivent à Uvea, ignorés depuis plus de trente ans. Avant même la conversion de la population au catholicisme, ils s'étaient établis au milieu d'elle. Ils se sont si bien identifiés avec son esprit et ses habitudes qu'il est difficile de les reconnaître, à moins que dans certaines circonstances exceptionnelles ils ne revêtent les étranges costumes européens qu'ils conservent comme un souvenir de leur jeunesse et de leur patrie. Bien que de nationalités différentes (on compte deux Anglais, un Portugais, un Français et un Allemand), ils sont tous catholiques et catholiques fervents. Presque tous d'ailleurs souffrent cruellement d'une maladie qui s'attaque aux Européens vivant de la vie des Indiens : l'éléphantiasis, qui semble une conséquence obligée du régime peu fortifiant, de la diète uniforme de ces populations. Le retour aux habitudes de la vie européenne suffit en effet pour faire disparaître le mal, ou tout au moins pour en arrêter le développement.

Ainsi transformés au moral, rudement éprouvés par les souffrances physiques, usés par l'âge, ces hommes semblent être, dans la phase nouvelle que traversent la plupart de ces archipels, les derniers représentants d'une époque déjà loin de nous, celle où l'Océanie n'était qu'un champ d'aventures que parcouraient les voyageurs et les marins, mais où nul ne songeait à se fixer, en dehors des missionnaires et des hommes qu'un crime avait mis au ban de la civilisation.

Tels ne sont plus aujourd'hui les entraînements qui poussent les nouveaux pionniers européens vers les archipels de la Polynésie. La découverte des riches terrains aurifères de la Californie et de l'Australie, sans compter l'esprit général de notre époque, a surexcité d'autres passions. S'enrichir pour retourner briller en Europe, voilà le seul but que poursuivent tous ces déclassés de nos sociétés vieillies que l'on rencontre sur ce nouveau théâtre ouvert à leurs convoitises. Ce but, ils y marchent dans le monde entier, chacun suivant le génie de sa propre nation : les Anglais et les Allemands par les labeurs persévérants du colon et du planteur ; les Américains du Nord par leurs expéditions maritimes et la patiente activité dont ils fouillent les marchés les plus ignorés pour les exploiter à leur profit ; nos compatriotes, sauf de bien rares, mais très-honorables exceptions, par des entreprises de tout genre, tentatives presque toujours avortées, parce que, mal conçues le plus souvent ou bien exigeant avant tout de la suite et de la persévérance, elles ne peuvent être menées à bien par des esprits changeants, incapables d'attendre avec patience les résultats lents et assurés du travail. Ceci est du moins la triste impression que nous ont laissée nos longues courses. Qu'il nous soit permis d'esquisser rapidement le portrait et l'odyssée de l'un des deux seuls compatriotes que nous avons vus à l'œuvre dans cette immense région de l'Océanie, en dehors toutefois de Taïti et des Sandwich. Les détails qu'on va lire trouvent du reste ici leur place naturelle.

M. D... a été pour les Wallis ce que furent aux Gambiers ceux de nos compatriotes dont nous avons dit l'action fâcheuse, à nos yeux du moins, sur la prospérité de ces îles, et si cette action aux Wallis n'a pu être aussi puissante, cela tient à des circonstances particulières ; mais les principes, les idées, les passions en jeu, étaient évidemment les mêmes. M. D... appartient à une famille très-honorable. Son père était capitaine du premier empire. Après quelques tentatives sans succès dans divers ports de l'Amérique du Sud, il alla s'établir à Taïti, où il ne semble pas avoir été plus heureux. L'occupation de la Nouvelle-Calédonie lui parut une occasion favorable. Il réalisa tant bien que mal les débris de sa fortune, et partit sur une petite goëlette pour la

Nouvelle-Calédonie. A Vavao, il fit naufrage par *la faute* du pilote indigène, perdit sa goëlette, et réclama comme réparation du dommage que lui avait causé l'impéritie du pilote tongien une indemnité assez considérable. Le roi George, de Tonga, se hâta de la lui faire payer, mais à la condition qu'il quitterait immédiatement ses États pour n'y plus revenir. Avec sa vieille expérience, le roi ne se souciait pas d'avoir affaire aux navires de guerre européens. M. D..., poussé par le hasard, arriva aux Wallis avec l'intention d'y construire un navire et de gagner ensuite la Nouvelle-Calédonie ; néanmoins, il vivait à Uvea depuis plus de neuf ans. Pendant les premières années, il entretint les meilleures relations avec les missionnaires ; puis il agita le pays au point que la reine Amélie dut nous demander protection contre cet hôte incommode dans une lettre qui accuse d'une façon naïve l'impuissance de ces petits souverains insulaires. Il suffira d'en citer quelques fragments :

Regina-Speï, 4 juillet 1869.

Je vous présente mon amitié à vous, commandant de la corvette française la *Mégère,* à vous qui me faites l'honneur et le plaisir de me visiter dans mon petit État. Que de temps il y a que les relations avec nos amis de France n'existent plus !

Soyez le bienvenu. Venez, je vous en prie, me prêter assistance dans les divers embarras qui me préoccupent au sujet des Européens qui viennent vivre sous mes lois. Ma mère Falakika a fait tous ses efforts pour renvoyer de sa terre M. D..., qui refusait de lui obéir. Loin de partir, il a toujours persisté à mettre plus d'entraves à son gouvernement.

Le mal venait de ce que les marins anglais refusaient de le transporter ; il s'entêtait, et aujourd'hui il me dit à moi-même : « Si vous me renvoyez, je laisse mes marchandises, « dont vous serez vous-même responsable. » Or, je vous assure, commandant, que je ne veux point répondre de ses effets. Je me souviens trop bien de vingt tonneaux d'huile que nous venons de payer aux Anglais, pour des avaries dont il ne faudrait pas même parler...

Commandant, veuillez m'obliger en exigeant vous-même le départ de cet homme. Nous avons entendu dire qu'il est réclamé à Taïti pour dettes ; s'il en est ainsi, veuillez être agréable aux créanciers, et à moi me rendre un service...

Il a compromis mon île auprès d'un navire anglais au point de faillir y susciter la guerre ; heureusement le commandant de ce navire a bien voulu ne pas faire droit à ses insinuations calomnieuses.

Il a refusé, dans plusieurs occasions, de payer le droit d'huile à ma mère Falakika, sous prétexte, disait-il, que son gouvernement était défectueux. Il met le désordre dans des ménages par ses rapports avec des femmes mariées... Il met le trouble entre les Européens qui habitent ma terre ; il met le trouble entre mes sujets.

Il construit un navire, et prétend que dans le droit européen on ne peut détourner un homme de son travail en raison des pertes qui s'ensuivraient ; or, je dois vous dire qu'il y a je ne sais combien de temps que ce navire est en chantier, et il ne finit jamais.

Autant qu'il peut avoir d'eau-de-vie à sa disposition, il fait enivrer les hommes et les femmes, ce qui est un *tapou* de mon père Jean-Baptiste et de ma mère Falakika, ce qui est également le mien.

Je suis honteuse des reproches qui me sont adressés par les Européens, qui me disent que je suis délaissée par la France, que la France n'a plus d'amitié pour moi, moi qui ai appris à l'aimer lorsque je n'étais encore qu'une jeune fille.

Ces doléances révèlent un des côtés les plus sérieux de la situation des Wallis. Comment comprendre, en effet, que si longtemps un étranger ait pu braver l'autorité du pays qui lui avait donné asile ? Il y a plus, comment se fait-il que la présence de personnages si peu honorables soit une crainte pour les missionnaires ? Tout cela ne montre-t-il pas que ce sont là des sociétés mal réglées, des pouvoirs mal assis, flottant entre la faiblesse et l'arbitraire, et qui en ont tous les inconvénients ? Partout en Europe il se rencontre des esprits inquiets, parlant sans cesse du droit qu'ils méconnaissent, réclamant au nom de prétendus intérêts qu'ils disent sacrifiés injustement ; mais partout il y a des tribunaux pour décider de la valeur de leurs plaintes, des lois que chacun doit connaître, auxquelles chacun est tenu d'obéir. Aux Wallis, malgré vingt ans de souveraineté réelle des missionnaires, rien de tout cela : ni lois écrites et connues, ni tribunaux pour les appliquer. Qu'en résulte-t-il ? Pour les affaires intérieures, c'est la reine qui décide d'après son bon sens, d'après ses notions de justice, d'après celles de ses conseillers, c'est-à-dire de prêtres s'inspirant avant tout de leurs opinions religieuses, inspirations que peuvent à bon droit récuser et les capitaines des navires marchands qui fréquentent l'archipel, lesquels sont presque tous protestants, et les francs-maçons, comme notre compatriote M. D... Dans les affaires extérieures, c'est-à-dire dans les relations avec les commandants des navires de guerre, les officiers, en l'absence de toute loi écrite, en appellent à leur bon sens, à leurs propres notions de la justice, prennent leur décision après une enquête forcément insuffisante, et imposent cette décision. Dans les deux cas, les résultats sont identiquement les mêmes. L'arrêt prononcé, fût-il le plus juste du monde, étant l'appréciation d'un simple individu, n'ayant pas d'autre titre au respect, d'autre sanction morale que l'impartialité toujours à bon droit suspecte d'un seul homme, ne satisfait, ne peut satisfaire qu'une seule des parties, et laisse la porte ouverte à des récriminations sans fin.

Les défauts trop évidents d'une telle organisation sociale ont depuis longtemps frappé l'esprit si juste et si éclairé de Mgr d'Énos ; mais les remèdes qu'ils exigent impérieusement seront-ils jamais appliqués ? L'âge n'a point usé les forces du prélat ;

seulement le temps ne lui manquera-t-il point? et après lui qui continuera son œuvre? Parmi tous ceux qui semblent appelés à lui succéder, aucun ne nous a paru avoir cette force d'esprit nécessaire pour dégager l'action purement humaine qu'ils ont à exercer, des préoccupations religieuses du missionnaire et du prêtre catholique. La solitude où ils vivent est si profonde, leur isolement du monde a été jusqu'à ce jour si absolu, qu'il est tout naturel que leur esprit se soit laissé envahir par le côté mystique de leurs croyances. « Les lis ne filent pas, et Salomon dans toute sa gloire n'a jamais égalé leur splendeur. — Cherchez d'abord la vérité, et le reste vous sera donné par surcroît. » Ces maximes et tant d'autres de l'Évangile, où se retrouve le même dédain du travail, de l'effort, cette loi supérieure de l'humanité, semblent seules les inspirer. C'est l'éternel écueil des esprits religieux qu'une lutte forcée ne convie plus à l'action. Marie a choisi la meilleure part, et cependant les soins de Marthe sont-ils à dédaigner? Pour vulgaires qu'ils soient, ils sont cependant indispensables. Aux Wallis surtout, il est bien temps que cette vérité soit comprise. Si ces îles ont pu jusqu'à ce jour, grâce à des circonstances exceptionnelles, échapper au mouvement qui s'accomplit autour d'elles, l'heure approche où leur solitude va être troublée, où elles devront sortir forcément de leur isolement; voilà que des Fidji le flot

des émigrants européens gronde à leurs portes. Déjà
M. Weber, le riche marchand d'Apia, le consul de
la Confédération allemande, a triomphé des résistances de la reine : à défaut des terres qu'il demandait, des fermes qu'il voulait établir sur le modèle
de celle d'Opoulou, il a fondé un comptoir commercial à Mua. Le coin une fois enfoncé au cœur de
l'arbre, la brèche une fois faite à la muraille, combien faudra-t-il de temps pour que l'arbre soit abattu,
pour que la muraille soit renversés? Les missionnaires catholiques ont-ils à redouter un tel avenir?
D'aucune manière, si, comprenant le rôle auquel ils
sont appelés, ils se mettent à la tête du mouvement,
non pour le contrarier, mais pour diriger l'essor des
populations vers les destinées auxquelles ce mouvement les pousse. Ces populations ont conservé l'esprit aventureux qui les a mêlées autrefois à toutes les
révolutions des archipels voisins, et dont on retrouve
les traces jusqu'aux îles lointaines de la Nouvelle-
Calédonie. Peuvent-elles plus longtemps rester dans
cette immobilité à laquelle voudrait les condamner
un système hostile à l'émigration européenne? L'ardeur religieuse de la génération qui se livra aux
missionnaires après les avoir longtemps combattus
n'anime pas les générations nouvelles. Leurs
croyances sont aussi profondes, aussi sincères ;
mais elles n'ont pas, elles ne peuvent avoir ce caractère de lutte qui suffisait à l'activité instinctive de

leurs pères : elles ne peuvent dès lors suffire à la leur. D'autres idées, ou, si l'on veut, d'autres besoins les préoccupent. La civilisation européenne attire ces Indiens par ses mirages souvent trompeurs. Plus d'un écoute avec une ardente curiosité les récits des matelots qui viennent leur rapporter, en échange des productions de leur île, quelques-uns des plus grossiers produits de cette civilisation. Un des chefs d'Uvea a vu Rome et Paris, alors qu'enfant il suivait le commandant Marceau : avec quel enthousiasme il en évoque les souvenirs ! J'ajouterai avec quelle tristesse il compare l'état de son île natale à celui de ces grandes villes qu'il a un moment traversées, la vie monotone qu'il a reprise à celle de ces sociétés européennes dont il a compris les merveilleuses élégances et les supériorités intellectuelles ! Les symptômes de ces tendances, que le temps ne peut que développer, le mouvement des archipels voisins, l'influence qu'il aura sur les Wallis, indiquent aux missionnaires catholiques la voie qu'ils doivent suivre, la seule qui puisse assurer ces transformations imminentes sans que les idées religieuses des populations aient à en souffrir, la seule aussi qui puisse sauvegarder leur indépendance en les préservant de toute intervention étrangère.

V.

Les Fidji.

Le 9 juillet, la mission qui nous avait appelés aux Wallis était complétement remplie ; la présence de Mgr d'Énos, les sympathies de la reine pour la France, les dispositions conciliantes de ses conseillers et les chefs indigènes, tout avait contribué à nous la rendre facile. La *Mégère* était d'ailleurs le premier navire de guerre qui, depuis dix-huit ans, eût paru dans ces îles si fréquentées autrefois par nos marins ; aussi chacun nous priait de prolonger notre séjour, mais le temps pressait, et le même jour vers dix heures nous reprenions notre course, en route pour les Fidji, ou plutôt pour les Futuna, les îles Horn des cartes anglaises. Ces îles, situées à 20 lieues au sud des Wallis, auxquelles les rattachent des liens sans nombre, en sont, pour ainsi dire, une dépendance religieuse, sinon politique. Dans les deux archipels les mêmes causes ont produit les mêmes effets, et aux Futuna, comme aux Wallis, on retrouve une communauté catholique d'autant plus fervente, que les souvenirs du martyre du père Chanel, le premier apôtre des Futuna, survivant à la génération qui en fut témoin, sont encore présents à tous les esprits.

Mais n'est-ce pas une loi psychologique, toujours confirmée par l'histoire, que la persécution et le sang des martyrs sont les semences les plus fécondes et les plus longtemps durables des idées religieuses.

Terres volcaniques, montagneuses et profondément ravinées, les Futuna sont d'un accès facile par mer. Parmi les havres nombreux qui dentellent leurs rivages, celui de Singavi, étroit et resserré comme les grands navires européens, offre un abri sûr et commode aux embarcations indigènes et aux goëlettes légères qui, partout dans ces parages, tendent aujourd'hui à les remplacer. Les Futuniens ont par suite des relations assez suivies avec les archipels voisins. Ces relations suffisent à leurs besoins et à leur activité. Elles expliquent, suivant nous, l'accroissement de la population, aussi marqué qu'aux Wallis. Cette population, comme celle de ces îles, comme celle des Samoa, semble appartenir à la pure race maorie ; elle en a les caractères physiques, les qualités, les défauts et la langue.

La visite des missionnaires, parmi lesquels se trouvait le seul prêtre indigène que Mgr d'Énos ait cru pouvoir ordonner jusqu'à ce jour, celle des chefs accourus de l'intérieur au premier bruit de l'arrivée d'un navire de guerre français, quelques réceptions plus ou moins officielles suivies de l'inévitable *Kava*, qui leur donne ce caractère, enfin la rectification hydrographique du plan de Singavi, remplirent les deux journées que nous passâmes au mouillage. Le 12, nous étions de nouveau sous voiles ; le 13, au point du jour, les vigies signalaient le pic de Xicopia, sentinelle avancée des Fidji ; le 14, après divers incidents, conséquences des erreurs trop nombreuses de l'hydrographie de ces parages, laissant à notre droite les terres élevées de Vanua-Lébu, nous atteignions, à trois heures, par une route semée d'écueils dont aucun n'est marqué sur la carte, le mouillage de Sumi-Sumi, sur la côte occidentale de Tave-Uni. Enfin, le lendemain 15, après une véritable tempête qui pendant toute la nuit nous tint à la cape, la *Mégère* laissait tomber l'ancre dans le port de Levuka, capitale de l'île d'Obalau.

Cette ville naissante, mais dont tout annonçait à première vue les prochains accroissements, est le centre de la population européenne, le point de relâche habituel des navires de guerre de toutes les nations maritimes, la résidence des consuls étrangers, et aussi celle des directeurs des missions catholiques et protestantes ; elle peut donc être regardée comme la capitale politique de l'archipel des Fidji ; et en fait elle en résume la situation à tous les points de vue. Cette situation peu connue, nous dirons même ignorée en France, mérite d'être étudiée ; les problèmes qu'elle soulève ne s'adressent plus seulement aujourd'hui à la curiosité du savant ou du voyageur : leur solution touche à des intérêts d'un

autre ordre. Devenue en Angleterre une des préoccupations les plus sérieuses du ministère et d'une
fraction importante du Parlement, à l'époque où
nous la visitâmes elle appelait, à ce titre seul, toute
notre attention. « Une majorité décisive, bien qu'ob-
tenue dans une Chambre quelque peu éclaircie,
disait le *Times* du 16 juin 1873, a permis à M. Gladstone, vendredi dernier, d'éviter une résolution définitive sur un sujet qui est devenu une question
véritablement embarrassante. Il a été proposé, et ce
n'était pas la première fois, que la Grande-Bretagne
assumât le protectorat ou la souveraineté des îles
Fidji, et de cette façon, pour citer les paroles mêmes
de l'auteur de la motion, « ajoutât une colonie de plus
« à ces magnifiques colonies qui, dans l'hémisphère
« austral, ont contribué si puissamment à la richesse,
« à la prospérité et au pouvoir de l'Angleterre. » Il
serait certes difficile de faire quelque objection à
une acquisition d'un caractère tel que celui qu'on établit ainsi, mais il est évidemment désirable de savoir
d'abord si ce caractère est mérité ; puis sur quelle
autorité nous pouvons nous fonder pour nous appro-
prier ce trésor : quels sont ses possesseurs actuels ?
comment nous adressent-ils cet appel ? qu'attendent-
ils de nous ? et que nous offrent-ils en échange ?.....
Mais il y a encore une considération qui n'est pas
sans importance : on nous demande de remplacer,
paraît-il, un gouvernement existant de fait, que

M. M' Arthur représente comme sans pouvoir, pour ne rien dire de plus, et que M. Gladstone n'a défendu que sur certains points. Mais ce gouvernement est l'expression de quelque chose ou de quelqu'un ; il est maintenu par quelque autorité. Devons-nous croire qu'il ne fera aucune opposition à une mesure qui produirait son extinction définitive ? Si la majorité de la population de race blanche, aussi bien que celle des indigènes, veut une meilleure administration, pourquoi ne l'établissent-ils pas eux-mêmes ? Et si la force est nécessaire, est-ce à nous à trouver et à employer les moyens de coercition ?..... Enfin si nous devons accepter cette nouvelle obligation, qu'il nous soit permis de comprendre les termes et les prévisions de ce marché. Aujourd'hui nos informations sont très-incomplètes et il pourrait arriver, si nous agissions avec trop de hâte, qu'avant peu nous ayons à reconnaître que nous avons commis une erreur coûteuse et pleine d'inconvénients. »

Les lignes qui précèdent montrent l'importance politique des questions qui se rattachaient alors à l'archipel des Fidji ; elles font pressentir également la nature des intérêts généraux qui s'y agitaient, parmi lesquels on devine tout d'abord l'antagonisme des races européennes et des races indigènes, celui des civilisations si différentes qu'elles représentent ; quant aux intérêts secondaires, de détail pour ainsi dire, de patientes études, ou du moins une observation persévérante des hommes et des choses pouvaient seuls les mettre en pleine lumière et il y fallait un long séjour dans le pays. Néanmoins, une circonstance particulière nous permettra peut-être, et dans une certaine mesure, de suppléer à ce que nos propres observations ont eu forcément d'incomplet, par suite de notre rapide passage dans l'archipel. La race anglo-saxonne est partout fidèle à sa devise : *Help-yourself*. Aussi, lorsque, quelques années après le premier refus de l'Angleterre d'occuper les Fidji, les colons se trouvèrent livrés à eux-mêmes, en face de toutes les difficultés d'un établissement définitif, ils ouvrirent à Levuka une sorte d'enquête pour étudier la situation dans son ensemble comme dans ses éléments les plus essentiels; de là, toute une série de documents qui jettent le jour le plus vrai sur les questions qui alors préoccupaient l'attention publique. Ces documents, que nous avons pu consulter, constituent pour ainsi dire l'analyse des ferments divers qui s'agitent au fond de cette société en voie de transformation, « de devenir », dirait un philosophe hégélien, et par cela même très-curieuse à étudier; d'un autre côté, la lumière s'est faite sur les crimes sans nom de l'infâme trafic, véritable traite des esclaves, qui, sous les noms de *Labour Trade, Labour Traffic*, déshonore depuis trop longtemps les couleurs de l'Angleterre, de la patrie des Clarkson, des Brougham, des Wilberforce. A ces révélations, l'opinion s'était profondément émue dans toutes les villes anglaises : articles des journaux les plus autorisés, brochures, livres, pamphlets, résolutions ardentes des meetings, tout attestait une *agitation* puissante et féconde, dont le but était « l'extinction de cette nouvelle et horrible forme de la traite », et qui poursuivit, comme moyen d'y arriver, l'annexion ou le protectorat des Fidji, parce qu'avec le Queensland, elles partageaient le triste privilége d'en être le principal marché. N'y a-t-il pas là une source d'informations précieuses, dont il est facile de dégager la vérité, peut-être un peu obscurcie par les exagérations de généreux sentiments ? La suite de ce récit nous impose l'obligation de cette recherche, c'est-à-dire l'analyse et souvent même la traduction simple de ces documents d'origines si diverses ; mais pour leur intelligence même, il est nécessaire d'établir auparavant et à grands traits les principales divisions géographiques et politiques de l'archipel.

I.

Deux cents îles ou îlots composent l'archipel Viti ou Fidji. De ces îles nombreuses deux seulement ont une véritable importance, à ne considérer que l'étendue ; ce sont Vanua-Lebu (la Grande-Terre),

Viti-Lebu (la Grande-Viti). Toutes deux ont de trente-cinq à quarante lieues de long, mais leur superficie n'est pas la même. Les rivages de la première sont partout découpés en golfes sinueux, en baies profondes; la seconde, au contraire, affecte sur la carte la forme d'un cercle presque régulier; aussi la superficie de Vanua-Lebu n'est que de 3,000 milles carrés, tandis que celle de Viti-Lebu l'emporte de 750 milles carrés, presque un tiers de plus; Viti-Lebu mérite donc le nom que lui ont donné les indigènes, et elle est bien la reine des Viti. Tabe-Uni, en face de Vanua-Lebu, Lakemba, la plus importante des îles du Vent, Akandavu, la plus méridionale de tout l'archipel, Obalau, jetée comme un trait d'union entre les deux grandes îles vitiennes, occupent le second rang et par leur étendue et par leur population. Puis viennent un véritable semis d'îlots et de rochers, presque tous entourés d'une ceinture de récifs madréporiques qui en défendent les approches et qui rendent la navigation, dans ces parages, d'autant plus périlleuse, quand la brume ou la nuit empêchent les vigies d'éclairer la route, que les reconnaissances hydrographiques en sont, comme nous l'avons déjà dit, très-incomplètes ou mieux à refaire en entier.

De la pointe extrême au nord de Vanua-Lebu, à la pointe méridionale d'Akandavu, située par le 19ᵉ parallèle sud, l'archipel s'étend sur trois degrés de latitude ; les méridiens du 175ᵉ ou 180ᵉ degré de longitude orientale de Paris le limitent de l'est à l'ouest. Les géographes l'ont classé dans la Mélanésie, à l'extrémité de laquelle il semble former au S.-E. une pointe avancée vers la Polynésie. Ce n'est point là un classement arbitraire : la population des Viti, dit en effet le docteur Berthold Seeman, dont nous résumons l'opinion, semble, d'après les traits physiques, provenir d'un mélange de Malais et de Papous. Les individus qui la composent n'ont pas la beauté régulière des indigènes de la Nouvelle-Zélande, des Sandwich et de Taïti, mais il n'ont pas non plus le caractère d'abjection des Mélanésiens purs de l'Australie et de la Nouvelle-Calédonie. Ils sont grands, agiles et vigoureux ; le haut du visage est large, le nez gros et aplati, la bouche grande ; les yeux, farouches, sont surmontés de hauts sourcils ; les lèvres sont épaisses, les dents blanches, les cheveux abondants et crépus, le ton de la peau est d'un noir jaunâtre assez semblable à la fumée et très-différent de la teinte cuivrée des Polynésiens. Tel est le type général ; toutefois, beaucoup d'indigènes en diffèrent par la coupe de la figure, la couleur de la peau et l'élégance de leurs personnes : ce sont des métis issus des relations des habitants de l'archipel polynésien de Tonga-Tabou avec les femmes vitiennes ; car les vents soufflant de l'est à l'ouest durant dix mois de l'année poussent les mi-

grations de l'est à l'ouest dans cette partie de l'O-
céanie[1].

Il est permis de regarder ces explications de l'o-
rigine des populations des Fidji comme très-insuffi-
santes. La population des Tonga ne s'élève qu'à
quelques milliers d'âmes. Ses migrations n'auraient
pu que légèrement influer sur la population relativement si considérable des Viti, au milieu de laquelle
les individus appartenant à ce dernier type forment
la généralité des classes aristocratiques. D'un autre
côté, les affinités du langage avec le malais se retrouvent également dans les langues purement polynésiennes. Nous inclinerions donc à voir dans cette
fusion de deux races distinctes qui semblent avoir
constitué la population actuelle des Fidji le résultat
plus général de la conquête par une branche déta-
chée de la race si énergique autrefois des Maoris,
qui envahirent successivement toutes les îles du
Pacifique, depuis les Sandwich jusqu'à la Nouvelle-
Zélande. Si l'on admet, comme tout semble le prouver, que le point de départ de cette émigration a été
l'archipel des Samoa, les îles de Tonga et des Viti,
placées sur la route des émigrants vers la Nouvelle-
Zélande, ont dû être les premières étapes de leur
marche envahissante vers le sud. Les traditions des

---

1. *Berthold Seeman's Forschungen auf den Fidji-Inseln*, résumé par
Alfred Jacobs.

populations fidjiennes, quand elles auront été mises en lumière comme le furent celles des Néo-Zélandais, par quelque patient observateur, montreront peut-être un jour ce qu'il en faut croire. Quoi qu'il en soit, en dehors même de certaines industries relativement très-perfectionnées, comme celles de la poterie et de la fabrication des armes si artistement travaillées, en dehors de travaux d'ensemble comme le grand canal de Kele-Mesu, tous indices irrécusables d'une civilisation éteinte, mais déjà avancée, l'orgueil nobiliaire, poussé au plus haut point, des chefs fidjiens, la constitution essentiellement féodale de la société, la division en castes qu'on peut reconnaître dans ses rangs, nous semblent justifier l'hypothèse que nous avons émise. Nous y attachons du reste d'autant moins d'importance, que les seules données recueillies jusqu'à ce jour ne reposent que sur l'observation des tribus du littoral. « L'intérieur de la grande Viti est entièrement inconnu ; personne, indigène ou Européen, n'a pénétré dans les régions centrales, et on ne sait même pas si elles sont habitées. Le nombre des dialectes est si grand et les différences entre eux si marquées, qu'au premier abord on est tenté de croire qu'ils forment autant de langues différentes ; cette diversité est due probablement aux guerres meurtrières dans lesquelles étaient perpétuellement engagés les chefs des tribus voisines, et qui rendaient dangereuses les communications d'un district à l'autre et même d'un village au village le plus rapproché. Les membres de chaque tribu ne se croyaient en sûreté que dans les limites étroites du territoire de la tribu[1]. » Le peu d'informations qu'on possède au reste sur quelques-unes des peuplades de l'intérieur concourent toutes à les montrer comme plongées dans un état très-voisin de la barbarie. Les populations du littoral maritime étaient au contraire, à l'arrivée des Européens, parvenues à cette sorte de civilisation qu'à des degrés peu différents les premiers navigateurs rencontrèrent dans presque tous les archipels de la Polynésie. Les habitudes d'anthropophagie qui prévalaient parmi elles ne prouveraient rien contre cette assertion. Les superstitions religieuses, l'exaltation de la vengeance dans ces guerres sans fin et sans merci qui désolaient l'archipel, un faux point de vue des devoirs des chefs, dont ces pratiques monstrueuses semblent avoir été le privilége et surtout une fonction publique, ainsi que l'atteste le respect sacré attaché aux instruments spéciaux de ces horribles festins, expliquent suffisamment ces atroces coutumes, sans qu'on puisse en conclure légitimement à l'infériorité intellectuelle et morale de la race. Un indice plus caractéristique de cette infériorité serait peut-être leur indifférence profonde à l'égard des

____

1. *The cruise of H. M. S. Curaçao,* by Julius Brenchley, page 190. — ondres, 1873.

idées chrétiennes. Missionnaires protestants ou catholiques, tous se plaignent de l'insuccès de leurs efforts, de cette indifférence contre laquelle ils luttent vainement depuis tant d'années; il est certain que, pour la plupart des chefs fidjiens, la religion n'est qu'un moyen politique; qu'ils en changent avec la plus déplorable facilité, et qu'au fond, s'ils croient à quelque chose, c'est à leurs vieilles superstitions nationales. Il y a loin de l'esprit que révèlent ces dispositions à cet élan des populations de pure race maorie, qui partout embrassèrent avec tant de ferveur les croyances religieuses de l'Europe, comme un progrès vers cette civilisation qui les charmait autant par la supériorité de ses idées morales que par celle de ses côtés purement physiques.

En dehors des régions inexplorées de l'intérieur de Vanua-Lebu et de Viti-Lebu, on peut diviser l'archipel en quatre groupes distincts, au point de vue politique. Les districts orientaux de Viti-Lebu, ceux qui s'étendent sur les deux rives de la grande rivière de Rewa-Rewa, toutes les îles voisines et dont la plus importante est celle d'Obalau, reconnaissent la souveraineté du chef Çakombau. C'est le fils de ce Tanoa, dont le concours fut si précieux au commandant Dumont d'Urville lorsqu'il eut à venger l'assassinat du capitaine français Bureau. Le titre incontesté de Tanoa, celui que ses ennemis reconnaissaient seul à son fils est celui de Tui-M'Bau (roi ou chef de M'Bau). Mais Çakombau, fidèle aux traditions politiques de Tanoa, revendiquait la souveraineté de tout l'archipel ; il affectait les titres de Tui-Viti (roi des Viti) et de Vune-Valu (chef suprême, empereur). Les districts méridionaux de Vanua-Lebu étaient presque tous placés sous l'autorité du Tui-Bua, que la grande majorité des colons d'origine anglaise opposait à Çakombau, mais qui était surtout l'instrument docile du chef tongien Maafu. Tui-Ça-Kau de Vaïriki, chef de Tabe-Uni, maintenait, contre Tui-Bua et Maafu, l'indépendance de son petit royaume qu'ils ont longtemps menacée, et qu'il n'a définitivement conquise que par une lutte sanglante. Enfin, ce chef tongien lui-même, parent du roi Georges de Tonga et son lieutenant aux Fidji, poursuivait, à l'aide des secours réels quoique cachés qu'il en recevait, l'entreprise depuis longtemps commencée de la conquête de tout l'archipel. Maafu était le chef reconnu de toutes les îles du Vent, qui sont des fiefs tongiens ; parmi elles, Rambé et ses annexes étaient sa propriété particulière. En 1868, une confédération dite des îles orientales s'était formée par ses soins, entre tous les chefs que nous venons de nommer, contre Çakombau ; la présidence en avait été donnée à Tui-Bua, mais chacun savait que Maafu en était le président réel. Quelques districts de Vanua-Lebu, tels que celui de Solévu, s'étaient refusés à entrer dans la confédération nouvelle, et en avaient appelé à la protection de Çakombau. Ce fut l'occasion d'une série d'hostilités, qui un moment menacèrent d'embraser tout l'archipel, et sur lesquelles nous aurons à revenir plus tard.

Un fait à noter, est que la plupart des chefs fidjiens avaient pris comme ministres d'État des Européens, souvent distingués par leur caractère et leur instruction. Les deux personnages les plus remarquables parmi eux étaient, lors de notre passage aux Viti, M. Wilkinson, secrétaire de Tui-Bua, et M. Drews, premier ministre de Çakombau. Le gouvernement primitif des diverses tribus fidjiennes était, nous l'avons dit, essentiellement aristocratique et féodal; l'expression consacrée des grands chefs, parlant de leurs sujets : « Mes animaux », est à cet égard caractéristique, et aussi les formes du cérémonial adopté dans les relations les plus simples de la vie. Les récits des voyageurs, entre autres ceux du commandant Erskine et du lieutenant Pollard, sont pleins de témoignages de cette sorte. Rien n'est plus triste que les dégradantes humiliations auxquelles se soumettaient les chefs de Somo-Somo, avant d'entrer dans la ville de M'Bau, résidence du chef redouté auquel ils apportaient leur tribut annuel. Les formes, sinon le fond des choses, ont bien changé dans ces derniers temps. Sous la pression des idées ambitieuses qui animent Çakombau et son rival Tui-Bua, dans le désir de se concilier l'opinion des gouvernements européens, et pour avoir droit à leur reconnaissance officielle, les réformes les plus importantes ont été décrétées par ces chefs. Tous deux ont octroyé à leurs peuples une constitution libérale, calquée sur celle de la libre Angleterre. A M'Bau comme à Bua, les chambres des représentants de la nation, ou plutôt des chefs de districts, se réunissent pour discuter les affaires de l'État avec les ministres, représentants de l'autorité royale. Les institutions juridiques reproduisent également les traits essentiels de la justice anglaise.

En présence de la population indigène, dont l'ensemble varie de 150,000 à 200,000 âmes, se dresse une population de race blanche dont chaque jour voit grossir le chiffre. En 1865, M. Julius Brenchley l'évaluait à 350 personnes. En 1869, ce chiffre s'élevait déjà à 1,200 ; il dépassait 2,000 d'après les renseignements produits lorsque fut reprise dans le Parlement la question des Fidji. Le but que poursuivaient tous ces hardis aventuriers peut se résumer en quelques mots : prendre possession du sol ; l'exploiter à leur profit. Leurs progrès en ce sens ne sont que trop réels : des îles entières sont aujourd'hui, et déjà depuis quelques années des propriétés particulières. Avant l'arrivée des Européens, les indigènes n'attachaient aucune valeur à la terre ; la propriété du sol elle-même n'était pas constituée. Partout où un homme plantait des ignames, du tabac, du taro, la terre était sienne jusqu'au jour de la récolte ; la récolte faite, toute autre personne pouvait à son gré exploiter le même terrain. En 1861, lorsque, pour la première fois, il fut parlé d'annexer les Fidji à l'Angleterre, de nombreux spéculateurs partis des colonies australiennes vinrent acheter dans l'archipel de vastes territoires, sans se préoccuper des titres qui leur en assuraient la propriété ; la signature du chef suffisait, et rien n'était plus facile que de l'obtenir, — une fois ivre, ne signait-il pas tout ce qu'on voulait ? — On conçoit ce que de tels procédés ont, avec le cours du temps, amené de troubles entre les indigènes et les Européens qui les ont ainsi dépossédés de leurs terrains les plus fertiles.

Quand les settlers ne se faisaient pas justice eux-mêmes, par la force que leur assurent la supériorité de leurs armes et celle non moins grande de leur intelligence, les différends qui s'élevaient ainsi avec les indigènes étaient réglés par les consuls des diverses nations représentées aux Fidji, et dont la résidence officielle était à Lebuka. C'étaient les juges de paix, les arbitres de cette société incohérente, où tant d'intérêts se trouvaient en présence ; malheureusement on peut dire qu'ils furent souvent des arbitres intéressés, des juges animés par la passion. Néanmoins, dans les affaires générales, d'un intérêt supérieur, tout ne dépendait pas de leurs décisions. Les grandes assises de l'archipel étaient tenues par les commandants des navires de guerre qui y passaient au courant de leurs voyages, ou qui venaient y remplir quelque mission particulière. Les populations indigènes ont-elles trouvé en eux une justice plus effective ? Question délicate, à laquelle des faits répondront plus tard.

Mais à ce point de vue un seul fait peut résumer cette histoire, et il a eu une trop grande influence sur le rôle de Çakombau pour que nous le passions sous silence.

En 1866, le jour de l'anniversaire de l'indépendance des Etats-Unis, un settler américain, célèbre avec un peu trop d'ardeur cette grande fête nationale, et se grise, pour ne pas dire plus. Le feu prend à sa maison (plusieurs personnes affirment que lui-même le mit volontairement) ; les Fidjiens qui accourent pour porter secours sont brutalement repoussés, comme s'ils étaient les auteurs de l'incendie ; une rixe s'élève entre eux et le propriétaire américain qui est légèrement blessé. Entre temps la maison brûlait toujours, et, à ce qu'il assure, elle fut complétement pillée ; les coupables avaient fui dans l'intérieur et ne pouvaient être punis, quand se présenta à M'Bau la frégate américaine le *John-Adams*, réclamant justice. Çakombau, voulant à cette époque être reconnu Tui-Viti par les puissances européennes, *offrit* au commandant du *John-Adams* de payer l'amende de 45,000 dollars imposée aux districts des coupables, à condition que le gouvernement américain le reconnaîtrait comme souverain des Viti et le ferait reconnaître en cette qualité par le roi Georges de Tonga, dont Çakombau redoutait la puissance. Tel est, mot pour mot, le récit que M. Drews me fit de cet incident, véritable marché conclu entre Çakombau et le gouvernement des États-Unis. Ce marché, qui valut à Çakombau le premier acte de reconnaissance par une puissance européenne de son titre de *roi des Viti,* a du reste été fidèlement exécuté.

Avant la guerre de la sécession américaine et la crise industrielle dont elle fut en Europe la douloureuse conséquence, les seuls Européens établis aux Fidji étaient des matelots déserteurs et quelques convicts évadés des colonies pénitentiaires de l'Australie. Ces tristes représentants de notre civilisation mirent plus d'une fois au service des chefs indigènes leur supériorité intellectuelle et leur énergie, doublées d'une conscience sans scrupules, entant ainsi la corruption de nos sociétés raffinées sur les vices et les sanglantes habitudes de ces populations presque barbares. Tanoa, le père de Çakombau, dut aux services de ce genre d'un convict anglais de relever dans l'archipel l'antique prestige de sa famille et de rétablir sur les tribus qui s'en étaient presque affranchies l'autorité absolue de ses ancêtres. Ce fut sans doute son exemple qui entraîna, depuis, la plupart des chefs fidjiens à confier à des Européens la direction politique de leurs affaires. Heureusement, avec le temps, ces fonctions échurent à des personnages d'une tout autre moralité que ce premier conseiller de Tanoa. De nouveaux intérêts ne tardèrent point, en effet, à pousser aux Fidji les flots d'une émigration dont nous avons montré, par des chiffres, l'accroissement rapide et continu. En 1861, le gouvernement anglais, justement préoccupé de la situation des grandes villes industrielles de l'Angleterre, des sombres perspectives de l'avenir, si la guerre américaine se prolongeait, envoya dans ces îles le docteur Berthold Seeman et le colonel Smythe, pour en étudier les ressources, surtout au point de vue de la culture du coton. Leurs rapports furent si favorables, qu'un moment l'annexion des Fidji à l'Angleterre fut regardée comme un fait officiel. L'esprit d'entreprise des settlers australiens, l'esprit de spéculation des riches marchands de Sydney et de Melbourne n'attendirent pas, pour agir, la confirmation de cette nouvelle que la réalité devait bientôt démentir : de hardis colonistes se hâtèrent vers l'archipel, une compagnie se forma à Melbourne pour l'exploitation de la future colonie, de la récente acquisition de l'Angleterre ; de nombreuses plantations s'élevèrent à Obalau, à Tabe-Uni et surtout dans les districts si fertiles de Viti-Lebu, qu'arrose la grande rivière de Rewa-Rewa. Des îles entières devinrent, comme nous l'avons dit, la propriété de simples particuliers ou servirent de gages à la compagnie de Melbourne, qui avait pris en main le paiement de la dette consentie par Çakombau' en faveur du gouvernement des États-Unis d'Amérique. En même temps, le capitaine Robert Towns, du *Queensland*, inaugurait, par l'envoi d'un de ses navires dans les Nouvelles-Hébrides, le *Labour Trade*, c'est-à-dire l'enrôlement volontaire ou forcé de ces insulaires comme travailleurs, pour suppléer, sur les nouvelles plantations, à la paresse et à l'inertie des indigènes fidjiens.

Le mouvement qui caractérise cette première phase de la colonisation fut néanmoins un peu factice; les énormes profits que les planteurs réalisèrent tout d'abord, par la culture du coton, ne pouvaient, en effet, longtemps se soutenir, et ils disparurent avec la cause qui, en surélevant les prix du coton sur les marchés d'Europe, avait seule pu les rendre possibles. L'élan des colons australiens vers les Fidji n'en fut ni arrêté, ni même ralenti; d'autres cultures plus spéciales aux pays intertropicaux, celles de la canne à sucre et du caféier, remplacèrent alors, en partie du moins, la culture du coton. Grâce à la proximité des grands marchés de Sydney, de Melbourne et des autres colonies anglaises, elles assu-

rent aux planteurs une prospérité durable. Ils sont
entrés dans cette voie nouvelle avec leur intelligente
énergie et ils y marchent avec la persévérance caractéristique de leur race. D'ailleurs, le sol de ces
îles est presque partout si riche et si fertile, que là
n'est point le seul gage des succès que leur garde
l'avenir. « Les moutons australiens une fois accli-
matés y réussissent parfaitement. Le docteur Bower,
après une expérience de quatre ans, a reconnu que
leur laine ne dégénère pas ; le poids moyen d'une
toison est de trois livres pour les mérinos, de quatre
pour les leicesters, et la laine se vend 8 pence la
livre, sur les lieux et non lavée. Il y avait dans l'archipel, en 1865, plus de 4,000 moutons et environ
1,000 bœufs de provenance australienne ; mais les
troupeaux augmentent rapidement ; des terrains
éminemment propres au pâturage peuvent être facilement acquis au prix de 2 livres (50 fr.) par acre ;
de plus, l'abondance des eaux et la fertilité qui partout caractérise le sol offrent aux settlers, dans les
Fidji, des avantages qu'on ne trouve pas toujours
dans les colonies australiennes[1]. »

A ces produits, créés pour ainsi dire par l'activité
et l'industrie européennes, il convient d'ajouter les
productions naturelles de ces îles, garanties non
moins assurées de leur futur développement : les

---

1. Julius Brenchley, livre cité.

vastes forêts, si riches en essences précieuses qui couvrent les districts septentrionaux de Viti et de Vanua-Lebu, les fungus qui en tapissent les rochers, les écailles de tortue, le tripan, l'arrow-root, et enfin la principale de toutes, ces cocotiers sans nombre qui croissent spontanément dans tous les terrains madréporiques du littoral.

En 1869, le mouvement commercial des Fidji ne donnait lieu qu'à des relations indirectes avec l'Europe, par l'Australie et la Nouvelle-Zélande. C'est au port de Lebuka que chargent presque tous les navires qui emportent à Sydney, à Melbourne, à Aukland les produits que nous venons d'énumérer, et que de légères goëlettes de 90 à 100 tonneaux, des cotres d'un tonnage moins élevé encore, ont recueillis sur tous les points de l'archipel ; eux seuls peuvent en effet, sans trop de risques, sans de trop grandes pertes de temps, s'aventurer au milieu des écueils sans nombre qui rendent la navigation dans ces parages parfois si périlleuse pour les grands navires à voiles. Le séjour à Lebuka des directeurs des missions chrétiennes (presque toutes les missions protestantes ont des navires leur appartenant, spécialement attachés à leur œuvre), celui des consuls étrangers, contribuent pour beaucoup aussi au maintien de ce mode d'opération. Depuis les tristes événements qui jettent un jour si odieux sur les opérations du *Labour Traffic*, les autorités

européennes, anglaises surtout, exercent une surveillance attentive, un contrôle énergique sur les navires qui fréquentent l'archipel. La concentration à
Lebuka du mouvement commercial facilite singu-
lièrement cette surveillance et ce contrôle.

Les renseignements généraux que nous venons
d'exposer suffisent à l'intelligence des documents
dont nous avons parlé au début de cette étude, et
qui nous semblent préciser la situation des Fidji au
moment de notre passage dans l'archipel, bien que
plusieurs années se soient écoulées depuis lors,
années pendant lesquelles se sont accomplis des
événements d'une sérieuse importance, d'abord la
reconnaissance, entre autres, de Çakombau comme
Tui-Viti par le gouvernement anglais, et enfin la
prise de possession de ces îles par le même gouvernement.

II.

LES CHEFS FIDJIENS. — LE VUNI-VALU.

« Voulez-vous me permettre, Monsieur, de parler
un peu de Çakombau, que j'entends, par les nouveaux venus, appeler *roi des Fidji*, comme s'il était
réellement quelque grand souverain, au lieu d'être
simplement un chef important et influent ; mais
d'autres chefs ont autant d'importance et d'influence
que lui. S'il fait, en effet, une nouvelle expédition

contre les tribus de l'intérieur, habitant le cours
supérieur de la rivière (celle de Rewa), il sera
obligé pour réussir d'appeler à son aide Tui-Çakau
et d'autres chefs que je considère comme ayant plus
de pouvoir sur leurs peuples que n'en a Çakombau
lui-même, car *il n'est jamais sévère avec eux,
craignant leur abandon.* Je crois que les journaux
coloniaux eux-mêmes l'appellent souvent *roi des
Fidji,* ce qui n'a jamais été le cas, et ce n'est que
dans ces derniers temps qu'il a dû à la présence des
Européens auprès de lui d'être regardé comme un
chef supérieur. Il me semble étrange de voir tout le
monde en appeler à la protection de Çakombau pour
obtenir réparation, quand il y a quelques années à
peine les quelques blancs de l'archipel étaient maîtres de la situation. Les Fidjiens ont toujours été
divisés en tribus distinctes, et, *nous autres, nous
profitions de leur faiblesse et de leurs prétentions rivales ;* mais maintenant, ils essayent, à la mode
européenne, de se donner un roi, ce qui me semble
impossible avec les habitudes qu'attestent les traditions nationales. Jamais ils n'ont été soumis à un
seul chef, et jamais ils ne voudraient l'être. Quand
Çakombau mourra, vous verrez le district de Bau de
nouveau divisé entre des centaines de petits chefs,
*et cette division nous donnera les moyens de nous pro-
téger nous-mêmes comme par le passé.* Quand les
nouveaux colons comprendront mieux le caractère

des indigènes, ils verront qu'on peut les conduire sans avoir recours aux navires de guerre pour régler les différends, *ce qui peut se faire par la réunion des chefs indigènes sous la direction d'un comité délégué par les blancs*..... De tous les chefs fidjiens, Çakombau est le moins porté de sentiments affectueux à leur égard, mais parce qu'il sait que c'est à eux qu'il doit sa position actuelle, il dissimule l'aversion qu'ils lui inspirent. M'Bau doit son influence à l'aide de *Savage* et d'autres convicts évadés qui, vers 1808, lui apportèrent des armes à feu. La ruse et la politique ont maintenu cette influence. »

L'auteur signe : *An old Settler ;* sa lettre nous semble, à travers l'aveu naïf des sentiments de haine contre Çakombau, l'éloge le plus complet de la politique habile, persévérante et aussi très-nationale du chef dont il ne voudrait abattre l'influence que parce qu'elle substitue l'unité à l'anarchie, l'ordre à ce désordre grâce auquel les Européens, profitant de la faiblesse et des prétentions rivales des chefs indigènes, étaient, comme il le dit, les maîtres réels de l'archipel et l'exploitaient à leur gré. La réponse suivante ne se fit pas attendre :

Le Vuni-Valu (*Réponse*).

« La lettre signée : *An old Settler,* pouvant donner aux nouveaux arrivants une fausse idée de la situation, nous croyons devoir établir en réponse ce que nous croyons être la vérité! L'essentiel d'ailleurs est ici comme partout de ne pas trop se fier à des opinions étrangères, mais de s'en faire une personnelle par une étude sérieuse des hommes et des choses. Nous n'avons pas besoin d'ailleurs de faire remarquer aux vieux colons, comme aux nouveaux arrivants, que *nous posons ici les fondements d'un grand avenir et que la conduite des premiers fondateurs influera beaucoup sur cet avenir, sur les progrès de tous, Européens ou indigènes.* De mauvaises informations peuvent conduire à de telles mesures dont les fâcheuses conséquences seraient des troubles sans fin.

« Il est difficile d'établir la véritable situation de Çakombau, parce que nous n'avons pas de points de comparaison. Nous devons l'examiner, au point de vue de sa naissance, de sa conduite et de son pouvoir. Tout le monde aux Fidji reconnaît sa supériorité ; la nier serait folie. Il est vrai que Tui-Viti, ou roi des Viti, n'est pas son vrai titre, ce n'est pas même un titre fidjien ; mais il semble lui avoir été donné par des commandants de navires de guerre et de commerce intelligents qui ont toujours demandé son aide et qui, dans toutes les périodes de son règne, l'ont toujours vu puissant et actif[1]. Sa première situation a été jadis celle d'un monarque sauvage, d'un empereur despotique, car les soi-disant chefs

---

1. Voir les rapports du commandant Dumont d'Urville. 2ᵉ campagne.

des Fidji tremblaient et *littéralement se couchaient
dans la poussière devant lui*. Sans les troubles étrangers, il y a longtemps que son pouvoir sur tout l'archipel serait incontesté. Tous ceux qui en connaissent
les affaires savent que si, d'un côté, la créance américaine a été pour lui une protection contre les
Tongiens, elle lui a valu de nombreux et puissants
adversaires, qui lui ont suscité des rivaux parmi les
chefs indigènes, afin qu'on puisse contester sa suprématie. Mais même maintenant et dans sa vieillesse,
son influence se fait sentir partout dans l'archipel,
et cela dans le sens du bon ordre et des intérêts
commerciaux. »

L'écrivain cite ensuite des faits nombreux pour
prouver que Çakombau est par sa naissance un
très-grand chef, qui ne redoute aucun des rivaux
qu'on cherche à lui opposer.......

Il a appris à respecter les consuls et à craindre
les navires de guerre ; il est chrétien...........

« *En fait, si les colons européens ont besoin pour
leurs intérêts de sacrifier un peuple, en excitant les
haines, les jalousies et la discorde, le meilleur moyen
d'y parvenir* est de susciter des ennemis à Çakombau,
ou simplement de déprécier son pouvoir et son caractère......

« ...... Nous ne pouvons nier que Çakombau ait
quelques préjugés contre les colons européens, mais
n'en a-t-il pas de bonnes raisons.....?

« Enfin, comme la France ou l'Angleterre donnent la note principale à toute l'Europe, en religion, morale, politique et liberté, aussi bien qu'en progrès réel, ainsi le gouvernement de M'Bau la donne à tout l'archipel ; nous croyons que l'intérêt le plus véritable des colons et du pays tout entier lui-même est d'aider Çakombau dans ses projets et son pouvoir, sans délaisser cependant les intérêts des autres chefs....... »

Le style de cette réponse, les réticences diplomatiques dont elle est pleine, les allusions à ces nombreux et puissants adversaires suscités à Çakombau par la *créance américaine* et qui ne sont autres que les colons anglais agissant sous l'inspiration de M. Thurston, esquire, alors agent vice-consul d'Angleterre, qui depuis....... est devenu lui-même ministre de Çakombau, après l'avoir fait emprisonner sans façon à bord du *Carybdis*, tout nous fait présumer qu'elle a été écrite par M. Drews, premier secrétaire de Vuni-Valu. Les faits cités en faveur de ce chef étaient d'ailleurs incontestables, aussi ce ne fut qu'indirectement qu'y répondirent ses adversaires, par l'éloge du chef Tui-Bua, qu'ils opposaient à Çakombau.

Les chefs fidjiens. — Tui-Bua.

« Tui-Bua est certainement un des plus remarquables entre les chefs fidjiens qui s'efforcent de faire prévaloir dans leurs États l'ordre et le règne des lois, à l'exemple des nations civilisées. On sait les importantes réformes qu'il a accomplies dans les districts qui lui sont soumis. On peut juger des progrès déjà acquis par les résolutions arrêtées dans l'assemblée législative des chefs de Bua, qui vient de clore sa troisième session annuelle. Pour n'être réalisés que dans une partie de l'archipel, ces progrès ne peuvent manquer néanmoins d'intéresser tous les colons. Ils accueilleront donc avec faveur le résumé suivant, que nous leur adressons :

« La session d'octobre 1868 a été ouverte en la forme usuelle par Tui-Bua, dans un discours très-habile et très-pratique. Après avoir montré l'état actuel des Fidji et fait ressortir les grands changements accomplis dans les six dernières années, il a ajouté qu'il fallait avoir encore de plus grandes espérances dans l'avenir. Il croyait néanmoins qu'une des causes principales des désordres de l'état actuel et de l'insuccès des tentatives pour établir un gouvernement régulier pouvait être assignée au dessein de concilier le nouvel état de choses, c'est-à-dire l'ordre et le respect de la loi, avec les vieilles coutumes du pays; que cela était impossible, qu'il fallait choisir entre les deux, et que, pour lui, il se rangeait résolument du côté de l'ordre et de la loi. Il a rappelé sa dernière visite au roi Georges de Tonga, où il a vu un gouvernement fort et habile, en plein exercice,

— glorieux exemple qu'il fallait imiter. Il a rappelé le meurtre d'un blanc, la punition du coupable, la visite du *Carybdis,* et les éloges que lui ont faits le commandant et le consul anglais montrent que lui et ses chefs sont dans la bonne voie. On doit espérer que les relations avec une nation aussi puissante seront maintenues et étendues à toutes les autres nations maritimes. Si nous devons nous élever au-dessus de la condition de pure sauvagerie où nous sommes plongés (*d'un sauvage nu*), ce ne sera que par l'aide des blancs. D'où quelque bien nous peut-il venir si ce n'est pas des blancs ? Le premier de tous et le plus essentiel, c'est le christianisme.........

« Les impositions doivent être augmentées, le revenu n'étant pas suffisant pour les charges de l'État et le soutien de la Confédération (celle de l'Est, dont Tui-Bua, Tui-Çakau et surtout Maafu sont les grands chefs), qui seule peut assurer la prospérité de tout l'archipel.

« Divers chefs ont répondu à l'adresse en termes favorables. Leurs discours remplirent la première journée ; le reste de la session, qui a duré dix jours, fut consacré aux affaires. Les principales d'entre elles ont été réglées par les actes suivants : Acte d'union avec la Confédération de l'Est ; — pour amender la police ; — sur la propriété et les droits des héritiers ; — sur la police urbaine ; — pour amender la loi du mariage et régulariser l'enregistrement des ma-

riages contre les tribus rebelles et au sujet de leurs
terres, propriétés, domaines, etc., etc.

« La taxe de 1 dollar a été portée à 5 dollars,
payables soit en argent, soit en huile, coton, biche
de mer, gomme, fungus, arrow–root, etc., etc. »

Si ce discours et ce compte rendu ne sont pas
l'œuvre de M. Wilkinson, à cette époque premier
secrétaire de Tui-Bua, ils nous semblent celle de
M. J. B. Thurston, le plus ardent protecteur de ce
chef qu'il avait posé en rival de Çakombau; mais
peu importe, ce discours était-il aussi habile et aussi
pratique qu'on eût voulu le laisser croire ? Tui-Bua
y proclame sa confiance dans les blancs, son respect
de la loi, sa foi chrétienne, et avec une impartiale
sérénité il brûle son encens aux pieds de toutes les
idoles. L'Angleterre et les puissances européennes,
les commandants et le consul anglais, les missionnaires et le roi Georges, tout le monde a sa part
légitime ; mais au fond qu'y a-t-il, si ce n'est l'alliance
avec Maafu et l'augmentation des taxes ? Aussi,
après l'avoir entendu, chacun pouvait se demander :
qui trompe-t-on ici ? M. Thurston a pu croire un
moment que c'était tout le monde, excepté lui et son
gouvernement. Il semble n'avoir pas tardé néanmoins à reconnaître que grande était son erreur, et
qu'en couvrant de son influence, de celle de l'Angleterre, le rival de Vuni-Valu, il jouait le jeu d'un
plus habile, le roi Georges de Tonga; là est pour

nous l'explication la plus naturelle et la plus honorable de ce brusque revirement de conduite qui a fait de l'ancien vice-consul anglais, du protecteur le plus ardent de Tui-Bua, de l'adversaire le plus acharné de Çakombau, un des membres influents du ministère de ce chef, reconnu par l'Angleterre comme roi des Viti.

Les chefs fidjiens. — Maafu. — Le Vanua-Balavu.

« Les résolutions suivantes, relatives aux Fidji, ont été adoptées dans la dernière session du parlement tongien. Elles peuvent paraître intéressantes en ce qu'elles définissent la position et le pouvoir de Maafu.

« 1° Le pavillon de Tonga, qui flottait à Lakemba sans la permission de ce gouvernement, sera amené immédiatement dès l'arrivée de Maafu aux Fidji.

« 2° *La cession de leurs terres et de leurs personnes que les chefs de Bua désiraient faire à ce gouvernement et aussi leur demande d'être autorisés à arborer le pavillon tongien sur leurs territoires sont déclinées par le gouvernement.*

« 3° De plus, c'est le désir de cette assemblée et son commandement à Maafu, qu'il ne mêle pas ce gouvernement dans les affaires des Fidji; mais si Maafu désire faire un traité avec quelques chefs influents de ces îles, dans le but de se lier avec eux en une confédération distincte, alors, après avoir averti ce gouvernement du nom des chefs, des clauses du traité, de son but, etc., etc., etc............, si le gouvernement tongien approuve cette confédération, il permettra à ses sujets, aux Fidji, d'en faire partie.

« 4° Maafu a le droit d'établir dans ses domaines fidjiens les lois qu'il croit bonnes pour leur progrès, quand même elles différeraient de celles de Tonga.

« 5° Maafu peut céder ou distribuer des terres de ses domaines fidjiens ; mais si la cession comprend une île entière ou un grand district, il doit attendre l'approbation du gouvernement tongien.

« *Lau* forme aujourd'hui un des districts appartenant à Maafu. Les chefs de Lakemba ont rattaché leurs territoires à celui de Vanua-Balavu, dont le titre et le pouvoir ont été conférés à Maafu. »

S'il n'est pas douteux, comme nous le verrons plus tard, que, sous des formes constitutionnelles, le roi Georges de Tonga soit un souverain absolu, imposant à tous sa volonté sans conteste, ces décisions de l'assemblée tongienne ont été prises sous l'influence des menaces du gouvernement américain, ou mieux de son consul à Lebuka et du commandant Stanley ; mais en quoi contrariaient-elles les ambitions secrètes du roi Georges ? Il savait que Maafu était d'autant plus intéressé à leur réalisation, qu'il semblait devoir lui succéder, et qu'ainsi c'était pour lui-même qu'il travaillait. Le roi Georges y trouvait au moins l'avantage de désintéresser complétement le gouvernement des États-Unis, en rejetant sur l'initiative de Maafu, *chef fidjien, Vanua-Balavu,* les mesures qui pourraient contrarier les arrangements avec Çakombau.

Les chefs indigènes. — Tui-Çakau de Vaïriki.

« Tui-Çakau est le chef de Vaïriki et de l'île de Tabe-Uni, une des plus riches et des plus fertiles de l'archipel. Lors du dernier conflit entre Tui-Bua et Çakombau, il fut choisi pour arbitre de leur différend, sans vouloir ou sans pouvoir prévenir les hostilités. Il a été longtemps l'adversaire de Maafu et des Tongiens, qu'il a vaincus deux fois et sur lesquels il a vengé la mort de son père, mais il fait partie aujourd'hui de la confédération orientale et s'efforce de tenir la balance entre Maafu et Çakombau. »

Les chefs que nous venons de citer avaient seuls, en 1869, une influence sérieuse, et c'est avec eux qu'avaient à compter les colons européens. Quelle était la situation de ces derniers dans l'archipel et vis-à-vis des chefs indigènes ?

La situation. — Septembre 1868. — Notre position.

« Les informations et nouvelles suivantes doivent

sans nul doute intéresser tous les Européens établis aux Fidji. Elles ont été affichées au consulat anglais dans ces derniers jours.

« Comme, malgré différentes notes émanées de ce consulat dans les quatre dernières années, plusieurs sujets anglais semblent ne pas comprendre leur position aux Fidji, le consul par intérim de Sa Majesté trouve nécessaire d'appeler l'attention de ses nationaux sur ce qui suit : Des sujets anglais venant aux Fidji dans le but de commercer, planter, etc., etc., et d'une manière quelconque engageant leurs personnes et leurs capitaux dans un intérêt personnel, le font à leurs propres risques et ne doivent pas s'attendre à voir chaque jour des bâtiments de guerre mis à la disposition du consul de Sa Majesté. La station anglaise dans ces mers a pour mission spéciale la protection des colonies australiennes dont les îles Fidji ne font point partie. Un bâtiment de guerre n'est envoyé aux Fidji que lorsque le commodore ou le plus ancien officier juge que les exigences du service le permettent. Des colons établis sur la côte peuvent raisonnablement espérer être protégés contre les indigènes et obtenir quelque réparation quand l'opportunité s'en présente ; mais si des colons, indiscrètement et en opposition aux avis du consul et à ses remontrances, s'avancent dans l'intérieur, se plaçant en contact avec des tribus païennes et cannibales, ils renoncent par cela même à tout droit d'être protégés par le gouvernement de Sa Majesté. La violence et les dommages envers leurs personnes ou leurs propriétés sont des chances qu'ils doivent raisonnablement prévoir. Il est donc à désirer que dès aujourd'hui les colons comprennent qu'ils n'ont rien à réclamer du gouvernement de Sa Majesté, quand l'esprit d'ardeur ou d'aventure les pousse à pénétrer dans des régions éloignées, habitées par des populations barbares. »

Voici une seconde note :

« Information a été reçue à ce consulat que diverses personnes résidant dans le bassin supérieur de la rivière Rewa, par des actes chaque jour répétés de violence envers les indigènes, se conduisent de manière à exciter la colère et les représailles de ces populations que leurs chefs ne pourraient arrêter ni contre ceux qui commettent ces actes, ni contre leurs propres voisins, ce qui met en danger également tous les Européens établis dans ces districts. Une telle conduite mérite une expulsion immédiate, et le consul pense qu'aucun colon n'hésitera à lui faire connaître le nom de toute personne placée sous sa juridiction qui, par l'injustice de sa conduite, tendrait à exciter des sentiments de haine contre les Européens dans le cœur des natifs. »

La gazette officielle du gouvernement actuel des Fidji, en faisant connaître les résultats de l'enquête sur le meurtre du sujet anglais Burns et de sa famille dans le courant de l'année 1873, termine par cette phrase le compte rendu de cette enquête : « *Ces populations ont déclaré qu'elles ont attaqué la plantation de M. Burns pour venger la mort de deux femmes de leur tribu, qui, pendant qu'elles recueillaient du kaïs (plante qui pousse dans les ruisseaux), furent tuées à coup de fusil par deux travailleurs Tanna de M. Burns*. Si cela est vrai, nous avons l'origine de toute l'affaire. C'est toujours la vieille et triste histoire de l'innocent payant pour le coupable. » Les innocents étaient sans doute la famille, car Burns était un des grands partisans du *Black Bird Catching*, du *Black Bird Shooting*, deux termes de l'argot des agents du *Labour Trade*, qui en simple anglais signifient prendre ou tuer un oiseau noir, qui, dans l'argot des slavers, signifient prendre ou tuer un indigène. Les ouvriers de Burns étaient dressés à cette chasse contre les Fidjiens et, « toutes les fois que quelques-uns d'entre ces derniers se montraient à portée de fusil, Burns et ses ouvriers faisaient feu sur eux ; c'est ce que Burns avait l'habitude d'appeler *Black Bird Shooting* »[1].

Le *Fidji-Times* du 7 octobre 1871 nous fournit une nouvelle instance de ce mépris de la vie des

---

1. Lettre de Melbourne, 25 mars 1873, adressée à l'*Anti-Slavery reporter* et publiée dans le numéro de juillet de ce journal.

indigènes et du mode de justice sommaire adopté
par les settlers aux Fidji.

Dans la nuit du 19 septembre, à minuit, une expédition
de vingt-cinq hommes, composée principalement de settlers
de Raki-Raki, Tavua et Ba, avec quelques volontaires de
l'expédition précédente, partit de la maison de M. d'Este,
à Tavua, pour attaquer le village Kai-Colo de Natugere,
en vue d'exercer des représailles contre deux attaques des
habitants de ce village sur la maison de MM. Gall et Abbot.
Dans la première surprise, six indigènes furent d'abord tués
raide, puis huit dans les rues, puis encore quelques-uns en
chemin, en tout vingt et un indigènes. Toutes les maisons
brûlées après avoir été visitées, tous les porcs tués à coups
de fusil, toutes les plantations détruites, tels furent les résultats de cette expédition de douze heures, que « settlers
et Fidjiens du littoral regardent tous comme un succès sans
précédent ».

Ces deux exemples montrent suffisamment que
les conseils de M. Thurston avaient été suivis, et
que les colons se passaient fort bien de la protection
des navires de guerre anglais. De plus, comme par
ses procédés insultants envers Çakombau il avait
puissamment contribué à ruiner dans l'esprit des
colons le prestige et l'autorité de ce chef, on peut
dire qu'il récoltait, comme ministre du gouvernement
fidjien, ce qu'il avait semé comme consul anglais.
N'a-t-il pas fallu, en effet, l'énergie du commandant
de la *Dido,* pour empêcher, ainsi que nous l'avons

déjà dit, deux partis anglais d'en venir aux mains,
parce que, bien que poursuivant le même but, la
punition des assassins de la famille Burns, les uns
agissaient au nom du gouvernement de Çakombau,
reconnu par l'Angleterre, tandis que les autres, dé-
clarant ce gouvernement impuissant et incapable,
prétendaient agir, au titre seul de colons, indépendants de toute autorité autre que celle de la reine.
Quelque triste que soit une pareille situation, il
était facile de la prévoir dès 1869, étant donnés,
d'un côté, les notes officielles du consul anglais et
ses agissements envers le Vuni-Valu, de l'autre,
l'esprit général des settlers anglo-saxons. Ces prévisions étaient contenues dans l'article suivant, publié à Lebuka, en octobre 1868.

Quel doit être notre avenir ? Telle est la question que
chacun peut entendre chaque jour posée aux Fidji, mais
qu'il est difficile de résoudre. L'Anglais, dont les idées ont
lentement mûri sous la loi et sous la taxe anglaise, et qui
aimerait mieux remonter le cours de vingt années pour y
trouver un précédent que de se hasarder à suggérer quelque
idée nouvelle, vous dira que le gouvernement anglais pren-
dra possession de ces îles. Ne perdez pas votre temps à lui
dire que ce gouvernement a envoyé une commission spéciale pour les examiner, et lui faire connaître leur situation,
et qu'il ne veut rien avoir à faire avec elles, ce que confirment les paroles prononcées naguère par le commodore
Lambert, qui a dit à la députation des districts de Rewa
qu'il n'y avait pas la moindre possibilité que le gouverne-

ment anglais songeât à prendre possession des Fidji comme colonie anglaise, car il avait assez de colonies déjà ; l'Anglais ne pourra vous croire. Il vous dira qu'un Anglais ne peut pas vivre sans un gouvernement anglais. Il est aveugle aux progrès de la démocratie dans le monde civilisé, ou il les ignore, bien qu'il soit lui-même un défenseur jaloux de la loi, de la justice, de l'éducation, qui sont les pierres angulaires de la démocratie. Maintenant, demandez à un colon fidjien, qu'il soit Anglais, Américain, Allemand, mais qui a vécu quelque temps aux colonies, quelle est son opinion sur les gouvernements coloniaux ; il vous répondra qu'ils sont simplement ruineux et que si l'Angleterre nous couvrait de son égide coloniale, ce serait pour nous ruiner d'abord, et nous conduire ensuite à la guerre avec les indigènes sur les représentations ou mieux les fausses appréciations de quelques colons à l'esprit faux, comme dans la Nouvelle-Zélande......... Mais retournons à la question : Quel est notre avenir ? L'Angleterre ne veut pas de nous, l'Amérique n'a pas besoin de nous, nous ne voulons pas de la France ; la Prusse n'a aucun intérêt dans les mers du Sud, qu'y a-t-il donc à faire ? Sommes-nous assez forts pour nous unir dans un but de défense et de protection mutuelles ? Ce serait là un pas décisif, qui, s'il était fait suivant les lois des peuples civilisés, ne pourrait être vu qu'avec satisfaction par les grandes nations du monde, car il les délivrerait de questions souvent pénibles à résoudre et établirait dans les mers du Sud un centre de confédération civilisée ; ou bien devons-nous temporiser, attendre année après année la venue de quelqu'un qui nous prenne par la main, éloignant ainsi et colons et capitaux, et laissant aux Tongiens (et certes ils sont en bonne voie) le soin de faire ce que nous devrions et pourrions faire nous-mêmes Réunissons-nous donc en assemblée pour y discuter et y répondre à cette question : Quel doit être notre avenir ?

Ces conclusions sont celles d'un autre article du même recueil qui, sous le titre de : *Qu'y a-t-il à faire?* insiste également sur la nécessité d'agir. En s'appuyant sur les mêmes raisons, l'auteur, en signant : *Confédération,* montrait quelle était dans sa pensée la solution du problème. Cette solution n'a pu prévaloir sur les tendances des settlers d'origine anglaise, qui ont, malgré tout, toujours conservé l'espérance que le gouvernement de la reine finirait par se décider à l'annexion. On a vu qu'il s'en est fallu de bien peu que cette espérance se réalisât dans la séance du 13 juin du parlement anglais.

De l'ensemble des documents dont nous n'avons exposé que les plus essentiels, et des informations que nous pûmes recueillir sur les lieux, il semblait qu'au moment de notre arrivée dans les îles où nous appelait une mission assez complexe, la situation pouvait ainsi se résumer par les lignes suivantes de notre rapport: « D'un côté une population européenne de plus de 1,200 personnes et qui va s'augmentant chaque jour, dont les intérêts divers réclament une protection efficace ; cette protection, le gouvernement anglais l'a refusée dans une déclaration officielle. Les États-Unis d'Amérique ne veulent pas de colonies lointaines; les autres puissances maritimes, sauf la Prusse peut-être, se montrent indifférentes, à qui donc la demander ? Les uns veulent essayer leurs propres forces ; les autres recourent aux chefs indigènes, auxquels ils prêtent un concours intéressé sans doute, mais intelligent et actif.

« La première solution conduit à une confédération dans laquelle les chefs indigènes auraient une part de légitime influence, et elle semble plus dans le génie de la race anglo-saxonne à laquelle appartiennent la plupart des colons européens. Ce ne serait pas la première fois que, devant le refus du gouvernement de la reine de reconnaître comme possessions anglaises des établissements importants déjà, les colons se seraient formés en confédération indépendante. Néanmoins, aux Fidji, cette solution que l'avenir rendra peut-être possible, est aujourd'hui prématurée, et comme il semble probable que l'Angleterre persistera dans ses refus, les autres nations maritimes dans leur indifférence, ce sont les chefs indigènes, aidés de leurs ministres européens qui apparaissent comme devant fixer l'avenir de leur patrie.

« Mais entre ces chefs indigènes existent des rivalités profondes qui affaiblissent leur action. Parmi eux tous, deux personnages se présentent, différant d'origine et de tendances politiques, mais poursuivant le même but, celui de la conquête

et de l'unification de l'archipel. Maafu le Tongien et à sa suite les chefs de Bua et de la confédération orientale, Çakombau et toutes les populations de Viti-Lebu et des îles centrales, tels sont
les deux rivaux dont dépendent les destinées des
Fidji. Le triomphe de Maafu en ferait une dépendance du royaume de Tonga, ou tout au moins assu-
rerait la prédominance des idées de pouvoir absolu
que représente le roi Georges, malgré la constitution
qu'il a donnée à ses sujets ; celui de Çakombau
serait au contraire l'application et le développement
des idées vraiment civilisatrices, progressives, car il
devrait le succès de sa politique aux Européens
éclairés dont il s'entoure, aux sages conseils qu'ils
lui donnent, à la sympathie que ses efforts pour
maintenir l'ordre et la sécurité dans ses États inspirent à tous les colons, *qui ne spéculent pas sur la
ruine des populations indigènes, par le désordre et
l'anarchie, pour assurer leur fortune et leur pouvoir.*

« Ce qui est hors de doute, c'est que Çakombau
est un véritable chef national ; que depuis plus d'un
demi-siècle, les Européens l'ont toujours regardé
comme le roi féodal de tout l'archipel, et que, jusqu'à ces derniers temps, il est le seul avec lequel
les commandants de navires de guerre, représentants
officiels de leur nation, aient passés des *traités en
forme.* Les Américains ont reconnu son *titre fidjien*
de Vuni-Valu, et les conventions conclues entre lui

et les commandants de l'*Héroïne*, de l'*Eurydice* sont signées : *Tui-Viti*. Toutes ces considérations semblent montrer que son influence prévaudra. »

Quoi qu'il en soit, ces considérations nous décidèrent d'autant plus à tenir compte de l'influence de Çakombau, pendant notre séjour dans l'archipel, qu'il n'avait pas été lui-même étranger, bien qu'indirectement, aux événements qui appelaient notre intervention dans les districts méridionaux de Vanua-Lebu, relevant de Tui-Bua.

III.

Notre pensée n'a jamais été d'entrer dans les détails des divers incidents qui marquent notre croisière en Océanie ; ici encore, nous n'en dirons que les côtés qui se rattachaient à la situation générale des Fidji, et qui pouvaient servir à la préciser. Nous le ferons du reste comme toujours, en nous appuyant sur des documents d'origine, le plus souvent anglais, et en tous cas officiels.

Lebuka, 21 novembre 1868.

Nous savions déjà qu'un grand dissentiment vient de s'élever entre Tui-Bua et les chefs de Solèvu, district méridional de Vanua-Lebu. Ce dissentiment menace d'engendrer une guerre générale. M. Drews, chef-secrétaire de Çakombau, avait obtenu une suspension d'hostilités ; par ses soins, une entrevue entre ce dernier chef et Tui-Bua devait avoir lieu à Lebuka pour un arrangement définitif des questions en litige. Çakombau arriva mardi dernier dans sa propre pirogue, avec son secrétaire. Plusieurs chefs de Bau le suivaient dans leurs pirogues de guerre. Tui-Bua, accompagné de M. Wilkinson et d'un autre chef arriva quelque temps après sur la goëlette *John-Weatherston*. Une conférence entre eux eut lieu les mercredi et jeudi suivants, dans la salle de lecture, en la présence des consuls anglais et américain. Une longue discussion ne produisit aucun résultat, les deux chefs ne voulant pas faire de concessions. On décida alors de s'en référer au jugement de Tui-Çakau, chef de Vaïriki, que chacun sait tenir la balance entre les chefs de l'archipel.

Le territoire en discussion avait été donné par Çakombau à Tui-Bua, à l'époque où se *forma une confédération générale des chefs indigènes*. Depuis lors, Tui-Bua s'est retiré de cette confédération qui aujourd'hui est entièrement dissoute. Une autre confédération a été récemment établie entre Maafu, Tui-Çakau, Tui-Bua et d'autres chefs dans un but que nous croyons hostile à Çakombau. Ce dernier veut bien que les territoires en litige soient placés dans les mains de Tui-Bua, mais non pour augmenter le pouvoir de Maafu, dont il a justement raison de redouter l'influence, à cause de sa parenté avec le roi Georges de Tonga.

Tui-Lebuka, qui est parent des chefs de Solèvu, est décidé à se joindre à Çakombau. Lundi dernier, les préparatifs de départ furent faits, et à midi, après une longue harangue de Çakombau, suivie d'une danse de guerre, les guerriers embarquèrent pour Vanua-Lebu. Il y avait environ 500 hommes de Lebuka, Totoga, Levona et autres villes d'Obalau, presque tous armés de fusils, les chefs ayant des armes de prix. Il y avait aussi un grand nombre de chefs de Bau. La flottille qui les emportait se composait de la goëlette de M'Bau, *Taïmala-Waï,* armée de deux canons, de sept doubles pirogues de guerre, deux embarcations pontées et une pirogue simple. On dit que des détachements semblables doivent partir de chacune des îles qui reconnaissent l'autorité de Çakombau.

La goëlette *John-Weatherston* était partie le samedi, en tirant deux coups de canon en signe de défi. On assure que la goëlette de Maafu, *la Caroline,* de huit canons, et une autre goëlette avec six pirogues de guerre tongiennes sont déjà mouillées à Solèvu. Les gens de ce village auraient, dans une surprise, tué six de leurs ennemis.

Les forces que Çakombau avait ainsi envoyées au secours de Solèvu n'obtinrent d'autres résultats que l'éloignement momentané des chefs ennemis, et entre autres de Maafu ; mais c'était déjà un point important, car la guerre, au lieu de se généraliser et d'embrasser tout l'archipel comme on l'avait cru un moment, se localisa et fut bornée à des hostilités entre les tribus voisines et celle de Solèvu. Elles duraient encore lors de notre arrivée dans ce dernier port. Trop peu nombreux pour tenir la campagne, les gens de Solèvu, sacrifiant leur village, s'étaient retirés sur une hauteur qui le domine, et de là, ils bravaient leurs ennemis, auxquels parfois, ils faisaient subir des pertes sensibles. Malheureusement Solèvu est depuis de longues années une des stations des missionnaires catholiques français ; neutres dans la querelle, ils s'étaient renfermés dans leurs éta-

blissements. Pendant quelques jours, ces établissements furent respectés ; mais quand le village de
Solèvu fut entièrement pillé et ruiné, ils n'échappèrent pas aux funestes conséquences de leur situation. C'est ce qu'établit le passage suivant du rapport
que je demandai à ce sujet au T. R. P. Bréhéret,
préfet apostolique : « Le parti de Bua, ayant envahi
Solèvu, s'est porté envers la mission à des excès
regrettables; ils ont pénétré en armes dans l'établissement, ils ont abattu une centaine de cocotiers ;
ils ont saccagé la basse-cour, tué, emporté tous les
animaux domestiques qui faisaient la seule richesse
de l'établissement ; ils ont détruit toutes les plantations. Ils ont pénétré de vive force dans l'église, où
se conserve le Saint-Sacrement, c'est-à-dire qu'ils
ont brisé les fenêtres et les ont escaladées, et cela à
deux reprises différentes. Ils ont pillé les nappes et
tous les linges d'autel ; ils ont déchiré les tentures
du chœur, en ont emporté une partie et ont laissé le
reste en lambeaux. La maison d'habitation a eu
aussi quelques avaries. Je ne parle pas des injures,
des provocations et des menaces faites aux missionnaires qu'ils ont couchés en joue un grand nombre
de fois, lesquelles provocations et injures ont été
aussi prodiguées au nom français. » Il n'est point à
croire que Tui-Bua fut, directement du moins, l'ins-
tigateur de ces actes de violence. Ces actes ne pouvaient que l'entraîner dans des débats avec une

puissance européenne qui tôt ou tard lui en demanderait raison. Mais peut-être y a-t-il lieu de tenir compte ici de ces rivalités demi-religieuses, demi-politiques, dont l'archipel est partout travaillé, et qu'avivait sans doute le voisinage des missions protestantes de Nandi et de Bua. D'ailleurs, plusieurs conventions ont été passées entre les commandants des navires de guerre français, à une époque éloignée il est vrai, mais dont les souvenirs ne sont pas éteints, et Çakombau que n'aimaient guère alors les autorités anglaises. A ce titre, les missionnaires français pouvaient être signalés comme partisans de Solèvu, que défend Çakombau, et où eux-mêmes comptent d'assez nombreux néophytes. Ces motifs, qui justifiaient aux yeux des tribus en guerre avec celle de Solèvu le pillage des établissements de la mission, expliquent aussi les circonstances qui l'ont accompagné, je veux dire ces insultes et ces menaces envers des missionnaires européens, tout à fait en dehors, à cette époque, des habitudes de ces populations. D'ailleurs, la longue disparition des bâtiments de guerre français leur faisait croire à l'impunité et devait les pousser plus avant dans cette voie de la violence où ils trouvaient la satisfaction de leur avidité. Ce n'est point là une vaine supposition. C'est le sens de la réponse faite par l'un des chefs aux missionnaires qui invoquaient leur titre de Français en protestant contre les actes dont ils étaient victimes.

L'arrivée de la *Mégère* aux Fidji était donc très-opportune, mais à la condition de demander et d'obtenir une réparation sérieuse. En conséquence, le 20 au matin, la *Mégère* était en route pour Solèvu où elle mouillait vers midi; après une rapide inspection des lieux, le 21, nous jetions l'ancre dans la baie de Sandalwood, en face du village de Bua dont les maisons apparaissaient derrière le rideau de mangliers qui bordent le rivage de la baie, vers l'embouchure de la rivière sur laquelle est situé le village. Le 23, la convention suivante était passée avec le Tui-Bua, à bord même de la *Mégère*. C'était l'heureux dénoûment de notre intervention.

Ce jourd'hui, 23 juillet 1869, entre le Tui-Bua d'une part, et le capitaine de frégate, commandant la *Mégère* en mission dans l'Océanie, de l'autre, il a été convenu :

Les missionnaires français établis dans la baie de Solèvu, île Vanua-Lebu, ayant été, dans le courant de novembre dernier, pillés, insultés, menacés par des hommes appartenant à diverses tribus soumises au Tui-Bua, et ce, sans avoir provoqué de pareils actes par leur conduite ;

Ces actes de violence et de rapine méritant une punition dans tous les pays, et aussi une réparation de la part des coupables envers ceux qui ont été les victimes de ces violences, le Tui-Bua s'engage à faire rechercher et punir suivant toute la rigueur des lois ceux qui ont commis lesdits actes de violence contre les missionnaires.

Il s'engage à leur faire restituer la valeur des objets pillés, dont l'évaluation se fera à l'amiable par des experts pris parmi les natifs et parmi les Européens établis aux Viti.

Le Tui-Bua reconnaît qu'il y aurait lieu à des dommages et intérêts pour les pertes subies, mais les missionnaires français, pour montrer leur désintéressement et leur charité, et aussi qu'ils ne cherchent pas leurs avantages matériels, renoncent à cette indemnité.

Ces réparations sont faites aux missionnaires, non pas parce qu'ils sont missionnaires, mais parce qu'ils sont Français, et qu'à ce titre tout Français a droit à la protection du gouvernement de S. M. l'empereur Napoléon III, quand il ne viole pas les lois du pays où il s'est établi.

Fait à bord de la *Mégère,* les jour, mois et an que dessus, en triple expédition qu'ont signées le commandant de la *Mégère* et le Tui-Bua, parties contractantes, les sieurs Wilkinson, secrétaire du Tui-Bua, et Bréhéret, préfet apostolique aux Viti, témoins.

L'esprit de conciliation qui présida au règlement de cette affaire ressort de la teneur même de ce document. Pour en donner au Tui-Bua une preuve encore plus convaincante, le T. R. P. Bréhéret fixa à soixante livres le chiffre des indemnités, alors qu'une évaluation contradictoire dans laquelle il s'était déjà montré d'une grande modération, le fixait à cent livres (2,500 fr.). Cette bienveillance, ce désintéressement n'échappèrent ni à Tui-Bua ni à son secrétaire et, sans nul doute, ils leur inspirèrent une haute estime pour le caractère de ces prêtres trop souvent calomniés et qui suivent si religieusement les préceptes de la charité évangélique. Que ce fût là une inspiration spontanée, dégagée de tout calcul humain, qui le mettrait en doute? Cette conduite n'en était pas moins, dans ces circonstances, de la plus grande habileté pratique, et certes, pour l'honneur de l'esprit humain, il faut croire qu'il en est souvent ainsi. La force douce est grande; c'est cette force qui seule peut assurer le triomphe des missionnaires et des idées dont ils sont les apôtres au milieu de ces malheureuses et ignorantes populations sur lesquelles on est trop disposé à agir par la force matérielle; quoi qu'il en soit, les paroles de M. Wilkinson et du Tui-Bua avant de quitter la *Mégère,* leur conduite ultérieure, ne peuvent que confirmer la vérité de ces appréciations.

Le 24 juillet, après avoir un moment touché à Solèvu, la *Mégère,* pour la seconde fois, mouillait à Lebuka. M. Drews, principal secrétaire de Çakombau, y attendait notre retour depuis plus de 48 heures.

Si l'on se reporte au but qu'avec tant de persévérance et de patiente énergie Çakombau a poursuivi pendant sa longue carrière, il est facile de deviner quelles ouvertures un des hommes qui ont le plus fait pour la réussite de sa politique apportait au commandant du premier navire français qui, depuis plus de dix ans, passait dans l'archipel. Dans les visites que nous échangeâmes, nos longs entretiens eurent toujours les mêmes sujets; ils se rattachaient à la situation du pays, aux incertitudes de l'avenir et surtout aux obstacles que rencontre le Vuni-Valu à l'accomplissement de la mission qu'il s'est donnée, et dont le moindre n'est pas l'intervention irrégulière, capricieuse, toujours mal fondée en droit des bâtiments de guerre étrangers dans les affaires intérieures. Les décisions prises à bord du *John-Adams,* du *Carybdis* et de tant d'autres navires ont eu en ce sens, et pour M. Drews ce ne pouvait être que le développement de la prospérité des Fidji, des résultats trop déplorables, pour qu'il n'en parlât pas avec une certaine amertume. Ces résultats, il en prévoyait les suites les plus éloignées, telles que les montre aujourd'hui le progrès du temps, c'est-à-dire le mépris de tout pouvoir indigène par les colons européens, l'anarchie qu'il engendre, et aussi les actes de violence, de représailles sans fin dont nous avons donné de si tristes exemples. Néanmoins sa confiance dans l'avenir des desseins de Çakombau était pleine et entière, et il insistait surtout sur les considérations suivantes, où se résument les motifs qui lui avaient fait saisir avec tant d'empressement l'arrivée de la *Méyère,* comme moyen de les soumettre peut-être au Gouvernement de notre pays :

« Çakombau, disait M. Drews, a signé avec MM. les commandants des navires français l'*Héroïne* et l'*Eurydice* des conventions dont malheureusement la portée, toute locale, ne dépasse pas l'archipel. Dix ans de fidèle observance de ces conventions montrent à votre Gouvernement qu'il peut se reposer sur la parole et la fidélité du Vuni-Valu. Ne serait-il pas avantageux pour la France, et pour les Fidji, dont l'avenir ne peut lui être indifférent, de donner à ces traités une portée générale, une valeur plus grande, en reconnaissant Çakombau comme le seul et véritable chef des Fidji? Cette reconnaissance serait d'un grand poids aux yeux des populations indigènes sur lesquelles la France exerce, par ses missionnaires en Océanie, par le protectorat de Taïti et ses établissements de la Nouvelle-Calédonie, une influence plus grande que nous ne pouvons le croire.

« Certainement cette reconnaissance ferait réfléchir tous ces chefs ambitieux et brouillons qui entravent les efforts les plus énergiques de Çakombau pour assurer l'ordre et la prospérité de l'archipel, qui paralysent son action, et qui l'arrêtent constamment dans la voie qu'il veut suivre, qu'il suit avec tant de persévérante énergie. Les colons européens eux-mêmes ne se croiraient-ils pas tenus à plus de réserve, à plus de modération dans leur conduite et envers lui et envers les indigènes? Qui sait d'ailleurs si quelque nation maritime, hostile à la France, ne se tient pas prête à profiter des désordres de la situation actuelle, de la division et des rivalités des chefs ambitieux qui agitent le pays par leurs intrigues, de la faiblesse et de l'isolement de Çakombau, et à s'établir dans quelque île de l'archipel? Ces établissements ne seraient-ils pas, à un moment

donné, un danger pour nous, par leur situation
même sur la route de Taïti et de la Nouvelle-Calédonie? On a parlé de la prise de possession des Samoa par le gouvernement prussien, dont l'ambition
doit être de se créer une marine militaire, et dont
les intérêts commerciaux dans ces régions ont pris
une importance si grande depuis la constitution de
la confédération de l'Allemagne du Nord. Ce premier pas n'en entraînerait-il pas un second ? La
reconnaissance par la France du chef national qui
peut seul assurer l'ordre et le progrès dans ce pays
déciderait peut-être celle de l'Angleterre; et comme
les États-Unis ont, depuis 1866, reconnu Çakombau,
tout danger de ce genre s'évanouirait. Mais cette
reconnaissance, cet appui moral, dégagés de tout
motif intéressé, en montrant à ces populations que
la France ne veut que leur progrès réel, ne lui assu-
reraient-ils pas une très-grande et très-légitime
influence, et à quelles charges matérielles serait-elle
engagée par cette mesure? »

Ces ouvertures de l'actif et intelligent ministre
du Vuni-Valu sont restées sans réponse. Qui pourrait s'en étonner après les événements qui ont rempli ces dernières années? Mais les considérations
sur lesquelles elles s'appuient, si justes alors, sont
encore aujourd'hui d'une vérité frappante. Le temps
les a sanctionnées; n'est-ce pas par quelques-unes
d'entre elles qu'on peut expliquer la reconnaissance,

par l'Angleterre, du gouvernement de Çakombau, comme gouvernement national des Fidji, gouvernement autour duquel se sont groupés, pour nous servir des expressions d'un témoin désintéressé, les hommes les meilleurs et les plus sages de l'archipel : *the best and wisest men in Fidji*[1] ? N'est-ce pas aussi parce que les idées que nous exposait M. Drews n'ont pu être réalisées, que le Vuni-Valu, laissé sans aide contre les rivalités des chefs indigènes, les prétentions chaque jour croissantes des colons européens, s'est enfin jeté dans les bras de ses adversaires et a consenti à demander le protectorat de l'Angleterre qui ne peut être que la ruine de tous les desseins de sa longue vie ?

Les partisans de l'annexion insistaient alors sur une raison à laquelle l'agitation contre le *Labour trade* donnait une singulière importance, et qui la rendait le plus populaire. « Le gouvernement fidjien actuel, quoique plus respectable que ceux qui l'ont précédé, n'est pas reconnu par la majorité de la population européenne ou indigène, et il est incapable de donner force à la loi contre le commerce des esclaves en même temps qu'impuissant à prévenir les actes de meurtre et de violence si fréquents dans ces îles[2]. » Sir Charles Wingfield qui secondait la

---

1. Lettre du R. Joseph Netleton, missionnaire wesleyen aux Fidji.

2. Discours de M. M'Arthur, auteur de la motion à la Chambre des communes. — 13 juin 1873.

motion, l'amiral Erskine et tous les orateurs qui l'ont appuyée, ont insisté sur ces raisons, pour déclarer nécessaire l'annexion des Fidji.

Mais, dans une lettre à laquelle le *Times* du 24 juin a donné sa publicité, le R. Joseph Netleton, parlant avec l'autorité de son caractère, et la connaissance de ces pays, que lui donnait un séjour de plus de dix ans aux Fidji comme missionnaire wesleyen, affirmait que, grâce à l'énergie avec laquelle le gouvernement fidjien était décidé à maintenir les lois édictées contre la traite, énergie dont il avait donné une preuve décisive « dans le cas d'un des plus riches planteurs de l'archipel », grâce à la législation du *Kidnapping act,* et à l'active surveillance des croisières anglaises dans tous les archipels, marchés où s'approvisionnaient les agents du *Labour traffic,* cet odieux commerce serait bientôt « une chose du passé ». Ce sont là des raisons très-plausibles et qui frappèrent tout à fait les esprits désintéressés.

I V.

On conçoit, d'après ce qui précède, que tout le monde n'ait pas été surpris, lorsque, dans le courant du mois de juillet 1874, lord Carnarvon, ministre secrétaire d'État pour les colonies, fit connaître à la Chambre des lords que le gouvernement de la reine s'était décidé à accepter, en principe, l'annexion de l'archipel des Fidji, qui lui était offerte par le gouvernement actuel de ces îles, et qu'en conséquence, le gouverneur de la Nouvelle-Galles du Sud, sir Hercules Robinson, était chargé des dernières négociations relatives à cette affaire. Dans la séance du 5 août, cette résolution donnait lieu, dans la Chambre des communes, à un débat assez vif sur l'opportunité, les avantages et les inconvénients d'une mesure devant laquelle les hommes d'État les plus autorisés reculaient depuis plus de dix ans.

Le 16 juin 1873, le *Times* applaudissait à la sagesse de M. Gladstone, repoussant la motion de l'annexion des Fidji et la faisant réserver pour une époque où ces îles seraient mieux connues. « Nos informations sur ce pays, disait le grand journal de la cité dans son *leading article,* sont très-incomplètes, et il pourrait arriver, si nous agissions avec trop de hâte, qu'avant peu nous ayons à reconnaître que nous avons commis une erreur coûteuse et pleine d'inconvénients. » Pour suppléer à ce manque d'informations, le commodore Goodenough, commandant la *Pearl,* et le consul anglais de Levuka, M. Layard, furent chargés d'étudier la question sur les lieux mêmes. Le 13 avril 1874, leur enquête était terminée, et en juin, leur rapport arrivait en Angleterre. Ce rapport, imprimé pour être soumis aux deux

Chambres du Parlement, nous servira de guide pour notre analyse.

Quatre modes d'action dans l'archipel étaient ouverts à l'Angleterre :

1° Investir le consul anglais de Levuka de pouvoirs spéciaux sur ses nationaux établis aux Fidji ;

2° Reconnaître le gouvernement existant dans ces îles, avec lequel on traitait déjà comme un gouvernement *de facto ;*

3° Établir le protectorat de l'Angleterre sur l'archipel ;

4° Accepter la souveraineté territoriale du pays et, comme conséquence, lui donner une constitution coloniale.

Le protectorat, écarté tout d'abord par le gouvernement de la reine, répugnait également aux idées, aux intérêts des colons anglais. L'autorité du consul de Levuka, quelque grands qu'eussent été les pouvoirs dont il eût été investi, ne tranchait pas la question, puisqu'elle ne pouvait s'étendre que sur ses nationaux, laissant en dehors de son action tous les autres Européens ; restaient donc les deux autres modes d'intervention : prise de possession de l'archipel ; reconnaissance du gouvernement établi. Mais, en tous cas, il fallait traiter sérieusement avec ce gouvernement. Sur quelles bases reposait-il ? Quelles en étaient les origines, quels les éléments constitutifs, et enfin, avait-il une puissance, une autorité réelles sur les classes si distinctes de la population européenne et indigène qui se trouvaient en présence, si ce n'est en hostilité?

En fait, au moment où les commissaires anglais arrivèrent aux Fidji, la situation pouvait se résumer dans les lignes suivantes :

« Un chef indigène avait été élu au pouvoir par la majorité de la population européenne. Celle-ci, en appliquant sous son nom une constitution très-libérale, se regardait, comme par un droit naturel, maîtresse des intérêts des indigènes. Un ministère, qui tout d'abord ne pouvait se maintenir que par le concours des blancs, put croire un moment qu'en levant une force armée, il pourrait s'en affranchir, et gouverner dès lors sur le principe que, chargé de sauvegarder les intérêts des indigènes, il devait traiter les Européens comme étrangers. Dans le cours des deux dernières années, ce ministère a dépensé environ 240,000 livres sterling et en a emprunté 87,000.

« Les plus respectables des marchands européens affirment qu'ils ne pourront payer cette dette que si de nouveaux capitaux affluent dans le pays, dont tout le capital ne s'élève pas, d'ailleurs, à plus de 250,000 livres sterling.

« Les chefs indigènes ont été conduits à accepter la responsabilité de la dette publique; mais il est à croire qu'ils ne sont pas solvables et que, du reste, ils ne comprennent pas la responsabilité qu'ils ont ainsi assumée. En demander le payement au peuple, ce serait le réduire à un esclavage pire que tout ce qui a existé dans le passé.

« Tel est l'état de ces îles, tel que l'a produit le gouvernement actuel ; quant à son pouvoir effectif, il est nul, et si l'Angleterre rappelait le bâtiment de guerre qu'elle entretient dans l'archipel, Maafu le Tongien, Tui Çakau de Waïriki, et d'autres chefs, s'en sépareraient immédiatement. »

Ce n'est pas d'ailleurs contre la mauvaise volonté seule, l'hostilité plus ou moins cachée des grands chefs indigènes, que s'est brisée l'autorité du gouvernement des Fidji. Tout un parti de colons européens, anglais surtout, le repoussait et en niait l'autorité, parce qu'à leurs yeux il n'avait d'autre sanction·que l'ambition et les intrigues intéressées de ceux qui s'étaient sacrés ministres de leur propre initiative, sans aucun droit qui puisse les justifier. Si encore ces ministres improvisés s'étaient montrés à la hauteur de leur tâche, de la mission qu'ils s'étaient donnée ; mais leur ignorance n'a eu d'égale que leur vanité ; leur inexpérience pratique a montré toute leur présomption, et quels que soient les ministres, M. Words ou M. Burt ou M. Thurston, tous pouvaient s'expliquer la défiance personnelle qu'ils inspiraient, en se souvenant de « *l'extravagance et des actes arbitraires* » qui ont marqué leur adminis-

tration et leur passage au pouvoir. Malheureusement
pour le gouvernement, « comme, après tout, dans la
communauté restreinte des blancs, les personnages
que nous venons de nommer sont encore les plus
capables des fonctions importantes du ministère, ce
gouvernement n'avait aucune chance de durée, à
moins que l'Angleterre, en le reconnaissant officiellement, ne voulût maintenir une station navale qui
lui donnât la force dont il avait besoin, et qui surtout devait faire prévaloir dans toutes les îles, les
décisions du consul anglais..... » Singulière reconnaissance du Tui-Viti et de son pouvoir royal!

Mais ce n'est pas seulement par la mauvaise administration des finances, la dilapidation des deniers
publics, par sa faiblesse envers les résidents européens qui se refusaient à le reconnaître, et qui, sans
l'énergique intervention du commandant de la *Dido*,
seraient entrés en lutte ouverte avec lui, que le gouvernement de Çakombau a montré son impuissance.
Des faits plus graves, touchant à des points essentiels de la politique anglaise dans ces parages, l'ont
mise en pleine lumière ; je veux parler des concessions qu'il a dû faire aux intérêts des planteurs dans
la question du *Labour trade*, et dans celle du *Labour
traffic*. Les principales dispositions du *Kidnapping
act* ont été impunément violées, sans qu'il pût s'y
opposer efficacement. Il y a plus, des prisonniers de
guerre, faits sur les tribus de l'intérieur, ont été

légalement livrés à des colons comme travailleurs, pour tout le temps de leur condamnation aux *travaux forcés*; mesure barbare que, par un étrange sophisme, le ministère présentait comme un progrès sur l'antique loi du pays, qui réservait les prisonniers de guerre à la mort où à la servitude.

Ces faits permettaient de pressentir les conclusions du rapport des commissaires anglais. Elles tendaient à l'annexion de l'archipel, comme pouvant seule répondre à la volonté de l'Angleterre d'abolir le hideux trafic des esclaves. Mais, sur quoi reposera cette prise de possession des Fidji ? Sur quels titres, sur quels droits ? La lettre suivante, où l'annexion est demandée par le Tui-Viti et les principaux chefs indigènes, suffit-elle pour la légitimer ?

A bord du navire de Sa Majesté Pearl — *Levuka.*

Mars 21, 1874.

Au commodore Goodenough et au consul Layard, les deux chefs envoyés par S. M. la reine de la Grande-Bretagne pour visiter les Fidji :

Nous, avec les chefs des Fidji, avons réfléchi sur votre lettre que nous a portée M. Thurston, le 2 du mois de janvier, et après avoir pris la matière en considération, nous vous disons aujourd'hui, Messieurs, que c'est notre intention de donner le gouvernement de notre royaume à S. M. la reine de la Grande-Bretagne, sauf confirmation du document de promesses, que j'ai chargé M. Thurston de préparer il y a quelque temps.

Ceci est tout ce que j'ai à vous dire.

Je suis, etc., etc.

Signé : HEERY S. MILNF, secrétaire privé ;
ÇAKOMBAU, R. R. JOHN, B. THURSTON.

« Çakombau et les autres grands chefs ont plein droit et pleine autorité pour accomplir cette cession, et si nous avions quelque chose à ajouter, nous dirions que les chefs et le peuple sont ceux qui désirent le plus cette annexion. Quelques-uns des chefs supérieurs redoutent que leurs droits antiques de lever des contributions en nourriture, nattes, huile, etc., etc., ne leur soient ôtés sans compensation, mais ils ne veulent pas se séparer de l'avis de leur chef suprême. En fait, nous avons pris les plus grands soins pour obtenir une preuve indiscutable des désirs actuels des chefs et du peuple, *et nous regardons le document ci-dessus comme une manifestation aussi exacte que possible de ces désirs et de cette volonté.* Les colons européens sont *unanimes* pour l'annexion. »

Sous ces apparences de consentement unanime se cachaient, néanmoins, d'assez graves restrictions. Si la lettre du Tui-Viti et des autres grands chefs est remarquable par sa concision, longue est la liste des dédommagements que ceux-ci et leurs ministres

s'étaient réservés, dans le document préparé par
M. J. B. Thurtson. Çakombau demandait d'abord que
son titre actuel de Tui-Viti lui fût conservé, et qu'il
lui fût accordé une pension annuelle de 2,000 livres
sterling, réversible sur la tête de son fils et de ses
descendants, et aussi 1,000 livres sterling pour
l'achat d'un navire. Tui-Çakau voulait une pension
de 400 livres sterling. Ratu-Levuka se contentait
de 300 livres sterling annuelles, et ainsi de suite pour
les chefs de l'archipel, proportionnellement à leur
importance. Si bien que la cession pure et simple, le
don gratuit à S. M. la reine d'Angleterre, se trans-
formait peu à peu en un marché assez avantageux
pour les chefs fidjiens. Là, d'ailleurs, ne se bornaient
pas leurs prétentions. Après la question d'argent, la
question de dignité, d'influence réelle sur le peuple,
et ils réclamaient pour eux et pour leurs héritiers
une large part dans l'administration civile des districts dont se composaient leurs domaines. Enfin, les
principaux agents européens n'avaient pas oublié
leurs intérêts particuliers. L'article 11 de cet *acte
de promesses* porte en effet : « Au cas où la cession
offerte serait acceptée par le gouvernement de la
reine, les juges de la Cour suprême, tenant une commission de S. M. fidjienne, recevraient une compensation d'après les principes adoptés dans les colonies anglaises pour *perte d'offices*; une fois cette
compensation reçue, ils n'auraient aucun titre à être

employés par le gouvernement de S. M. britannique. D'un autre côté, ils ne pourraient être contraints à accepter un emploi qui leur serait offert, mais, s'ils l'acceptaient, leurs services sous le gouvernement fidjien leur compteraient pour la retraite sur le pied du service colonial anglais. » Plus que les exigences pécuniaires des chefs indigènes, leurs prétentions à se perpétuer, eux et leurs descendants dans l'administration civile de la future colonie, semblent, avec l'article 11, avoir éveillé les susceptibilités anglaises, et avoir ainsi retardé l'annexion définitive, en nécessitant l'envoi de sir Hercules Robinson aux Fidji, pour mieux élucider, « candidement et équitablement — *candidly and fairly* », les difficultés pendantes.

Le *Times* du 11 novembre 1874 a publié une longue lettre de son correspondant de Levuka, sur le dernier acte de cette affaire, si longtemps à l'ordre du jour de la politique coloniale anglaise.

Cette lettre, par la précision des détails, la sûreté des informations, porte un cachet semi-officiel; elle est, en tout cas, caractéristique de l'état social de ces îles, et elle indique clairement à quelles nécessités a obéi le gouvernement de la reine en acceptant enfin la cession à laquelle le Tui-Viti a dû se résigner, cession, du reste, à titre purement gratuit, sans aucune des conditions que les ministres de Çakombau avaient précédemment stipulées et que, dès les premiers jours, sir Hercules Robinson a, *candidly and fairly*, déclarées inacceptables pour l'Angleterre.

V.

Levuka, 30 septembre.

Le navire de guerre de S. M. *Pearl* (commodore Goodenough), ayant à bord S. E. sir Hercules Robinson et sa suite, mouillait, le mercredi 23 septembre dans l'après-midi, en rade de Levuka. Le consul anglais, M. Layard, et le chef secrétaire, M. Thurston, se rendirent immédiatement à bord de la *Pearl*, et il fut convenu que le lendemain, dans l'après-midi, S. E. ferait à terre sa descente officielle pour y rencontrer le roi. Çakombau était arrivé, dès la veille, de son île de Bau, et il était prêt à recevoir son illustre visiteur. Le jeudi matin, le conseil de la ville de Levuka vint offrir ses hommages à sir Hercules et lui présenta une loyale et respectueuse adresse à laquelle S. E. fit une courte réponse en quelques mots, parmi lesquels on remarqua une allusion au petit nombre de blancs, au grand nombre d'indigènes qui composent la population de ces îles si belles, inégalité que les settlers perdent trop souvent de vue, car pour eux, en effet, les Fidjiens semblent être la race étrangère.

La descente officielle de sir Hercules eut lieu dans l'après-midi du même jour, à Nasova, partie sud de Levuka, où sont installés les bureaux du Gouvernement.

Les bureaux du Gouvernement forment un assemblage

d'édifices primitivement destinés à devenir le palais du parlement mort-né des Fidji. Les murailles sont en bambous, les toits en paille ; dans son ensemble l'architecture a un air de légèreté et de propreté très-agréable ; les édifices s'étalent sur les trois côtés d'une place quadrangulaire, faisant face à la mer. Au centre de cette place s'élève un grand mât de pavillon où flottait, peut-être pour la dernière fois, le drapeau national fidjien, dont les armes sont une colombe avec une branche d'olivier sur fond rouge, et au-dessus une couronne royale.

Au milieu de la place, une compagnie de soldats fidjiens, sous les ordres d'un officier blanc, s'exerce à présenter les armes ; l'uniforme des soldats est une sorte de vareuse bleue, semblable à celle que portent les Chinois, et un mètre de cotonnade blanche appelée *sulu,* qui entoure les reins. L'exercice leur est familier, et ils le font avec une précision convenable. De loin en loin, des groupes d'hommes et de femmes, dont le costume se rapproche beaucoup de celui de nos premiers parents dans l'Éden, passent rapidement, portant des noix de cocos dépouillées et des corbeilles en feuilles pleines de *vakololo,* le pudding indigène, et d'autres délicatesses de la cuisine fidjienne. Tout cela a été, suivant la mode du pays, réquisitionné par le roi, et va être déposé dans sa maison. Dans l'espace compris entre la mer et les édifices du Gouvernement, de nombreux spectateurs sont réunis, attendant l'arrivée de S. E., qu'ils se figurent devoir leur apparaître tout rayonnant de pourpre et d'or. Il y a parmi eux des chefs en justaucorps serrés, des chefs en criméennes, des chefs en simples pantalons, accroupis sur leurs genoux ; des chefs jusque dans le costume de la jeune fille de Hans Breilmans « mit noding on » ; des chefs en tapa blanche, graves et mystérieux. Mais de tous les groupes le plus intéressant est celui des jeunes filles des Samoa, récemment arrivées de ces îles favorisées, et dont l'air charmant, les manières gracieuses, augmentent encore la beauté.

A 4 heures et demie, un salut de 17 coups de canon, tirés par la *Dido*, annonce le départ de sir Hercules. Quelques minutes après, le cortége vice-royal prenait terre à Nasova. Ce cortége se composait de S. E. le commodore Goodenough, du capitaine Chapman de la *Dido*, de M. le consul Layard, de M. Innes, attorney général de la Nouvelle-Galles du Sud; de l'honorable W. Vely-Hutchinson, attaché à la mission ; de M. C. H. de Robeck, secrétaire privé de S. E., et enfin de M. Perry, secrétaire du commodore. Le roi et ses ministres, M. J. B. Thurston et M. Rupert Ryder, avec le prince Joe, reçurent sir Hercules à la fin de la jetée. S. E. passant avec le roi devant la garde qui présenta les armes, se rendit à la salle du conseil où quelques chefs, les juges, les consuls étrangers, les ex-ministres, etc., lui furent présentés, M. D. Wilkinson servant d'interprète. Le roi et le gouverneur étant assis, tandis que le reste de l'assistance demeurait debout, le gouverneur expliqua que c'était là une simple visite officielle, ajoutant qu'il espérait que le roi et lui resteraient amis; que Çakombau pourrait venir le voir toutes les fois qu'il y serait disposé, et qu'enfin, quand le roi viendrait à son bord, il lui expliquerait l'objet de sa venue à Levuka et causerait avec lui en toute franchise et toute sincérité. Çakombau répondit qu'il profiterait avec plaisir de la plus prochaine occasion pour parler affaires, et qu'il espérait que le gouverneur serait explicite et sincère avec lui. Après quelques phrases échangées, le roi déclara que le lendemain, à 11 heures, il se rendrait à bord de la *Dido*.

Çakombau se comporta avec une grande dignité pendant l'entrevue, et resta parfaitement maître de lui-même, bien qu'il fût évident qu'il était heureux et fier de cette visite d'un ambassadeur de la reine. Il était en habit du matin, portant un gilet blanc sur lequel brillait une chaîne de montre en or. Il avait certainement très-bon air, mais un Polynésien en habit européen a toujours quelque chose de burlesque. Dans son costume indigène, il n'y a pas de chef sauvage ayant plus grande apparence, mieux fait que Çakombau pour servir de type et d'image au guerrier des romans. En costume fashionable, il ressemble à un vieux nègre habillé à la hâte avec un costume de seconde main. Ratu-Savanaka, le dernier frère du roi, portait le costume indigène et brillait parmi les autres chefs fidjiens. L'éducation européenne du prince Joe lui permet de porter à l'aise nos habits. — N'était-ce pas un étrange spectacle que celui de cet homme, qui, il y a 18 ans à peine, était le plus terrible cannibale qui ait jamais dégradé l'humanité, conversant familièrement avec le représentant immédiat de la reine Victoria? Ce qui semble dans la cérémonie avoir le plus frappé Çakombau, c'est que les blancs reçoivent debout un grand chef. Il dit d'un air significatif, faisant allusion à la coutume fidjienne de ne se présenter devant le roi que prosterné la face contre terre : « J'aimerais à voir quelqu'un « assez hardi pour rester debout devant moi. » Le grand chef blanc a trompé l'attente du populaire. Les natifs s'attendaient à toute la pompe, à tout l'éclat possible, et au lieu de cela ils n'ont vu qu'un gentleman anglais en habit de ville, avec une suite insignifiante.

A 11 heures du matin, le 25 septembre, Çakombau se rendit auprès de sir Hercules Robinson, à bord de la *Dido*. Le roi fut salué de 21 coups de canon. Il reconnut la politesse dont il était l'objet par le mot : *Vinaka* (bien !). Après quelques paroles échangées sur le gaillard d'arrière, le roi se rendit dans la chambre du capitaine pour y ouvrir les négociations. Les personnes présentes étaient : sir Hercules Robinson, Çakombau, le prince Joe, M. Innes, l'honorable W. Vely-Hutchinson, M. de Robeck, M. D. Wilkinson, interprète, et enfin M. Milne, secrétaire privé du roi. *Çakombau était ainsi entièrement soustrait à l'influence de ses ministres.* Il avait été légèrement déconcerté, le matin, en apprenant qu'il ne devait pas être accompagné de M. Thurston. Pendant la traversée de terre à bord de la *Dido,* il avait dit une ou deux fois à M. Wilkinson : « Je suis comme « si j'avais perdu une main. » — Le roi était habillé de noir, comme le jour précédent ; on lui avait suggéré qu'il aurait plus grand air sous le costume indigène, mais il avait répondu : « Non, le gouverneur était en noir, je veux « lui rendre sa visite habillé de la même couleur. » Cette entrevue d'affaires dura près de deux heures ; les paroles de S. E. étaient traduites au roi clause par clause, et il affirmait avoir compris ce qui était traduit avant qu'on passât à une autre phrase.

Tout d'abord sir Hercules Robinson exprima sa satisfaction de cette entrevue privée, et dit qu'il espérait que le roi serait franc avec lui, car son but était d'agir pour le mieux de ses intérêts et des intérêts de son peuple. Il expliqua alors que le gouvernement anglais avait reçu l'offre de cession faite par l'intermédiaire de ses commissaires, mais que les conditions qui y étaient attachées rendaient cette offre inacceptable. Le gouvernement anglais ne pouvait accepter qu'une cession sans conditions, afin de rester libre dans ses actes de gouvernement du pays, tandis que les conditions attachées à l'offre de cession exerceraient une influence défavorable à la bonne administration. Sir Hercules était autorisé, au cas où une cession sans conditions serait offerte et si les chefs se fiaient à la justice et à la générosité du gouvernement anglais, à accepter ce mode de cession et à établir un gouvernement temporaire et provisoire avant de quitter l'archipel. C'était la volonté du gouvernement anglais de traiter les rois, les chefs et le peuple, s'ils se plaçaient sans réserve dans ses mains, non-seulement avec équité, mais encore avec la plus grande générosité. Au cas où le roi agréerait l'annexion, les droits, intérêts et réclamations du roi et des autres chefs, seraient reconnus et maintenus autant que le comportent la souveraineté anglaise et les formes d'un gouvernement colonial. En ce qui touchait aux dettes, contrats et autres engagements financiers remontant jusqu'à l'année 1871, le gouvernement de la reine les examinerait avec le plus grand soin et les réglerait équitablement, suivant les principes de la justice et d'une bonne administration publique. En ce qui regardait les titres de propriété terrienne, soit qu'ils reposassent sur des ventes réelles faites de *bona fide,* ou sur des marchés fictifs, le Gouvernement étudierait soigneusement ces questions et les résoudrait sur des bases équitables et libérales. Les mêmes principes le guideraient également au sujet de la pension du roi et d'autres affaires de moindre importance. Le roi serait traité conformément à son rang et à sa position, sans qu'il eût à faire supporter au peuple les dépenses de son entretien personnel. Maintenant c'était au roi à déclarer s'il voulait ou non consentir à une cession sans conditions. Si le roi refusait, sir Hercules aurait à aviser sur les mesures à prendre. Il désirerait savoir si le roi voulait connaître quelles seraient ces mesures; s'il le voulait, il était prêt à les lui exposer, mais cependant il craindrait de jeter quelque confusion dans son esprit en l'appelant à se décider sur trop de points à la fois.

Çakombau ne fit pas une réponse directe et répondit d'une façon générale aux diverses questions posées par sir Hercules. Celui-ci s'efforça alors de lui faire comprendre qu'il ne serait pas de la dignité de la couronne anglaise d'accepter une cession à conditions, et que celles qui avaient été proposées rendraient bien difficile, sinon impossible, l'acceptation d'une pareille offre. Le gouvernement anglais n'a nul désir de se charger du gouvernement de l'archipel. Il aimerait bien mieux ne pas le faire, mais dans la situation actuelle de ce pays, cela est devenu son devoir d'accepter une cession faite sur des termes dignes et raisonnables, afin d'y rétablir l'ordre et d'y maintenir une égale justice entre les blancs et la population indigène. Si le roi a besoin d'autre chose que la justice et la générosité qu'il doit attendre du gouvernement de la reine, ce qu'il a de mieux à faire, c'est de le dire à l'instant, et cette négociation sera immédiatement terminée. Le roi doit se livrer entièrement à la reine d'Angleterre, ou tout est dit, car en pareil sujet il ne peut y avoir de demi-mesures.

Le vieux roi comprit soudain l'esprit qui dictait l'offre qui lui était faite, et sur le même ton y fit une réponse cordiale. Répliquant à la remarque qu'il n'était pas de la dignité de la reine d'Angleterre d'accepter des conditions, il dit promptement :

« Vrai, vrai, la reine a raison ; ce n'est pas d'un chef de faire des conditions. J'y fus toujours opposé, mais j'y ai été contraint. Quand le commodore et le consul vinrent ici, ils se placèrent sur un terrain tout autre que celui que vous avez pris. Ils me disaient : Faites-nous savoir ce que vous voulez. Ils me pressaient de le faire ; de là les conditions attachées à l'offre de cession. Si je donne une pirogue à un chef et qu'il sait que j'attends quelque chose de lui, je ne lui dis pas : Je vous donne cette pirogue à cette condition que vous ne vous en serviez que certains jours, ou que vous ne laissiez pas tel ou tel homme s'y embarquer, ou que vous ne vous serviez que d'une seule espèce de corde. Non, je donne franchement ma pirogue et je m'en rapporte à sa générosité et à sa bonne foi pour qu'il me donne en retour ce que j'attends de lui. Si je lui imposais des conditions, il me dirait probablement : Hé, reprenez votre pirogue, je puis fort bien m'en passer. »

Cet exemple si bien choisi montre que Çakombau comprenait parfaitement l'esprit de sa négociation.

En somme, le roi répondit qu'il était très-satisfait de la façon franche, nette, dont la question avait été posée. La plus grande partie des chefs approuveraient sans doute tout ce qu'il ferait, mais il voulait réfléchir avant de rien décider. Quant à lui, il n'avait aucune anxiété sur l'avenir, car l'avenir c'était l'Angleterre. Pour les chefs et lui-même, il n'avait aucune crainte, ils auraient toujours de quoi se suffire, car le peuple cultivera toujours des ignames pour eux, édifiera pour eux des maisons, tressera des nattes, construira des pirogues pour eux. C'est donc le peuple dont il faut consulter les intérêts. Sa réponse serait bientôt donnée ; très-probablement demain ou le jour suivant.

Sir Hercules Robinson demanda de nouveau au roi s'il comprenait parfaitement ce qu'il voulait dire en lui faisant connaître qu'il valait mieux ne pas discuter sur l'heure ce qui arriverait si l'offre de cession n'avait pas lieu. Çakombau remarqua qu'il était inutile de s'occuper du futur quand le présent n'était pas réglé. Si cela ne regardait que lui et les chefs dignes de confiance, demain le pays serait à l'Angleterre. S. E. se prévalut alors de l'expérience de son séjour à Ceylan, pour lui expliquer, en ce qui touchait à ses craintes que l'exercice des lois anglaises ne fût trop dur pour la population indigène, qu'il n'y avait pas autant de difficultés qu'il pouvait le croire, pour une administration européenne, à régir une population indigène. A Ceylan, où il avait vécu sept ans, il y a trois millions d'indi-

gènes qui, sous certains points de vue, étaient moins avancés
que les Fidjiens. Il est arrivé que ces indigènes ont pu
communiquer leurs réclamations et leurs désirs au Gouvernement par l'intermédiaire des chefs, si bien que, après une
expérience de 80 ans, le peuple préfère l'administration anglaise à celle de ses anciens maîtres. De la même manière,
la population fidjienne pourra faire connaître ses besoins
par la voie des chefs indigènes, et le résultat obtenu sera le
même qu'à Ceylan. Çakombau exprima un vif intérêt à ces
explications et remarqua avec étonnement qu'à Ceylan la
population était vingt fois plus nombreuse qu'aux Fidji.
Quant aux exigences de la loi anglaise, la paix et le repos
étaient tout ce dont les Fidjiens avaient besoin. Là étaient
leurs véritables richesses, car les troubles et l'inquiétude
étaient là véritable pauvreté. En fait, le travail est nécessaire avant que le fruit soit mûr, et celui-là manquerait de
sagesse parmi les chefs fidjiens qui se refuserait à la cession du pays à l'Angleterre. Sans l'intervention anglaise,
Fidji deviendra un morceau de bois flottant sur la mer que
le premier passant ramassera.

En réponse à la remarque de S. E., qu'en règle générale,
lorsque les blancs s'établissent dans un pays comme les
Fidji, les indigènes sont incapables de se protéger eux-
mêmes, jusqu'à ce que la domination anglaise y soit établie,
le roi parla des settlers blancs en termes qui n'étaient rien
moins que flatteurs. — « Il en est vraiment ainsi dans ces
îles, s'écria-t-il; les blancs qui sont venus s'établir parmi
nous, sont de tristes gens. Les guerres qui ont eu lieu, c'est
eux qui les ont fait naître au lieu d'être la faute des Fidjiens. »

Sir Hercules Robinson parla alors de la question des propriétés terriennes (*Land question*), au sujet de laquelle de
grandes craintes s'étaient manifestées, surtout parmi les
settlers européens, à propos des paroles de lord Carnarvon

à la Chambre des lords : que la terre, dans son ensemble, devait appartenir à la couronne. On semblait craindre que cela signifiait que les propriétaires auraient à restituer leurs terres. Son Excellence assura le roi que rien d'injuste ne serait fait, et demanda avec beaucoup d'à-propos s'il ne serait pas sage de remettre en vigueur un article de la confédération de Lau, relatif à la propriété, et qui contient les dispositions suivantes : Que toutes les terres dont les Européens prouveraient l'acquisition par des moyens licites, leur seraient assurées ; que toutes les terres actuellement occupées ou mises en usage par les chefs ou les tribus indigènes, et de plus autant de terre qu'il serait d'une sage prévision de leur assurer pour leur subsistance, seraient réservées, tandis que le surplus irait à la couronne, non pour l'avantage personnel de Sa Majesté ou des membres de n'importe quel gouvernement, mais pour le bien général, pour le maintien de l'ordre et de la loi. Plus, en effet, ajouta S. E., il y aura de terre appartenant à l'État, moins il y aura lieu d'établir des impôts pour sauvegarder la paix publique, faire face aux frais d'administration et aux dépenses d'intérêt général, comme, par exemple, la création d'hospices, d'hôpitaux et autres établissements semblables. C'est là la seule raison qui nécessite d'avoir des terres réservées à la couronne.

Le roi répondit qu'il était très-satisfait des vues exprimées sur la question des terres, et d'apprendre que les difficultés qu'elle soulève seront équitablement résolues ; qu'il craignait que des deux parts on eût à souffrir, mais que, du reste, même au prix de légères souffrances, il fallait arriver à une solution, et que cette solution était l'annexion, sans laquelle les cormorans (les blancs) allaient ouvrir leur bec et les avaler tous. — Sans nul doute, ils chercheront à influencer Tui-Çakau et les autres chefs pour empêcher l'annexion qui, en établissant l'ordre, mettra fin à leurs actes illégaux et, de plus, réunira les blancs et les noirs en un tout compacte qu'il sera impossible de séparer. — Les Fidjiens, comme peuple, sont d'un caractère changeant, et lorsqu'un blanc veut quelque chose, il finit toujours par l'obtenir de la faiblesse et de la mobilité du caractère de l'indigène. Mais la loi va les lier tous les deux, et le peuple le plus fort donnera au plus faible les qualités qui lui manquent. — Aux Fidji, la population compte deux éléments étrangers : les blancs et Maafu. Le but de Maafu a été et est encore de conquérir l'archipel. Il y a quelques années, il s'empara d'une île dans le sud de la Rewa, et il envoya une lettre insultante pour lui, Çakombau, dans laquelle il lui disait qu'aujourd'hui les Fidji étaient divisées, mais que lorsqu'il aurait pris Rewa elles seraient unies ; il voulait dire sous son gouvernement. Çakombau détestait ses projets, non sa race (Maafu est Tongien). Quand Maafu se rallia à son gouvernement, cette haine cessa de sa part, non de la part de Maafu. Son adhésion a rendu, en effet, toute administration impossible, car partout il semait la discorde pour arriver à ses propres fins ; mais la présence du gouverneur représentant de S. M. est une garantie de paix et d'union. Sir Hercules fit remarquer qu'en effet il en serait toujours ainsi si les îles étaient cédées à la reine, car alors Çakombau, Maafu, tous les chefs seraient ses sujets. Le roi revint encore sur le tort que Maafu avait fait au pays, en semant partout la discorde, mais il ajouta que maintenant la seule présence du représentant de la reine avait rétabli la paix et l'union. Dans toute l'entrevue, Çakombau insista avec complaisance sur le fait qu'il traitait directement avec le représentant immédiat de Sa Majesté.

Le lendemain matin, le roi et les principaux chefs des îles sous le Vent discutèrent les conditions posées par sir Hercules Robinson. La discussion fut longue et approfondie, et à la fin il fut décidé de céder l'archipel à la Grande-Bretagne, en s'en remettant entièrement à la justice et à la générosité de la reine. Dans la même matinée, Çakombau signa l'acte de cession rédigé par M. Innes, l'attorney général de la Nouvelle-Galles du Sud. Tui-Bua, Ratu-Savanaka, Ratu-Isikeli signèrent avec lui. Sir Hercules Robinson dit alors :

« J'accepte, au nom de la reine, la cession dans l'esprit qui l'a inspirée. Je pense qu'en cette matière le roi a agi en grand chef, en consultant, comme il l'a fait, les intérêts seuls de son pays. Pour moi, je souhaite aux Fidji la prospérité, à ses peuples la paix et le bonheur. »

S. E. déclara qu'elle ne signerait le document qu'à son retour des îles du Vent, et quand les autres chefs l'auraient signé.

Dans l'après-midi du même jour, sir Hercules partit sur la *Pearl* pour les îles du Vent, afin d'y voir Maafu et les autres chefs. Ratu-Savanaka et Timothée, second fils du roi, l'accompagnaient. La *Dido,* le pavillon fidjien flottant au grand mât, le suivait, ayant à bord le roi et son plus jeune fils, le prince Joe.

On aura sans doute remarqué que plusieurs réponses du roi révélaient en lui beaucoup de rectitude et de vivacité d'esprit ; les Polynésiens ont été de tout temps très-remarquables pour leurs aptitudes à la discussion. Lorsque le commodore Goodenough visita la première fois les Fidji, Çakombau lui exposait la conduite de Maafu, ses intrigues, ses ambitions ; le commodore lui répondit que tous les jours dans le monde on rencontrait de tels personnages. « Voyez, lui dit-il, ce bernard-l'hermite ne prend-il pas les coquilles des autres ? — Oui, répondit Çakombau, mais encore ne prend-il que les coquilles vides. » De la même manière, Maafu mit le doigt sur la grande cause d'impuissance du gouvernement fidjien ; il était venu le long du bord de la *Dido*, avec son charmant petit yacht, la *Zarifa*, autrefois l'orgueil de Port-Jackson. Après avoir admiré quelque temps un des deux énormes canons que porte la *Dido*, il dit au capitaine Chapman : « La *Zarifa* pourrait-elle porter un tel canon ? — Oh ! non, répliqua le capitaine, *Zarifa* trop petite. Mettre canon sur *Zarifa*, *Zarifa* couler au fond ; *Zarifa* trop petite. — Même chose pour pauvre Fidji, s'écria alors Maafu, le gouvernement des Fidji est trop lourd ; Fidji coule à fond. » Quand le commodore Goodenough demanda au même chef pourquoi il n'envoyait pas les impôts au gouvernement de Levuka, il fit cette réponse flatteuse pour les autorités : « Pourquoi le ferai-je ? Je vis dans les iles du Vent ; si je coupe un cocotier et que je le laisse flotter, il dérive jusqu'aux îles de sous le Vent ; mais, comme les taxes, aucun de ses fruits ne me revient. »

. . . .

VI.

Les réflexions dont le *Times* accompagne, dans un article très-étudié, la lettre de son correspondant de Levuka, ne peuvent passer inaperçues. La cession des Fidji à l'Angleterre a de tout temps paru un mal nécessaire aux écrivains du grand journal de la cité ; bien qu'aujourd'hui ils s'inclinent devant le fait accompli, qu'ils essayent de montrer dans les conditions mêmes du traité conclu par sir Robinson une atténuation des craintes que leur inspire l'ave-

nir, il est facile de reconnaître qu'au fond leurs opinions ne se sont guère modifiées, et que, pour eux,
la tâche que le gouvernement de la reine s'est imposée, reste grosse de difficultés et de menaces. « Jusqu'à ce jour, l'action de l'Europe dans l'archipel se
résume par un seul mot : la destruction de la population indigène. L'annexion et le gouvernement de
ces îles par l'Angleterre auront d'autres résultats.
Et cependant il ne faut pas nous dissimuler que nous
combattons avec les chances contre nous quand il
nous faut étendre nos bras si loin. Sans doute, l'œuvre à accomplir incombe principalement aux autorités coloniales de l'Australie, mais n'oublions pas
que les Fidji sont à 2,000 milles, c'est-à-dire à dix
journées de navigation à vapeur de Sydney. »

Ces chances contraires, ces difficultés, est-ce à
nous et est-ce ici le lieu de les préciser? Qui ne les
devine, du reste? En renonçant à leurs prétentions
premières, en s'en remettant, sans conditions, à la
justice et à la générosité de l'Angleterre, sans nul
doute, le Tui-Viti, le vieux guerrier, l'ardent politique qui si longtemps avait nourri d'autres rêves
d'avenir, les chefs qui l'avaient secondé dans ses
patients efforts et qui le suivent dans sa fortune nouvelle, ont agi pour le mieux et de leur dignité et de
leurs intérêts matériels. Sans nul doute aussi, les
colonistes anglais n'ont qu'à applaudir à la conclusion de ce traité qui consacre une mesure que de

tout temps ils ont regardée comme pouvant seule assurer l'avenir de l'archipel. Mais Çakombau, et Tui-Bua, et Ratu-Ravanaka, et les autres chefs secondaires qu'ils ont entraînés, sont-ils réellement les représentants autorisés de toute la population fidjienne ? Mais les settlers anglais, quel que soit leur nombre, sont-ils les seuls Européens établis dans l'archipel ? et l'opinion de ces derniers, leur manière d'entendre l'avenir du pays, sont-elles conformes à celles des colons anglais ?

Peu d'années se sont écoulées depuis cette croisière du *Charybdis,* dont nous avons parlé précédemment. A cette époque, tous les efforts de la politique anglaise, dirigée par le consul d'Angleterre, le même M. B. J. Thurston, qui certes ne semblait pas destiné à devenir ministre de Çakombau, tendaient à combattre les desseins de ce chef, à renverser ses espérances, à détruire son influence, à ruiner le prestige que sa naissance lui assurait sur la population indigène. Pour les consuls anglais, pour les commandants des navires de guerre anglais, Çakombau, auquel ils refusaient le titre de Tui-Viti, n'était que le chef de Bau, l'égal de Tui-Bua, leur protégé d'alors, de Tui-Çakau, de Maafu, des chefs confédérés de Lau. Cette politique a changé dans les derniers temps, le titre royal du fils de Tanoa a été reconnu officiellement par l'Angleterre. Mais l'opinion que cette politique tendait à faire prévaloir a-t-elle changé également et parce que Çakombau, à bout de patience et d'énergie, usé par l'âge, a renoncé à ses espérances, à ses projets, à ses ambitions, Tui-Çakau, Maafu le Tongien, les chefs des îles du Vent ont-ils également abjuré leurs espérances, leurs projets de conquête ou d'indépendance, leurs ambitions secrètes ou avouées? Seront-ils assez intelligents pour comprendre qu'ils n'ont plus désormais qu'à se soumettre à une volonté supérieure, à s'incliner devant la toute-puissance de l'Angleterre, et surtout seront-ils assez sages, assez prudents, pour conformer leur conduite à cette conviction? D'un autre côté, les settlers d'autre nationalité que les Anglais accepteront-ils l'annexion sans essayer d'entraver dans ses développements l'établissement d'un ordre de choses dans lequel il leur est facile de prévoir l'avortement de leurs propres conceptions politiques et, ce qui les touche davantage, la ruine de leurs espérances de fortune, *per fas et nefas*? Si telles sont les dispositions probables des esprits dans ces deux éléments si considérables de la population fidjienne, que d'occasions, que de prétextes de troubles, de résistance même, ne peuvent soulever un jour les questions pendantes que l'habile négociateur du traité de Levuka n'a fait qu'effleurer : question du *Labour trade,* question du *Labour traffic, Land question,* question des *liabilities* et de la dette publique, question de l'esclavage, que n'a point résolues le *fiat* de la Chambre des lords, qu'il a peut-être même compliquées. Enfin, en supposant encore la meilleure volonté du monde de la part de tous les nouveaux sujets de l'Angleterre, que de malentendus possibles et gros cependant des plus violentes tempêtes !

On a remarqué sans doute les paroles du Tui-Viti dans sa réponse à sir Hercules, au sujet de l'avenir que pouvait lui faire la cession des Fidji sans conditions. « Pour les chefs et pour moi, a-t-il dit, nous n'aurons rien à craindre et jamais rien ne nous manquera, *car le peuple plantera toujours des ignames pour nous, nous édifiera toujours des maisons, nous tressera toujours des nattes, nous construira toujours des pirogues.* » Ces paroles ne contiennent-elles pas un aveu naïf, mais très explicite, de la façon dont Çakombau et les autres chefs fidjiens entendent les conséquences de la domination anglaise ? Ne sont-elles pas aussi une réponse catégorique de leurs seigneuries : L'esclavage domestique sera aboli ? Ces désaccords, ces oppositions de vues, ces tendances contraires, logiques conséquences de l'état social du pays, des civilisations et des nationalités diverses qui s'y trouvent en présence, et qui, comme autant de ferments énergiques, l'ont de tout temps agité, l'agiteront longtemps encore, se traduiront-ils dans la pratique, seulement par des luttes pacifiques que calmeront et domineront le sentiment de la morale, de la justice, et aussi la crainte de la force matérielle que le gouvernement colonial va introduire dans le pays ? Il faut l'espérer, bien que l'expérience récente des colonies voisines, celle surtout de la Nouvelle-Zélande, placée dans des conditions presque identiques, puisse faire craindre que ces espérances ne soient déçues. Sûrement une nation comme l'Angleterre vient toujours à bout de pareilles résistances, mais à quel prix ?

Si une révolte éclatait contre le nouvel ordre de choses, n'aurait-elle pour soldats que des indigènes mal armés, livrés à eux-mêmes, sans guide, sans direction supérieure ? Les hommes dont l'établissement d'un pouvoir ferme, sage et régulier, va ruiner les espérances, ne sont pas ces squatters, ces travailleurs patients, la force et l'orgueil de la race anglo-saxonne, hardis pionniers de la civilisation moderne ; ce n'est pas parmi eux que se recrutent les agents du *Labour trade,* du *Labour traffic,* sanglants héros de ces drames inouïs dont trop souvent l'Océan cache à jamais dans ses flots impénétrables les sombres dénouements. N'est-ce pas parmi ceux-là que les indigènes égarés trouveraient tout prêts les organisateurs de leur folle résistance ? Et qui ne voit que, dans de telles conditions, la lutte, une fois commencée, serait longue, sanglante, acharnée, et que la répression demanderait non-seulement aux colonies australiennes, mais à la métropole elle-même, les plus patients et les plus coûteux sacrifices.

Ces perspectives peu rassurantes ont, sans nul
doute, été plus d'une fois entrevues par les hommes
d'État qui se sont enfin résignés à une mesure qu'ils
ne pouvaient plus différer. Prévoir le mal, c'est
presque l'avoir prévenu ; il est donc permis de croire
que l'avenir ne réalisera pas ces craintes si naturelles. Ce qui fait, en effet, la puissance colonisatrice
de la Grande-Bretagne, c'est bien moins, quoi qu'en
puisse dire une école qui se paye de mots, le génie
propre de la race anglo-saxonne, que la sagesse de
ceux à qui, de tout temps, le gouvernement anglais
a confié la direction de ses plus lointaines colonies,
aux heures de crises qu'elles eurent à traverser dans
leur rapide croissance. Sauf l'Inde, toutes ces colonies sont aujourd'hui fondées sur la liberté, le *self-
government,* ce qu'en France nous appelons le régime
parlementaire. C'est la liberté en effet qui est le
ressort le plus énergique de leur force expansive et
l'assise inébranlable sur laquelle reposent l'ordre, le
respect de la loi, gages assurés de leur prospérité
matérielle : est-ce donc là l'apanage exclusif, le privilége glorieux de la race anglaise ? En 1844 un des
hommes d'État qui furent l'honneur de leur pays,
sir Georges Cornewall Lewis, faisait à cette question
une réponse qui, de sa part, est peut-être décisive :
« On s'est beaucoup étonné de l'insuccès parlementaire, écrivait-il à cette époque, dans les expériences
que les États continentaux viennent de tenter, et *on*

a même avancé que la race anglo-saxonne est la seule qui soit faite pour des institutions libres. Les gouvernements républicains de l'antiquité et du moyen âge, qui, quels qu'en fussent les défauts, étaient les meilleurs gouvernements de leur temps, prouvent qu'un gouvernement libre n'est pas le monopole d'une race privilégiée, et l'insuccès des dernières tentatives peut, ce nous semble, fort bien s'expliquer par la négligence de ces précautions dont une étude intelligente de notre histoire durant le règne de Georges III est surtout de nature à suggérer l'idée. » D'un autre côté, qu'on parcoure l'histoire des colonies anglaises, celle par exemple, et pour rester dans les pays mêmes qui sont l'objet de ces notes, des colonies australiennes, quelle sagesse, quelle modération, quelle abnégation de ses idées et de ses vues personnelles, ne montre pas le gouverneur sir Denison, chargé d'établir pour la première fois le régime parlementaire dans la Nouvelle-Galles du Sud, dans cette colonie si florissante aujourd'hui, dont les Fidji semblent, pour quelque temps du moins, devoir être une simple annexe.

Soldat imbu de toutes les idées de la discipline militaire la plus rigide, venant de gouverner autocratiquement pendant de longues années la colonie pénitentiaire d'Hobart-Town et de Van-Diémen, quelle sera son attitude dans la position nouvelle où, sans transition, il est soudainement appelé, à une des heures les plus graves et les plus solennelles du développement de cette société en *voie de devenir?*

« Le rôle de sir William Denison, un peu effacé pendant cette période d'agitation parlementaire, ne fut pas, cependant, sans mérite. Malgré ses habitudes de commandement militaire, en dépit des prérogatives presque absolues dont il avait joui dans l'île de Van-Diémen, il eut la sagesse de prendre au sérieux la position négative de chef d'un gouvernement représentatif. On ne put l'accuser de montrer plus de bienveillance à l'un qu'à l'autre des deux partis qui se disputaient le pouvoir. Il disait adieu aux ministres sortants du même air qu'il souhaitait la bienvenue aux ministres entrants. Ce n'est pas à dire toutefois qu'il fut un témoin indifférent. Il s'en explique dans ses lettres avec une franchise dont il s'abstenait sans doute à l'égard de ses administrés [1] », et, pendant six années, il poursuit l'œuvre qu'il a promis de mener à bonne fin et, grâce à lui, le régime parlementaire est fondé à Sydney.

Sir William Denison est-il une exception? Non certes, et il est permis d'affirmer que cette sagesse cachée, cette volonté persévérante mais ennemie de l'éclat, cette fidélité à remplir le mandat accepté, même au prix de l'abnégation de leurs vues personnelles, est la règle immuable, érigée en système, qui

---

1. *Une Vice-Royauté anglaise*, etc., par M. Blerzy.

inspire et qui guide tous ces hommes éminents, seuls représentants, dans les colonies anglaises, de l'autorité de la mère patrie. C'est donc bien à leur sagesse, à leur prudence, à leur habileté qu'il faut surtout attribuer la prospérité merveilleuse de ces colonies, leur rapide développement, leurs incessants progrès par lesquels, en quelques années, les déserts et les solitudes sont transformés en jeunes nations pleines de sève et d'expansion vivace. Cette sagesse, cette prudence, cette habileté inspireront sans nul doute les futurs gouverneurs des Fidji ; quelles que soient les difficultés de l'avenir, ces difficultés seront vaincues, et l'Angleterre comptera bientôt une riche province maritime de plus ; la civilisation européenne un nouveau foyer d'activité féconde.

C'est par ce développement simultané de la civilisation européenne et de la puissance anglaise, que des événements en apparence aussi insignifiants que l'annexion des Fidji à l'empire britannique nous semblent mériter l'attention de tous ceux que préoccupe l'avenir. Ce que Rome fut pour la civilisation antique, l'Angleterre l'est depuis longtemps aujourd'hui pour la civilisation moderne. Il y a 19 siècles à peine, la Bretagne offrait aux légions de César et de Claude les spectacles étranges que le correspondant du *Times* a longuement décrits. Les fables les plus singulières, les notions les plus erronées étaient,

sur ces pays inconnus, acceptées par les écrivains
les plus érudits. La Bretagne n'était-elle pas pour
l'historien Josèphe « un monde égal au nôtre, perdu
aux confins du globe » ? *Penitùs toto divisos orbe Bri-
tannos,* disait Virgile. Et, chose digne de remarque,
les prétextes de conquête, disons le mot, d'absorp-
tion dans le monde romain, étaient pour la politique
impériale les mêmes qu'invoque aujourd'hui l'Angleterre pour justifier l'annexion des îles lointaines
du Pacifique. Les Fidjiens du littoral étaient naguère
cannibales, les tribus de l'intérieur le sont encore.
L'archipel est un des derniers points du globe où
l'esclavage étale ses horreurs. Mais aux yeux des
Césars et du sénat romain la Bretagne n'était-elle
pas le dernier refuge, le dernier boulevard d'une
religion de sang, dernière forteresse elle-même de la
barbarie celtique ? Contre l'ordre nouveau, la paix
romaine, « le druidisme, qui apprend à l'homme à
mépriser une vie qui doit renaître, est le grand appui du courage et du patriotisme celtique. Aussi
Rome l'a-t-elle combattu de bonne heure, et *pour détruire ces autels souillés de sang humain, le patriotisme s'est trouvé d'accord avec la philanthropie*[1]. »
Ainsi l'esprit humain reste toujours identique à lui-
même, et si les foyers d'où rayonne son activité in-
cessante, et qui marquent pour ainsi dire les étapes

---

1. Franz de Champagny : *Les Césars.*

de l'humanité, se déplacent en quelques siècles, les progrès de la civilisation n'en sont que plus rapides, ses moyens de conquête plus assurés, sa marche plus féconde, parce que l'idéal qui l'inspire, le but qu'il lui assigne, sont chaque jour plus nobles, plus élevés, plus augustes, plus saints. Certes, le pionnier du Far-West, le squatter de l'Australie, le settler du Pacifique, ne ressemblent guère, au premier aspect, aux colons romains, vétérans des légions victorieuses, s'établissant, enseignes déployées, au milieu des peuples vaincus, sur les lieux mêmes que les pontifes ont consacrés, que les augures ont choisis, et y fondant une cité nouvelle, image de la Rome reine et maîtresse de l'univers. L'action de l'un est, en apparence, tout individuelle, ses efforts isolés semblent n'avoir qu'un but personnel, celui de conquérir la fortune. Mais cette fortune est le gage de sa dignité, c'est la conquête du *home,* du foyer, consécration de la famille. L'action de l'autre, au contraire, s'inspire avant tout d'une idée générale, de l'idée de la patrie romaine avec laquelle il reste en communion religieuse, de la politique romaine, de la paix romaine, dont il se sait l'appui nécessaire, et son ambition est toute dans ces mots : *Civis romanus sum !* mais que sont ces différences? Chacun d'eux apporte au sein de la barbarie l'idéal supérieur de la société où il est né, où il a grandi, qui l'a fait homme. Quel que soit l'esprit d'individualisme des

Anglais, qui nierait cependant que l'Angleterre est aujourd'hui le foyer le plus actif de l'idée la plus élevée sur laquelle repose la civilisation moderne, celle du droit, de la justice? S'il en est ainsi, et quelles que soient d'ailleurs les circonstances historiques qui lui aient conféré ce glorieux privilége à la tête des nations européennes, qui n'applaudirait à ses conquêtes pacifiques et ne ferait les vœux les plus sincères pour que rien n'entrave les progrès de l'œuvre admirable qu'elle poursuit dans le monde?

TABLE

Nancy, imprimerie Berger-Levrault et Cie.

BERGER-LEVRAULT ET Cie, LIBRAIRES-ÉDITEURS

Alger, ville d'hiver. Notes de voyage, par Henri DUMONT, 1878; 1 joli
volume elzévirien in-12, broché. . . . . **3 fr.**

Les Relations de l'Algérie avec l'Afrique centrale, par E. WATBLED,
sous-archiviste du Sénat. (Extrait de la *Revue maritime*). 1879; grand in-8o,
broché . . . . **75 c.**

Les Colonies françaises, leur organisation, leur administration,
par Jules DELARBRE, conseiller d'État honoraire, trésorier général des
Invalides. (Extrait de la *Revue maritime*), 1878; grand in-8o avec une carte,
broché. . . . . **3 fr. 50 c.**

Étude sur la Colonie de la Guadeloupe (topographie médicale, clima-
tologie, démographie), par le Dr REY, médecin principal de la marine.
(Extrait de la *Revue maritime*), 1878; grand in-8o, broché. . **1 fr. 50 c.**

L'Archipel des îles Marquises, par EYRIAUD DE VERGNES, lieutenant
de vaisseau. (Extrait de la *Revue maritime*), 1877; in-8o, broché. **2 fr. 50 c.**

**Le Canal interocéanique et les exploitations dans l'isthme amé-
ricain.** Conférence faite à la Société de géographie commerciale, par
A. RECLUS, lieutenant de vaisseau. (Extrait de la *Revue maritime*), 1879;
grand in-8o, avec carte, broché . . . . **1 fr.**

Note sur le Centre-Amérique (Costa-Rica, Nicaragua et San-Salvador),
Vancouver et la Colombie anglaise, par Th. AUBE, capitaine de vaisseau.
(Extrait de la *Revue maritime*), 1877; in-8o, broché . . . . **2 fr.**

De Paris en Égypte. Souvenirs de voyage, par F. de CARCY, ancien
officier d'état-major, 1875; fort volume in-12, avec une carte en chromo,
broché. . . . . **4 fr.**

La Nouvelle-Zélande. Extrait de l'*Official Handbook of New Zeland*, de
M. JULIUS VOGEL, agent général de la colonie, par E. GEORGE, docteur
en médecine, 1878; in-12, avec une carte, broché. . . . . **3 fr.**

Les dernières Expéditions au pôle nord (1871 à 1874), par A. ROUSSIN,
sous-commissaire de la marine. (Extrait de la *Revue maritime*, 1875; in-8o,
broché. . . . . **1 fr. 50 c.**

A l'Étranger. Souvenirs de voyage. Allemagne, Suisse, Italie, par Emma-
nuel BRIARD, 1874; in-12, broché . . . . **3 fr. 50 c.**

NANCY, IMP. BERGER-LEVRAULT ET Cie.